高职语文教学改革系列教材

# 高职语文口语表达拓展教程

张红梅 主编

东南大学出版社
·南京·

## 内容提要

本教材以高职语文口语表达能力训练目标为主线,坚持知识与能力并重的原则,通过明确学习目标、分析案例、积累知识、训练拓展、总结各种口语表达的学习规律与方法,帮助学生提升口语表达能力。全书共九章,依次是朗读与朗诵、演讲与演讲稿的写作、介绍、应聘、复述与讲解、劝说与协商、拜访与接待、致谢与道歉、辩论。每章含学习目标、知识学习、拓展阅读、拓展训练等部分内容。本教材既可作为高职高专相关专业的教材使用,也可以让感兴趣的人士根据自身需要进行学习训练,掌握相关的语言技巧,提升口语表达能力。

### 图书在版编目(CIP)数据

高职语文口语表达拓展教程 / 张红梅主编. —南京:东南大学出版社,2019.3
高职语文教学改革系列教材
ISBN 978-7-5641-8343-1

Ⅰ.①高⋯ Ⅱ.①张⋯ Ⅲ.①汉语-口语-高等职业教育-教材 Ⅳ.①H193.2

中国版本图书馆 CIP 数据核字(2019)第 051652 号

### 高职语文口语表达拓展教程

| | | | | | |
|---|---|---|---|---|---|
| 主　　编 | 张红梅 | | | | |
| 责任编辑 | 陈　跃(025—83795627) | | | | |
| 出版发行 | 东南大学出版社 | | 出 版 人 | 江建中 | |
| 地　　址 | 南京市四牌楼2号 | | 邮　　编 | 210096 | |
| 销售电话 | (025—83794121/83795801) | | | | |
| 网　　址 | http://www.seupress.com | | 电子邮箱 | press@seupress.com | |
| 经　　销 | 全国各地新华书店 | | 印　　刷 | 大丰科星印刷有限责任公司 | |
| 开　　本 | 787 mm×1092 mm　1/16 | | 印　　张 | 13.75 | |
| 字　　数 | 301 千字 | | | | |
| 版 印 次 | 2019年3月第1版　2019年3月第1次印刷 | | | | |
| 书　　号 | ISBN 978-7-5641-8343-1 | | | | |
| 定　　价 | 45.00 元 | | | | |

＊本社图书若有印装质量问题,请直接与营销部联系。电话:025-83791830

# 前　言

口语表达是高职语文不可或缺的内容，口语表达能力在职业核心能力中具有重要地位。在信息愈加密集、合作不断发展的当代，口语表达能力也更加显现出举足轻重的作用，口语表达教学在职业教育中也愈加被重视。

本教材编写人员以职业核心能力为导向，弥补传统语文教材中口语表达教学研究的缺憾，更新并丰富训练案例，构建适合高职学生口语表达训练的模块，设计符合学生学习、生活及现实职场情境的训练专题，以更贴近时代实际的理论与实践，强化学习者职业核心能力的养成。学习者通过理论学习与训练实践，有助于加强自身综合实践能力的培养，有利于提高自身的口语表达能力。

本教材共九章，由张红梅设计编写大纲、主编并统稿。担任编写工作的有施慧敏（第一章）、夏明珠（第二章）、朱洁颖（第三、四章）、张红梅（第五、六、七、九章）、吴慧娟（第八章）。

本教材在编写过程中参考了许多文献与资料，在此谨向已注明和未注明的编者及作者表示诚挚的感谢。

由于本教材涉及面广，编者学识水平有限，书中难免有错误和疏漏，恳请读者予以指正。

编　者

2018 年 12 月

# 目录

## CONTENTS

第一章　朗读与朗诵 ………………………………………………………… 1
　　第一节　朗读 ………………………………………………………… 1
　　第二节　朗诵 ………………………………………………………… 5

第二章　演讲与演讲稿的写作 ……………………………………………… 26
　　第一节　演讲 ………………………………………………………… 26
　　第二节　演讲稿的写作 ……………………………………………… 33

第三章　介绍 ………………………………………………………………… 48

第四章　应聘 ………………………………………………………………… 66

第五章　复述与讲解 ………………………………………………………… 87
　　第一节　复述 ………………………………………………………… 87
　　第二节　讲解 ………………………………………………………… 99

第六章　劝说与协商 ………………………………………………………… 111
　　第一节　劝说 ………………………………………………………… 111
　　第二节　协商 ………………………………………………………… 125

第七章　拜访与接待 ………………………………………………………… 136
　　第一节　拜访 ………………………………………………………… 136
　　第二节　接待 ………………………………………………………… 150

第八章　致谢与道歉 ………………………………………………………… 164
　　第一节　致谢 ………………………………………………………… 164
　　第二节　道歉 ………………………………………………………… 174

第九章　辩论 ………………………………………………………………… 186

参考文献 ……………………………………………………………………… 212

# 第一章 朗读与朗诵

## 第一节 朗读

### 一、学习目标

(一) 认知目标

认识朗读的重要意义,了解朗读的概念,熟悉朗读的基本技巧。

(二) 能力目标

学会运用普通话正确、流利、有感情地朗读文章,即学会运用恰当的语气语调朗读。

(三) 情感目标

在朗读中品味作品语言,体会作者及作品中的情感态度,并借助朗读表现自己对作者及作品中的情感态度的理解。

### 案例导读

**小桥 流水 人家**

杨 健 叶兆君

周庄,江苏省昆山市的一个古镇。四面环水,犹如泊在湖上的一片荷叶,散发着淡淡的清香。"吴水依依吴水流,吴中舟楫好夷游",小桥、流水、人家,千百年来,她那淳朴典雅的风韵依然。

风声、橹声;水流声、叫卖声;尤其是——啊,脚踏在整齐而狭窄的石板街面上,发出的单纯(chún)的音响,谁也无法抵(dǐ)御(yù)那份自然对心灵的震动。

周庄是水哺育长大的,面对大自然这九曲回肠的地域组合,周庄人并不是用精卫填海的办法,来改变千姿百态的河湖港(gǎng)汊(chà),而是用座座桥梁,把大家相亲相爱地连在一起。

周庄的桥,或大或小,或曲或伸,或古朴或新颖。有祈(qí)求(qiú)富裕安康的富安桥;

有因周庄古名贞丰里而得名的贞丰桥;还有纪念太平军士兵的福洪桥;而最能体现古镇神韵的当属双桥,它由一座石拱桥和一座石梁桥组成,就像古时候的一把钥匙,开启着周庄走向外面世界的大门。

桥与日月相伴,桥与流水媲(pì)美,桥与人家相亲,桥与小街相连。在这里真是无桥不成路,无桥不成镇。千百年来,周庄的桥经受住了无数历史风雨磨蚀,可它总是坚韧地拱起它赤裸裸的脊梁,默默驮过无数交替的日月星辰,深情地期待着从天南海北到来的客人。

周庄是水的世界,清凌凌碧泱泱的南北市河、后港河、由车样河、中市河,像四根透亮飘柔的带子,绕镇而过。一路不知吻过多少岸边的绿墙,也不知抚过多少岸边人的甜梦,现在,它疲倦了,疲倦得像个甜睡的宝宝静静地躺着,仰视天上的白云,做着一个归入大海前的美梦。

久居喧闹都市的现代人,面对这片宁静之水,心里各种欲念都会淡然隐去,剩下的,唯有对这醇美空灵境界的向往。由于河湖的阻隔,使周庄避开了历代兵燹(xiǎn)战乱,保存完好的水镇建筑,越发显现出它独特的韵味。

碧水泱泱、绿树掩映的沈厅,轿从前门进、船自家中过的张厅,以及小镇上一家家粉墙篱窗的房屋,充满着幽谧的水乡气息。那幽深冷清的石板巷,那巷中袅袅升起的炊烟,和星星点点的水渍(zì)、泥印,犹如一首古诗,美得令人心醉。

上有天堂、下有苏杭,中间还有个九百岁的周庄!

那是个你应该去的地方!

那是个令你永远不能忘怀的地方!

(CCTV 电视诗歌散文)

## 二、知识学习

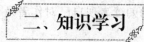

### (一) 朗读的概念

朗读是把文字作品转化为有声语言的阅读活动,是眼、口、耳、脑并用的心智活动,是把书面语言转化为发音规范的有声语言的再创作活动。

它要求朗读者在极短的时间内运用各种感官活动对语言文字进行辨音、认形、释义,及时地对文章中字词的重音,句子的停连、语速、语调、节奏等作出判断,并用有声的语言生动形象地把语句、文章所表达的思想、情感和志趣以及意境、精神表达出来。

### (二) 朗读的意义

**1. 提高阅读能力**

朗读可以把书面上无法表达的内在情感变化,先经过理解和分析,再利用语调的轻重缓急、抑扬顿挫表达得淋漓尽致,从而补充文字上的不足,这不但可以加深我们对作品的理解和感受,还可以提高阅读的兴趣和能力。

## 2. 培养口头和书面的表达能力

我们多诵读生动、优美的文章,可以积累词汇,理解词义,掌握句子和段落的组织,懂得连段成篇的布局手法。对于文章结构、语法、修辞等技巧的运用,通过语调、节奏等变化的表现,可以留下深刻的印象。这样,在口头表达能力和书面表达能力方面便可大大提高。

## 3. 发展形象思维能力

活灵活现、惟妙惟肖的朗读能把作品中各种人物、事件、景物展现在眼前,开阔心胸,扩展思维。把这规律运用到无声的阅读中去,就可使书面上的文字变成脑海中的形象,连成一幅幅活动的画面,唤发想象,激发感情,加深对作品的理解和鉴赏。

## 4. 陶冶品德情意

进行朗读时,我们会不自觉地对作品中的警句和优美的语言,留下深刻的印象。久而久之,将起到潜移默化的作用,一方面接受了品德和情意的熏陶,一方面培养了审美的能力。

### (三)朗读的要求

#### 1. 正确地读

指朗读要用标准的普通话,要把字音读正确、清楚(声母、韵母要读准确,调值要"到位",没有语音缺陷和方音),做到不落字,不添字,不颠倒,不重复。例如:

| 爱憎分明 | 安步当车 | 呱呱坠地 | 戛然而止 | 弱不禁风 | 书声琅琅 |
| 忧心忡忡 | 按捺不住 | 心宽体胖 | 一叶扁舟 | 谆谆教诲 | 大腹便便 |
| 风尘仆仆 | 诲人不倦 | 拾级而上 | 徇私舞弊 | 莘莘学子 | 荫庇后代 |
| 针砭时弊 | 自怨自艾 | 一塌糊涂 | 不遂人意 | 不着边际 | 博闻强识 |
| 呼天抢地 | 大事渲染 | 强人所难 | 衣锦还乡 | 数见不鲜 | 唾手可得 |
| 汗流浃背 | 相形见绌 | 苦心孤诣 | 量体裁衣 | 一哄而散 | 怆然泪下 |
| 浑身解数 | 锲而不舍 | 瞠目结舌 | 前倨后恭 | | |

#### 2. 流利地读

指在正确朗读的基础上,读得通顺流畅,不顿读,不读破句子,不中断朗读。

绕口令:山里有个寺,山外有个市,弟子三十三,师父四十四。三十三的弟子在寺里练写字,四十四的师父到市里去办事。三十三的弟子用了四十四小时,四十四的师父走了三十三里地。走了三十三里地就办了四十四件事,用了四十四小时才写了三十三个字。

#### 3. 有感情地读

指在正确、流利朗读的基础上,能准确把握作品的感情基调,正确处理重音、停连、语速、节奏、语气等,能用声音生动地表达对作品的理解,做到以情感人。

### (四)朗读的方法

#### 1. 朗读的用气发声训练

• 呼吸训练

气息是声音的动力来源。充足、稳定的气息是发音的基础。有的人朗读声音洪亮、持久、有力,其间有一个气息调节技巧问题,即呼吸和朗读的配合、协调是否恰当的问题。正常情况下,说话是在呼气时而不是在吸气时进行的,停顿则是在吸气时进行的。朗读则必然要求有比平时更强的呼吸循环。

朗读时的正确呼吸方法,应当采用胸腹式联合呼吸法(也称丹田呼吸法),即运用小腹收缩,丹田的力量控制呼吸。胸腹式联合呼吸介于胸式呼吸和腹式呼吸两者之间,是二者的结合。

吸气:小腹向内即向丹田收缩,胸、腰部同时向外扩展,可以感觉到腰带渐紧,前腹和后腰分别向前、后、左、右撑开的力量。用鼻吸气,做到快、静、深。

呼气:小腹差不多始终要收住,不可放开,使胸、腹部在努力控制下,将肺部储气慢慢放出,均匀地外吐。呼气要用嘴,做到匀、缓、稳。在呼气过程中,语音一个接一个地发出后,组成有节奏的有声语言。

• 练习呼吸的方法

闻花香:仿佛面前有一盆香花,深深地吸进其香气,控制一会儿后缓缓吐出。

吹蜡烛:模拟吹灭蜡烛,深吸一口气后均匀缓慢地吹,尽可能时间长一点,达到 25～30 秒为合格。

咬住牙,深吸一口气后,从牙缝中发出"咝——"声,力求平稳均匀持久。

数数:从一数到十,往复循环,一口气能数多少遍就数多少遍,要数得清晰响亮。

2. 体会朗读基调变化

• 清新舒展型

(可用偏小的音量,声音柔和、抒情;气息深而长)

例如:夏天——雨过天晴、空气清爽的情境

天蓝得出奇,碧澄的湖水也为之逊色。天空燃烧着朝霞,像一簇簇盛开在山尖的红花,一群苍鹰刚健地在云边飞旋,越飞越高。清凉的晨风夹带着野花和奶子的香味儿,扑鼻而来,沁人心脾。啊,多美丽的早晨呀!

• 高亢明亮型

(可用明亮的实声,吐字力度均匀,字正腔圆,音节饱满,有穿透力;气息要稳定、扎实)

这一天终于来到了。

看哪! 人人脸上挂着喜悦的眼泪,个个兴高采烈。流水发出欢笑,山冈也显得年轻。他们在倾听,倾听,倾听着这震撼世界的声音:中华人民共和国成立了! 中国人民从此站起来了!

• 低沉悲痛型

(用声较暗弱、低沉、偏虚;节奏偏慢,字音缓缓送出;气息有时颤抖,有时叹息)

总理的灵车徐徐开来。灵车四周挂着黑黄两色的挽幛,上面佩着大白花,庄重、肃穆。人们怀着沉痛的心情,尾随着灵车移动。灵车所到之处,像是一个无声的指挥,老人、孩子、青年都不约而同地站直了身体,摘下了帽子,向灵车致敬,哭泣着,顾不上擦去腮边的泪水,舍不得眨一眨眼睛。人们心里都在深深地默念着:"敬爱的周总理,我们想念您啊,想念您!您永远活在我们心里,永远活在人民心中!"

• 庄重严肃型

(要求用声偏厚、实声为主,音调偏高些;吐字力度强,干脆利索、清晰度高、颗粒性强;态度严正、明朗)

**新华社消息**

外交部新闻发言人今天下午发表谈话说,中国政府和人民对南非军队6月14日入侵博茨瓦纳首都哈博罗内表示极大的愤慨和强烈的谴责。

发言人指出,南非当局对博茨瓦纳的袭击不是一个孤立事件。事实一再证明,南非当局顽固地坚持破坏邻国稳定和种族主义政策是南部非洲局势动荡不安的根源。

# 第二节　朗诵

## 一、学习目标

(一) 认知目标

认识朗诵的重要意义,了解朗诵的概念,熟悉朗诵的基本技巧。

(二) 能力目标

我们在朗诵时,要根据语境,借助语气、表情、手势来表情达意。

(三) 情感目标

在朗诵中品味作品语言,体会作者及作品中的情感态度,并借助朗诵表现自己对作者及作品中的情感态度的理解,使听众受到思想感情熏陶和语言美的享受。

### 案例导读

**谈　生　命**

冰　心

我不敢说生命是什么,我只能说生命像什么。

生命像向东流的一江春水,他从生命最高处发源,冰雪是他的前身。他聚集起许多细流,合成一股有力的洪涛,向下奔注,他曲折地穿过了悬崖峭壁,冲倒了层沙积土,挟卷着滚滚的沙石,快乐勇敢地流走,一路上他享受着他所遭遇的一切:有时候他遇到巉(chán)岩前阻,他愤激地奔腾了起来,怒吼着,回旋着,前波后浪地起伏催逼,直到冲倒了这危崖,他才心平气和地一泻千里。有时候他经过了细细的平沙,斜阳芳草里,看见了夹岸红艳的桃花,他快乐而又羞怯,静静地流着,低低地吟唱着,轻轻地度过这一段浪漫的行程。

有时候他遇到暴风雨,这激电,这迅雷,使他的心魂惊骇,疾风吹卷起他,大雨击打着他,他暂时浑浊了,扰乱了,而雨过天晴,只加给他许多新生的力量。

有时候他遇到了晚霞和新月,向他照耀,向他投影,清冷中带些幽幽的温暖:这时他只想休憩,只想睡眠,而那股前进的力量,仍催逼着他向前走……

终于有一天,他远远地望见了大海,啊!他已经到了行程的终结,这大海,使他屏息,使他低头,她多么辽阔,多么伟大!多么光明,又多么黑暗!大海庄严地伸出臂儿来接引他,他一声不响地流入她的怀里。他消融了,归化了,说不上快乐,也没有悲哀!

也许有一天,他再从海上蓬蓬的雨点中升起,飞向西来,再形成一道江流,再冲倒两旁的石壁,再来寻夹岸的桃花。然而我不敢说来生,也不敢信来生!

生命像一棵小树,他从地底聚集起许多生力,在冰雪下欠伸,在早春润湿的泥土中,勇敢快乐地破壳出来。他也许长在平原上、岩石上、城墙上,只要他抬头看见了天,呵!看见了天!他便伸出嫩叶来吸收空气,承受日光,在雨中吟唱,在风中跳舞。

他也许受着大树的荫遮,也许受着大树的覆压,而他青春生长的力量,终使他穿枝拂叶地挣脱了出来,在烈日下挺立抬头!他遇着骄奢的春天,他也许开出满树的繁花,蜂蝶围绕着他飘翔喧闹,小鸟在他枝头欣赏唱歌,他会听见黄莺轻吟,杜鹃啼血,也许还听见枭鸟的怪鸣。

他长到最茂盛的中年,他伸展出他如盖的浓荫,来荫庇树下的幽花芳草,他结出累累的果实,来呈现大地无尽的甜美与芳馨。秋风起了,将他叶子,由浓绿吹到绯红,秋阳下他再有一番的庄严灿烂,不是开花的骄傲,也不是结果的快乐,而是成功后的宁静和怡悦!

终于有一天,冬天的朔风,把他的黄叶干枝,卷落吹抖,他无力地在空中旋舞,在根下呻吟,大地庄严地伸出臂儿来接引他,他一声不响地落在她的怀里。他消融了,归化了,他说不上快乐,也没有悲哀!

也许有一天,他再从地下的果仁中,破裂了出来,又长成一棵小树,再穿过丛莽的严遮,再来听黄莺的歌唱。然而我不敢说来生,也不敢信来生!

宇宙是一个大生命,我们是宇宙大气风吹草动之一息。江流入海,叶落归根,我们是大生命中之一叶,大生命中之一滴。在宇宙的大生命中,我们是多么卑微,多么渺小,而一滴一叶的活动生长合成了整个宇宙的进化运行。要记住:不是每一道江流都能入海,不流动的便成了死湖;不是每一粒种子都能成树,不生长的便成了空壳!生命中不是永远快乐,也不是永远痛苦,快乐和痛苦是相生相成的。等于水道要经过不同的两岸,树木要经过常变的四时。在快乐中我们要感谢生命,在痛苦中我们也要感谢生命。快乐固然兴奋,苦痛又何尝不美丽?我曾读到一个警句,是"愿你生命中有够多的云翳,来造成一个美丽的黄昏"。世界、国家和个人的生命中的云翳没有比今天再多的了。

(《京沪周刊》1947年第1卷第27期,有删改)

**朗诵要领**：体会文章景、情、理和谐相融的意境，感受文章的意境美、哲理美、语言美，积极乐观的基调，适合采用中声区，朗诵声音自然、流畅，注意把握层次间的节奏变化。

**背景提示**：文中冰心结合自己一生的沧桑经历，用象征手法和形象比喻畅谈对生命的感受，从而揭示生命的真谛。

## 二、知识学习

### (一) 朗诵的概念

朗，即声音的清晰、响亮；诵，即背诵。朗诵，就是用清晰、响亮的声音，结合各种语言手段来表达作品思想感情的一种语言艺术。

朗诵是把富于感情的文字作品转化为有声语言的一种艺术样式。在这个从文字到声音转化的过程中，它不是简单地念字出声，而是要赋予文字承载一定的信息和情感。理解、感受、表达等各个环节都要求朗诵者创造性地开展工作。朗诵活动一般是面对受众开展的，这就决定了朗诵不能自言自语，不能自我陶醉，不能无节制地宣泄，朗诵者要懂得与受众进行交流，进行语言的、眼神的、肢体的、心灵的交流。

### (二) 朗诵的意义

朗诵是口语交际的一种重要形式。朗诵不仅可以提高阅读能力，增强艺术鉴赏，更为重要的是，通过朗诵，大者可以陶冶性情，开阔胸怀，文明言行，增强理解；小者，可以有效地培养对语言词汇细致入微的体味能力，以及确立口语表述最佳形式的自我鉴别能力。因此，要想成为口语表述与交际的高手，就不能漠视朗诵。朗诵是一门集文字学、语言学、音韵学、发声学、形体学等于一体的综合表演艺术，与文学、音乐、表演等有着内在相通之处，我们通过朗诵的学习，可以使自己得到多方面的熏陶和培养，进而提高自己的综合艺术素质。

### (三) 朗读与朗诵的区别

1. 选材种类不同

朗读的选材十分广泛，而朗诵在选材上只限于文学作品，而且只有辞美、意美、脍炙人口的文学精品，才适合朗诵。

2. 应用范围不同

朗读是一种教学宣传形式，主要用于课堂学习和电台、电视台播音；朗诵是一种艺术表演形式，多在舞台上、在文娱活动中使用。

3. 目的效果不同

朗读是正确、流利、有感情地将书面文字变成有生命力的语言；朗诵则声情并茂，要发挥原作品的精髓，并能打动听众的心弦，产生强烈的艺术感染力。

4. 要求形式不同

朗读平实、自然，可以边看边读，表达是有"度"和"分寸感"的，引而不发，留有余地。朗诵生动、优美，脱稿成诵，面对观众，语音动听悦耳，态势语言和谐优美，自然大方（眼神、表情、手势等),既传达作品的思想感情,又能引起观众的共鸣。为了增强表演效果,往往还需化妆、配乐、舞台灯光、背景等辅助手段。

(四)朗诵前的准备

朗诵是朗诵者的一种再创作活动。这种再创作,不是脱离朗诵的材料去另行一套,也不是照字读音的简单活动,而是要求朗诵者通过原作的字句,用有声语言传达出原作的主要精神和艺术美感。不仅要让听众领会朗诵的内容,而且要使其在感情上受到感染。为了达到这个目的,朗诵者在朗诵前就必须做好一系列的准备工作。

1. 选择朗诵材料

朗诵是一种传情的艺术。朗诵者要很好地传情,引起听众共鸣,首先要注意材料的选择。选择材料时,首先要注意选择那些语言具有形象性而且适于上口的文章。因为形象感受是朗诵中一个很重要的环节;干瘪枯燥的书面语言对于具有很强感受能力的朗诵者也构不成丰富的形象感受。其次,要根据朗诵的场合和听众的需要,以及朗诵者自己的爱好和实际水平,在众多作品中,选出合适的作品。

2. 把握作品的内容

准确地把握作品内容,透彻地理解其内在含义,是作品朗诵重要的前提和基础。固然,朗诵中各种艺术手段的运用十分重要,但是,如果离开了准确透彻地把握内容这个前提,那么,艺术技巧成了无源之水,无本之木,成了一种纯粹的形式主义,也就无法做到传情,无法让听众动情了。要准确透彻地把握作品内容,应注意以下几点:

• 正确、深入的理解

朗诵者要把作品的思想感情准确地表现出来,需要透过字里行间,理解作品的内在含义,首先要清除障碍,搞清楚文中生字、生词、成语典故、语句等的含义,不要囫囵吞枣,望文生义。其次,要把握作品创作的背景、作品的主题和情感的基调,这样才会准确地理解作品,才不会把作品念得支离破碎,甚至歪曲原作的思想内容。

以高尔基的《海燕》为例,扫除文字障碍后,就要对作品进行综合分析。这篇作品以象征手法,通过暴风雨来临之前,暴风雨逼近和即将来临三个画面的描绘,塑造了一只不怕电闪雷鸣、敢于搏风击浪、勇于呼风唤雨的海燕——这一"胜利的预言家"的形象。而这部作品诞生之后立即不胫而走,被广大工人和革命群众在革命小组活动时朗诵,被视作传播革命信息、坚定革命理想的战歌。综合分析之后,朗诵时就不难把握其主题:满怀激情地呼唤革命高潮的到来。进而,我们又不难把握这部作品的基调应是对革命高潮的向往、企盼。

• 深刻、细致的感受

有的朗诵,听起来也有着抑扬顿挫的语调,可就是打动不了听众。如果不是作品本身有缺陷,那就是朗诵者对作品的感受还太浅薄,没有真正地走进作品,而是在那里"挤"情、"造"性。听众是敏锐的,他们不会被虚情所动,朗诵者要唤起听众的感情,使听众与自己同喜同悲同呼吸,必须仔细体味作品,进入角色,进入情境。

- 丰富、逼真的想象

在理解感受作品的同时,往往伴随着丰富的想象,这样才能使作品的内容在自己的心中、眼前活动起来,就好像亲眼看到、亲身经历一样。

以陈然的《我的自白书》为例,在对作品进行综合分析的同时,可以设想自己就是陈然(重庆《挺进报》的特支书记),当时正处在这样的情境中:我被国民党逮捕,在狱中饱受折磨,但信仰毫不动摇,最后,敌人把一张白纸放在我面前,让我写自白书,我满怀对敌人的愤恨和藐视,满怀革命必胜的坚定信念,自豪地写下了"怒斥敌酋"式的《我的自白书》。这样通过深入的理解、真挚的感受和丰富的想象,使己动情,从而也使人动性。

- 用普通话语音朗诵

要使自己的朗诵优美动听,必须使用标准的普通话进行朗诵,因为朗诵作品一般都是运用现代汉民族共同语(即普通话)写成的,所以,只有用普通话语音朗诵,才能更好地更准确地表达作品的思想内容。同时,普通话是汉民族共同语,用普通话朗诵,便于不同方言区的人理解、接受。因而,在朗诵之前,首先要咬准字音,掌握语流音变等普通话知识。

(五) 朗诵的基本表达手段

朗诵时,一方面要深刻透彻地把握作品的内容,另一方面要合理地运用各种艺术手段,准确地表达作品的内在含义。常用的基本表达手段有停顿、重音、语速、句调。

1. 停顿

停顿指语句或词语之间声音上的间歇。停顿一方面是由于朗诵者在朗诵时生理上的需要,另一方面是句子结构上的需要,再一方面是为了充分表达思想感情的需要。同时,停顿也可给听者一个领略和思考、理解和接受的余地,帮助听者理解文章含义,加深印象。停顿包括生理停顿、语法停顿、强调停顿。

- 生理停顿

生理停顿即朗诵者根据气息需要,在不影响语义完整的地方作一个短暂的停歇。要注意,生理停顿不要妨碍语意表达,不割裂语法结构。

- 语法停顿

语法停顿是反映一句话里面的语法关系的,在书面语言里就反映为标点。一般来说,语法停顿时间的长短同标点大致相关。例如句号、问号、叹号后的停顿比分号、冒号长;分号、冒号后的停顿比逗号长;逗号后的停顿比顿号长;段落之间的停顿则长于句子间停顿的时间。

- 强调停顿

为了强调某一事物,突出某个语意或某种感情,而在书面上没有标点、在生理上也可不作停顿的地方作了停顿,或者在书面上有标点的地方作了较大的停顿,这样的停顿我们称为强调停顿。强调停顿主要是靠仔细揣摩作品,深刻体会其内在含义来安排的。例如:

遵义会议‖纠正了｜在第五次反"围剿"斗争中所犯的"左倾"机会主义性质的严重的原则错误,团结了｜党和红军,使得｜党中央和红军主力胜利地完成了长征,转到了｜抗日的前沿阵地,执行了抗日民族统一战线的新政策。

"遵义会议"之后没有标点符号,但是为了突出"遵义会议"的地位,强调"遵义会议"在我党历史上的伟大意义,就应有一个停顿,而且比下面的其他强调停顿时间要长一些。"纠正了""团结了""使得""转到了""执行了"这些词语后面没有标点,但为清楚地显示"遵义会议"的伟大历史意义,应用停顿,句中划"‖"和"|"的都表示强调停顿。

如果不仔细揣度作品而任意作强调停顿,容易产生错误的理解。例如贺敬之《雷锋之歌》中的一句:"来呵!让我们紧紧挽住雷锋的这三条刀伤的手臂吧!"有人在"三条"之后略作停顿,就会给听者造成"三条手臂"的错觉,影响理解的正确性。

2. 重音

• 词语重音

(1) 两字词重音格式:中重、重中、重轻

中重:展翅　在世　抽穗　四季　色素　肇事　沼泽

重中:柳州　钦州　大人　男人　鲜花　夏天　冬天

重轻:漂亮　石头　看看　嫂子　耳朵　尾巴　接着

(2) 三字词重音格式:中中重、重中中、中轻重、重中轻、中重轻

中中重:发动机　办公室　共和国　电磁波　科学院

重中中:放射性　创造性　工业化　进化论　丈把高

中轻重:椅子背　地下水　吃不饱　背不动　走着瞧

重中轻:抬起来　想起来　走出去　没什么　黄澄澄

中重轻:照镜子　对对子　包饺子　抓螃蟹　打扑克

(3) 四字词重音格式:中中中重、重中中中

中中中重:与时俱进　不言而喻　海上日出　赤手空拳　出类拔萃　奋不顾身

重中中中:和谐社会　热气腾腾　一百万元　邻里关系　分外妖娆　红红火火

重音是指朗诵、说话时句子里某些词语念得比较重的现象。一般用增加声音的强度来体现。重音有语法重音和强调重音两种。

• 语法重音

在不表示什么特殊的思想和感情的情况下,根据语法结构的特点,把句子的某些部分重读的,叫语法重音。语法重音的位置比较固定,常见的规律包括以下五种:① 短句子里的谓语部分常重读;② 动词或形容词前的状语常重读;③ 动词后面由形容词、动词及部分词组充当的补语常重读;④ 名词前的定语常重读;⑤ 有些代词也常重读。

如果一句话里成分较多,重读也就不止一处,往往优先重读定语、状语、补语等连带成分。如:

我们是怎样度过这惊涛骇浪的瞬息!

快把那炉火烧得通红。

值得注意的是,语法重音的强度并不十分强,只是同语句的其他部分相比较,读得比较重一些罢了。

• 强调重音

强调重音指的是为了表示某种特殊的感情和强调某种特殊意义而故意说得重一些的音,目的在引起听者注意自己所要强调的某个部分。语句在什么地方该用强调重音并没有固定的规律,而是受说话的环境、内容和感情支配的,同一句话,强调重音不同,表达的意思也往往不同。例如:

我去过上海。(回答"谁去过上海")

我去过上海。(回答"你去没去过上海")

我去过上海。(回答"北京、上海等地,你去过哪儿?")

因而,在朗诵时,首先要认真钻研作品,正确理解作者意图,才能较快较准地找到强调重音所在。强调重音与语法重音的区别有以下三方面:

从音量上看:语法重音给人的感觉只是一般的轻重有所区别,而强调重音则给人鲜明突出的印象。强调重音的音量大于语法重音的音量。

从出现的位置看:强调重音可能与语法重音重叠,这时语法重音服从于强调重音,只要把音量再加强一些就行了。有时,两种重音出现在不同的位置上,此时,强调重音的音量要盖过语法重音的音量。

从确定重音的难易上看,语法重音较容易找到,在一句话的范围内,根据语法结构的特点就可以确定,而强调重音的确定却与朗诵者对作品的钻研程度、理解程度紧密相连。

3. 语速

语速是指说话或朗诵时每个音节的长短及音节之间连接的紧松。说话的速度是由说话人的感情决定的,朗诵的速度则与文章的思想内容相联系。快速:一般用于表示紧张、激动、惊奇、恐惧、愤怒、急切、欢畅、兴奋的心情,或者用于叙述急剧变化的事物与惊险的场景,或者用于刻画人物的机警、活泼、热情的性格等。中速:一般用于感情与情节变化起伏不大的场合,或用于平常的叙事、议论、说明、陈述等。慢速:大多用于表示沉重、悲伤、忧郁、哀悼的心情,或用于叙述庄重的情景。

以《雷雨》中周朴园和鲁侍萍的对话为例,朗诵时应根据人物心情的变化调整语速,而不应一律以一种速度读下来。如:

周:梅家的一个年轻小姐,很贤惠,也很规矩。有一天夜里,忽然地投水死了。后来,后来——你知道吗?(慢速。周朴园故作与鲁侍萍闲谈状,以便探听一些情况)

············

鲁:这个梅姑娘倒是有一天晚上跳的河,可是不是一个,她手里抱着一个刚生下三天的男孩。听人说她生前是不规矩的。(慢速,侍萍回忆悲痛的往事,又想极力克制怨愤,以免周朴园认出)

············

鲁:我前几天还见着她!(中速)

周:什么?她就在这儿?此地?(快速。表现周朴园的吃惊与紧张)

**鲁**：老爷,您想见一见她么？（慢速。鲁故意试探）

**周**：不,不,不用。（快速。表现周朴园的慌乱与心虚）

**周**：我看过去的事不必再提了吧。（中速）

**鲁**：我要提,我要提,我闷了三十年了！（快速,表现鲁侍萍极度的悲愤以至几乎喊叫）

4. 句调

在汉语中,字有字调,句有句调。我们通常称字调为声调,是指音节的高低升降。而句调我们则称为语调,是指语句的高低升降。句调是贯穿整个句干的,只是在句末音节上表现得特别明显。句调根据表示的语气和感情态度的不同,可分为四种：升调、降调、平调、曲调。

（1）升调（↑）,前低后高,语势上升。一般用来表示疑问、反问、惊异等语气。

（2）降调（↓）,前高后低,语势渐降。一般用于陈述句、感叹句、祈使句,表示肯定、坚决、赞美、祝福等感情。

（3）平调。这种调子,语势平稳舒缓,没有明显的升降变化,用于不带特殊感情的陈述和说明,还可表示庄严、悲痛、冷淡等感情。

（4）曲调。全句语调弯曲,或先升后降,或先降后升,往往把句中需要突出的词语拖长着念,这种句调常用来表示讽刺、厌恶、反语、意在言外等语气。

除了以上这些基本表达手段外,要使朗诵有声有色,还得借助一些特殊的表达手段,例如：笑语、颤音、泣诉、重音轻读等。

## 三、拓展阅读

1. 感情要真实

朗诵散文要展示作者在作品中的"情感",充分表现作品中的人格意向,要真情流露,用心体会作品的主题,在不同作品中把握好自己的感情色调。

2. 表达方式要有变化

对作品中的叙述语言,朗诵时要语气舒缓,声音明朗轻柔,娓娓动听。对描写性语言,要用生动、形象、贴切的语气朗读。对抒情性语言要自然亲切、由衷而发等,具体地方具体处理。

3. 语速要有快慢

对作品中的语速要掌握好快慢、缓急,对作品分层次地划分和归纳,对于一般文章的语速自然流畅就行,对于动情、有感染力的地方语速要稳、沉、快或慢、有力、有深度。

4. 抓住动情点的表达

掌握好有声语言的朗读特点,在统一的基调上,感情是一步步铺垫、酝酿的,而不是一步到位。动情点的表达一定不要夸张,不能只用"拙劲",要用巧劲找到动情点,一般文章是在中间和结尾部分找。

## 范例

### 孝心无价

毕淑敏

我不喜欢一个苦孩子求学的故事。家庭十分困难，父亲逝去，弟妹嗷嗷待哺，可他大学毕业后，还要坚持读研究生，母亲只有去卖血……我以为那是一个自私的学子。求学的路很漫长，一生一世的事业，何必太在意几年蹉跎？况且这时间的分分秒秒都苦涩无比，需用母亲的鲜血灌溉！一个连母亲都无法挚爱的人，还能指望他会爱谁？把自己的利益放在至高无上位置的人，怎能成为为人类奉献的大师？

我也不喜欢父母重病在床，断然离去的游子，无论你有多少理由。地球离了谁都照样转动，不必将个人的力量夸大到不可思议的程度。在一位老人行将就木的时候，将他对人世间最后期冀的希望斩断，以绝望之心在寂寞中远行，那是对生命的大不敬。

我相信每个赤诚忠厚的孩子，都曾在心底向父母许下"孝"的宏愿，相信来日方长，相信水到渠成，相信自己必有功成名就衣锦还乡的那一天，可以从容尽孝。可惜人们忘了，忘了时间的残酷，忘了人生的短暂，忘了世上有永远无法报答的恩情，忘了生命本身有不堪一击的脆弱。

父母走了，带着对我们深深的挂念。父母走了，遗留给我们永无偿还的心情。你就永远无以言孝。

有一些事情，当我们年轻的时候，无法懂得。当我们懂得的时候，已不再年轻。世上有些东西可以弥补，有些东西永无弥补……

"孝"是稍纵即逝的眷恋，"孝"是无法重现的幸福。"孝"是一失足成千古恨的往事，"孝"是生命与生命交接处的链条，一旦断裂，永无连接。赶快为你的父母尽一份孝心。也许是一处豪宅，也许是一片砖瓦。也许是大洋彼岸的一只鸿雁，也许是近在咫尺的一个口信。也许是一顶纯黑的博士帽，也许是作业簿上的一个红五分。也许是一桌山珍海味，也许是一个野果一朵小花。也许是花团锦簇的盛世华衣，也许是一双洁净的旧鞋。也许是数以万计的金钱，也许只是含着体温的一枚硬币……但"孝"的天平上，它们等值。

只是，天下的儿女们，一定要抓紧啊！趁我们父母健在的光阴。

(摘自《特区青年报》，有删改)

**朗诵要领**：质朴的基调，恳切、劝解的语气，语重心长。适合女声，采用中声区，饱含深情。要注意排比句表达，语言节奏要富于变化，避免单一语势。

**背景提示**：作家毕淑敏开始举了两个她并不认可的所谓"孝"的例子，由此引发行孝的话题，平和地提醒大家："赶快为你的父母尽一份孝心……"

## 四、拓展训练

### (一) 散文朗诵练习

### 莲在江南

刘学刚

莲在江南,犹如菊开东篱,是一种遥远的妩媚。

江南可采莲,莲叶何田田。人生最幸采莲人。乘一叶扁舟,载一船清香,携一帆柔风,低眉抬眼之间,望不尽白云碧水、绿叶红莲。此花端合在瑶池,人间能得几回现?唯有江南,唯有水光潋滟的江南烟雨空蒙的江南,才能滋养出这般绝世的红颜。有花堪折直须折,莫留残荷听秋声。

站在北方的池塘边遥望江南,那该是十分荷叶五分花的清丽意境吧。叶是粉墙黛瓦,花是款步而行明明朗朗的江南女子。所有的江南女子都叫莲花。莲花在青山上采茶,莲花在碧水边浣衣,莲花在园林里扑蝶。她们的清眸如水,她们的黛眉如烟。她们有的叫小荷,有的叫芙蓉,有的叫菡萏,腰肢轻摆,袅袅娜娜娉娉婷婷在水乡江南,她们都是朵朵含笑出水的莲。

徜徉在诗词歌赋的古典里,很古色古香地触摸莲花,我阅读的手指如呼吸梳过美女的云鬓,是一种麻酥酥绵软软微颤颤的感觉,眼睛被一些些嫩藕鲜荷润泽着,不由得湿润润亮闪闪清澈澈了。此刻,莲花就在我的掌心。楚腰纤细,莺歌宛转,吴娃双舞醉芙蓉。古典的莲花,简直就是一个美丽温柔娇艳的代名词。凌波微步,罗袜生尘。古典的莲花,象征着端庄静美优雅高贵的东方神韵。少年会老,岁岁年年,莲花依然是最初的容颜,如初恋清纯依旧颜色不改。既然今生注定不是蛟龙,何不做游鱼一尾,去嬉戏莲叶间,摇落满天的星星成晨露,一开口就是一些莹澈的话语。池面风来波滟滟,波间露下叶田田。在水的透明中轻揽莲花的腰肢,再也不让多愁善感的姑娘撑着碧罗伞,独自在雨季里哀怨又彷徨,鱼是幸福的。在诗词的长河中,撑一支长篙,向莲花更花处漫溯,眼睛是快乐的。

北方杯水难以邀莲。江南多水,多以莲为芳名的女子,羞答答娇滴滴水灵灵在江南的夏天开放,默默又脉脉、幽幽又悠悠地飘着清香。选择夏天,去江南采莲,这于信奉不到长城非好汉的北方,是不是一种行为的背叛?我觉得,在柔婉可人芳香醉人色彩迷人的莲花面前,勇敢地吐露真诚,是一种忠实生活回归自我从心灵出发抵达心灵的率真表现。爱写在诗笺上,却埋在面具里,到了中年,再去做个采莲人,却要跨过一座长长的廊桥。那是横亘在红尘与理想之间的一座奈何桥啊,等在季节里的容颜也只能如莲花般的开落,红衰翠减。

江南可采莲,莲叶何田田。就在夏天,就在今年,打点心情,架起小船,去江南采莲。

(摘自《中国文化报》,有删改)

### 毕业(节选)

毕业,就像一个大大的句号,从此,我们告别了一段纯真的青春,一段年少轻狂的岁月,一个充满幻想的时代……

毕业前的这些日子，时间过得好像流沙，看起来漫长，却无时无刻不在逝去；想挽留，一伸手，有限的时光却在指间悄然溜走，毕业答辩，散伙筵席，举手话别，各奔东西……一切似乎都预想得到，一切又走得太过无奈。

每一天，我们都会有意无意地再逛逛校园，看一看它今天的样子，想一想四年前它如何迎来稚气未脱的我们。走了四年，似乎又走回到了起点。突然觉得，四年的同窗、身边的朋友，比想象中要和善、可爱得多！星光下的夜晚，每一个都温柔如风。

再看一看吧……

那赫然相对的男生楼，就在去年的这个时候，还曾经硝烟四起；

窗外的晾衣绳，飘荡着不知哪个宿舍落下来的白衬衫；

插着爱护花草牌子的草坪，记不清什么时候已经被抄近路打水的兄弟们踩出了一条小路；

路旁的女生楼，对男生来说，几乎成为永远的禁区；

综合楼自习室的门还开着么，考研时鏖战过几个月的那个屋子，如今应该没有什么人了吧，一直对那段埋头苦读的日子心存感激，不论结果如何，它让我收获了很多……

一幕幕的场景就像一张张绚烂的剪贴画，串连成一部即将谢幕的电影，播放着我们的快乐和忧伤，记录着我们的青春和过往，也见证着我们的友谊和爱情！

来到这片校园之前，想象大学生活是白色的。因为象牙塔是白色的，整个生活就好像它折射的光：纯净而自由。

大一的时候，觉得生活是橙色的。太多新生活扑面而来，新鲜而灿烂，热情而紧张。橙色的记忆里，有第一次见到知名教授的激动，第一次加入社团的好奇，第一次考试的紧张……

大二的时候，生活是绿色的，青春拔节生长，旺盛得像正在生长的树，梦想也一点点接近现实。跟老师讨论问题时，看见他脸上满意的微笑；跟老外对话时，给自己打了个满意的分数；开始熟悉校园里任何一处美食，也常常在BBS上待到很晚……

大三的时候，生活变成蓝色。我们冷静了下来，明白自己离未来究竟有多远，并要为此做出选择：出国，考研，还是工作。所有与这个决定相关联的一切都可能会变化，包括我们的爱情，那还年轻没经历过风雨的爱情。

大四的生活，像有一层薄薄的灰色。在各种选择里彷徨，每一个人都忙忙碌碌，一切仿佛一首没写完的诗，匆匆开始就要匆匆告别。

但那灰色里，却有记忆闪闪发亮。那些彩色的岁月，凝成水晶，在忙碌的日子里，它们是我们的资本，也是我们的慰藉。

七月，我们和去年学长毕业时一样，把行李装好了箱，一点点往外运，整个宿舍楼就这样在几天之内变回空楼，变成一个无限伤感的符号。记忆也同时从校园离开，收藏进内心的匣子，那是我们的流金岁月，也是我们的宝藏。

未来就像天空中一朵飘忽不定的云彩，而我们，从毕业这一天起，便开始了漫长的追逐云彩的旅程。明天是美好的,路途却可能是崎岖的,但无论如何,我们都有一份弥足珍贵的回忆,一种割舍不掉的友情,一段终生难忘的经历。

### (二)诗歌朗诵技巧

1. 把握作品的感情基调

要使诵读具有感染力,传达出自己的感受,关键的一点,是把握好作品的感情基调。如白居易《琵琶行》中感伤的情感基调,就需要将离别之愁,琵琶声之悲,身世之悲,同病相怜之悲,触动自身坎坷之悲,一层一层传达出来。

2. 体会人物的性格特征

了解古诗文中人物的性格特征,揣摩人物的语言口吻,可以细致入微地、传神地再现作品,达到更为动人的效果。如《孔雀东南飞》里刘兰芝的忠贞、专一、善良、倔强,焦仲卿的专一、善良而懦弱,可凭借富有个性的形象使作品的警示力量更突出。

3. 注意作品的风格特征

古诗文作品因时代不同、人物不同,或同一人物的时期不同,其作品都会呈现出不同的风格特征。或豪放,或婉约;或浪漫,或现实;或轻快明丽,或沉郁悲壮……诵读时注意对作品的风格加以仔细地体会,可更好地演绎作品,传达出作品的神韵。

## 范例1

**(女)再别康桥**(朗诵)　(平淡、正常的语音、语速读,较长停顿后再读第一节)

　　　　徐志摩

(男)轻轻的/我走了,正如我/轻轻的来;(轻声)

↑

感觉在康桥时间太短,不忍心离去

(女)我/轻轻的/招手,作别/西天的/云彩。

(男)那/河畔的金柳,是/夕阳中的新娘;(节奏比第一节稍快、欢乐)

↑

对金柳、倒影的喜爱与难忘

↑

波光里的/艳影,在我的/心头/荡漾。

(女)软泥上的/青荇,油油的/在水底招摇;　　诵读速度逐渐加快

(男)在/康河的/柔波里,我甘心/做一条水草!　语调持续提高

(女)那榆荫下的/一潭,不是/清泉,

(男)是/天上虹揉碎在/浮藻间,沉淀着/彩虹似的/梦。　←语速要慢

(女)寻梦?撑/一支长篙,向/青草/更青处/漫溯;

(合)满载/一船/星辉,在/星辉/斑斓里/放/歌。　语速比其他节慢,语调要高

第一章 朗读与朗诵

最后一句用语调的最大声来读,这是诗人感情发展的高潮

(男)但/我/不能/放歌,悄悄是别离的笙箫;　由梦幻回到现实,要离别了,情绪低落。
　　夏虫/也为我/沉默,沉默/是今晚的康桥。　语速要慢,语音要低

离别的惆怅

(女)悄悄的/我/走了,正如我/悄悄的来;

(男)悄悄的我走了,正如我悄悄的来

(男)我/挥一挥衣袖,(合)不带走/一片/云彩。

(女)我挥一挥衣袖

这一小节的诵读处理与第一节相同,给人一种梦幻般的感觉

(注:/短暂停顿　语气相连　重读)

## 范例2

### 等你,在雨中

余光中

等你,在雨中,在造虹的雨中
蝉声沉落,蛙声升起
一池的红莲如红焰,在雨中

你来不来都一样,竟感觉
每朵莲都像你
尤其隔着黄昏,隔着这样的细雨

永恒,刹那,刹那,永恒
等你,在时间之外,在时间之内,等你
在刹那,在永恒

如果你的手在我的手,此刻
如果你的清芬
在我的鼻孔,我会说,小情人

诺,这只手应该采莲,在吴宫

这只手应该
摇一柄桂桨,在木兰舟中

一颗星悬在科学馆的飞檐
耳坠子一般的悬着
瑞士表说都七点了,忽然你走来
如雨后的红莲,翩翩,你走来
像一首小令
从一则爱情的典故里你走来
从姜白石的词中,有韵地,你走来

**朗诵要领**:诗歌清新精致,蕴含浓浓的思念与爱恋之情,却又表现得舒缓雅致,意境高雅,饱含深情期盼的基调,却无焦急和无奈的情绪,适合声线柔和大方的男声。

**背景提示**:《等你,在雨中》语言清丽,声韵柔婉,具有东方古典美的空灵境界,同时,从诗句的排列上,也充分体现出诗人对现代格律诗建筑美的刻意追求。

(三) 诗歌朗诵练习

## 雪花的快乐

### 徐志摩

假若我是一朵雪花,
翩翩的在半空里潇洒,
我一定认清我的方向
飞扬,飞扬,飞扬,
这地面上有我的方向。

不去那冷寞的幽谷,
不去那凄清的山麓,
也不上荒街去惆怅
飞扬,飞扬,飞扬,
你看,我有我的方向!

在半空里娟娟的飞舞,
认明了那清幽的住处,
等着她来花园里探望
飞扬,飞扬,飞扬,
啊,她身上有朱砂梅的清香!

那时我凭藉我的身轻,
盈盈的,沾住了她的衣襟,
贴近她柔波似的心胸
消溶,消溶,消溶
溶入了她柔波似的心胸。

## 黄昏的和谐

[法]波德莱尔

那时辰到了,花儿在枝头颤振,
每一朵都似香炉散发着芬芳;
声音和香气都在晚风中飘荡;
忧郁的圆舞曲,懒洋洋的眩晕!
每一朵都似香炉散发着芬芳;
小提琴幽幽咽咽如受伤的心;
忧郁的圆舞曲,懒洋洋的眩晕!
天空又悲又美,像大祭台一样。
小提琴幽幽咽咽如受伤的心,
温柔的心,憎恶广而黑的死亡!
天空又悲又美,像大祭台一样;
太阳在自己的凝血中下沉。
温柔的心,憎恶广而黑的死亡,
收纳着光辉往昔的一切遗痕!
太阳在自己的凝血中下沉……
想起你就仿佛看见圣体发光!

## 祖国,或以梦为马

海 子

我要做远方的忠诚的儿子
和物质的短暂情人
和所有以梦为马的诗人一样
我不得不和烈士和小丑走在同一道路上

万人都要将火熄灭 我一人独将此火高高举起
此火为大 开花落英于神圣的祖国
和所有以梦为马的诗人一样

我借此火得度一生的茫茫黑夜

此火为大　祖国的语言和乱石投筑的梁山城寨
以梦为上的敦煌——那七月也会寒冷的骨骼
如雪白的柴和坚硬的条条白雪　横放在众神之山
和所有以梦为马的诗人一样
我投入此火　这三者是囚禁我的灯盏吐出光辉

万人都要从我刀口走过　去建筑祖国的语言
我甘愿一切从头开始
和所有以梦为马的诗人一样
我也愿将牢底坐穿

众神创造物中只有我最易朽
带着不可抗拒的死亡的速度
只有粮食是我珍爱　我将她紧紧抱住
抱住她在故乡生儿育女
和所有以梦为马的诗人一样
我也愿将自己埋葬在四周高高的山上
守望平静的家园

面对大河我无限惭愧
我年华虚度　空有一身疲倦
和所有以梦为马的诗人一样
岁月易逝　一滴不剩　水滴中有一匹马儿一命归天

千年后如若我再生于祖国的河岸
千年后我再次拥有中国的稻田
和周天子的雪山　天马踢踏
和所有以梦为马的诗人一样
我选择永恒的事业

我的事业　就是要成为太阳的一生
他从古至今——"日"——他无比辉煌无比光明
和所有以梦为马的诗人一样

最后我被黄昏的众神抬入不朽的太阳

太阳是我的名字
太阳是我的一生
太阳的山顶埋葬 诗歌的尸体——千年王国和我
骑着五千年凤凰和名字叫"马"的龙——我必将失败
但诗歌本身以太阳必将胜利

(四) 小说朗诵技巧

1. 理清脉络,确定基调

掌握整体的基调;小说的脉络不仅包括主线,还包括人物之间的关系、情节之间的关系、场景之间的关系、行为之间的关系等等。

2. 确定重点,把握节奏

一篇文章的重点有时是一段内容,有时是几句话,有时在开头,有时在结尾。不一而足,情况各异。第一,重点把握要准确;第二,重点要分出层次;第三,重点的数量不宜过多。另外,重点和高潮不是同样的概念,朗诵时要区别处理。高潮部分要吸引听众注意力,抓住兴趣点;重点部分要发人深思,体现作品目的。

3. 铺展过程,情景再现

铺展过程、情景再现,是对小说的情节而言的。情节就是故事发生、发展的具体细致的过程,在这个过程中,有对人物形象、语言、动作、表情、心理活动的刻画,有对自然环境、社会环境的描写,有对人与人、人与事、事与事之间关系的勾勒。朗诵时要把上述的要素细致具体地用声音表现和传达出来,注意不能粗枝大叶,要把"这个情节"的特点抓住,要让人感到情节生动鲜活。

4. 抓住特点,表现情态

要从人物、场景、行为、关系中抓取令你感到新鲜的描写,然后把它们放到你日常生活的背景下揣摩,通常这样就能引导你得到真实的感觉。你对小说的理解和感受,离生活越近,你的朗诵就越感人。

5. 用声自如,表达生动

声音的高低、大小、强弱、虚实、冷暖变化须多一些。当然也不能为"多"而"多",要根据自己的声音条件和小说内容的需要自然表达。

● 范例

**穆斯林的葬礼**(节选)

霍 达

小院里清凉如水。

前边琢玉坊的窗纸透着灯光,在"沙沙"的磨玉声中,梁亦清手捧着郑和下西洋的宝船,正在加紧精雕细刻。合同期限迫在眉睫,蒲老板在等着他,沙蒙·亨特先生在等着他,患难老妻和两个女儿在等着他,他自己也在等着这艘宝船竣工的时刻。

他喘息一下,用粗糙的手掌抚摸着巍峨的宝船,脸上露出了欣慰的笑意。不容易呀,"马哈吉"①郑和,梁亦清陪着您一块儿闯过来了!他注视着器宇轩昂的郑和,注视着甲板上劈风斩浪的一个个人物,仿佛他也加入了那雄壮的行列。

水凳儿又蹬起来,坨子又转起来,梁亦清摒弃一切杂念,重又投入专心致志的创作,在三保太监郑和那饱经风霜的眉宇之间做画龙点睛的镂刻。郑和,这位杰出的中国穆斯林,在他手执罗盘、眼望麦加,指挥着宝船与风浪搏斗的时刻,一定是镇静沉着、胸怀坦荡的。梁亦清怀着崇高的敬意,紧紧盯着郑和那穿透万里云天冲破万顷碧波的眼睛,唯恐自己睫毛的一闪、心脏的一跳都会影响雕刻的精确,有损于那双眼睛的神采……

韩子奇一直守在旁边,目不转睛地领受师傅那精湛到极致的技艺,这是他至高的艺术享受和外人无缘分享的殊荣。

突然之间,他感到师傅的神色有些不大对头。

宝船上,郑和的那双眼睛变得模糊了,仿佛郑和由于远途跋涉的劳累和风浪的颠簸而晕眩了,他要做片刻的歇息了?不,是梁亦清自己的眼睛……眼睛怎么了?像一片薄云遮在面前,缭绕,飘动,他努力把眼睛睁大,再睁大,也无法清晰地看清近在眼前的郑和!

梁亦清双脚停止了踏动踏板,微微闭了闭疲倦的眼睛,笑笑说:"这活儿,越到画龙点睛的时候越费眼啦!"

韩子奇默默地看看师傅的眼睛。那双眼睛,深深地陷在眼眶之中,上下眼睑重叠着刀刻一般的三四层纹路,眉毛和睫毛上被玉粉沾染,像冰雪中的树挂,像年代久远的古迹上的霉斑,几十年的琢玉生涯,师傅把自己琢成了一个苍老瘦硬的玉人!

"师傅,您歇着吧,这活儿,明儿再接着做……"

"要记住,"梁亦清歇息了片刻,似乎觉得眼睛从疲倦中得到了恢复,心境也更加平和、安定,"一个艺人,要把活儿当作自个儿的命,自个儿的心,把命和心都放在活儿上,这活儿做出来才是活的。历朝历代的能工巧匠,没有一个能活到今天,可他们琢出的玉器呢,不都一个个还活着吗?"

坨子又转动起来,梁亦清此时完全忘却了自我,把他的命、他的心都和宝船、和郑和融为一体了。那宝船上的风帆鼓涨起来,旌旗漫卷起来,舵工、水手呼喊起来,浑厚深远的号子和汹涌澎湃的风浪声在琢玉坊中震天撼地地响起来,三保太监郑和站在船头,魁伟的身躯随着风浪的颠簸而沉浮,双目炯炯望着前方,随时监视着前途中的不测风云……

突然,这一切都在刹那间停止了,梁亦清两手一松,身躯无力地倒了下去,压在由于惯性还在转动的坨子上……

"师傅!师傅!"韩子奇像在梦中看见了天塌地陷,灵魂都被惊飞了,他呼喊着扑倒在地,扶起四肢松软的师傅……

梁亦清在徒弟的怀抱中吃力地睁开了双眼。"宝船,宝船!"他气力微弱地呼叫着。在这一瞬,他的眼睛是清亮的,炯炯有神,他在搜索那生命与心血化成的目标!当那双眼睛接触到破碎的宝船时,他的一双晶亮的瞳孔立即像燃烧的流星,迸射出爆裂的光焰,随即熄灭了……

"啊!"梁亦清发出一声撕裂肺腑的惨叫,一口鲜血飞溅出来,染红了那雪白的宝船!

(选自《穆斯林的葬礼》,有删改)

【注】①哈吉:伊斯兰教中专用以尊称前往伊斯兰教圣地麦加朝觐,并按教法规定履行了朝觐功课的穆斯林。郑和本姓马,故梁亦清尊称其为"马哈吉"。

**朗诵要领:** 要把握人物性格基调,紧张、激烈的节奏,语气分量较重,突出轻重缓急节奏的交替变化。

**背景提示:** 小说讲述了一个穆斯林玉人之家三代人的悲欢际遇。这段节选重点表现的是玉器行的第一代主人梁亦清。他不仅仅是个清贫匠人,还是一个从玉器制作艺术中寻求精神满足和价值实现的人,这一形象既真实可信又充满了理想的光辉。

(五)小说朗诵练习

<h3 style="text-align:center">平凡的世界(节选)</h3>

路 遥

孙少平和田晓霞气喘吁吁地爬上南山,来到那个青草铺地的平台上,地畔上的小森林像一道绿色的幕帐把他们和对面的矿区隔成了两个世界。

他们坐在草地上后,心仍然在"咚咚"地跳着,这样的经历对他们来说,已经不是第一回。在黄原的时候,他们就不止一次登上过麻雀山和古塔山。正是在古塔山后面的树丛中,她给他讲述热妮娅·鲁勉采娃的故事。也正是那次,他们在鲜花盛开的草地上,第一次拥抱并亲吻了对方。如今,在异乡的另一块青草地上,他们又坐在了一起。内心的激动感受一时无法用语言表述。时光流逝,生活变迁,但美好的情感一如既往。

他粗壮的矿工的胳膊搭上了她的肩头。她的手摸索着抓住了他的另一只手。情感的交流不需要过多的语言。沉默是最丰富的表述。

沉默。

血液在热情中燃烧。目光迸射出爱恋的火花。

我们不由想起当初的伊甸园和其间偷吃了禁果后的亚当与夏娃(上帝!幸亏他们犯了那个美好的错误……)。

没有爱情,人的生活就不堪设想。爱情啊!它使荒芜变为繁荣,平庸变为伟大;使死去的复活,活着的闪闪发光。即便爱情是不尽的煎熬,不尽的折磨,像冰霜般严厉,烈火般烤灼,但爱情对心理和身体健康的男女永远是那样的自然;同时又永远让我们感到新奇、神秘和不可思议……当然,我们和这里拥抱的他们自己都深知,他们毕竟不是伊甸园里上帝平等的子民。

她来自繁华的都市,职业如同鼓号般响亮,身上飘溢着芳香,散发出现代生活优越的气息。

他,千百普通矿工中的一员,生活中极其平凡的角色,几小时前刚从黑咕隆咚的地下钻出来,身上带着洗不净的煤尘和汗臭味。

他们看起来是这样的格格不入。但是,他们拥抱在一起。

直到现在,孙少平仍然难以相信田晓霞就在他怀里。说实话,从黄原分手他们后,他就无法想象他们再一次相会将是何种情景。尤其到大牙湾后,井下生活的严酷性更使他感到他和她相距有多么遥远。他爱她,但他和她将不可能在一块生活——这就是问题的全部结症!

可是,现在她来了。

可是,纵使她来了,并且此刻她就在他的怀抱里,而那个使他痛苦的"结症"就随之消失了吗?

没有。此时,在他内心汹涌澎湃的热浪下面,不时有冰凉的潜流湍湍而过。

但是,无论如何,眼下也许不应该和她谈论这种事。这一片刻的温暖对他是多么宝贵。他要全身心地沉浸于其中……

### 翻浆的心
#### 毕淑敏

那年,我放假回家,搭了一辆运送旧轮胎的货车,颠簸了一天,夜幕降临才进入戈壁。正是春天,道路翻浆。

突然在无边的沉寂中,立起一根"土柱",遮挡了银色的车灯。

"你找死吗?!"司机破口大骂。

我这才看清是个青年,穿着一件黄色旧大衣,拎着一个系着鬃绳的袋子。

"我要搭车,我得回家。"

"不带!哪有你的地方!"司机愤愤地说。

"我蹲大厢板就行。"

"不带!"司机说着,踩了油门,准备闪过他往前开。

那个人抱住车灯说:"我母亲病了……我到场部好不容易借到点小米……我母亲想吃……"

"让他上车吧!"我有些同情地说。

他立即抱着口袋往车厢上爬,"谢谢谢……谢……"最后一个"谢"字已是从轮胎缝隙里发出来的。

夜风在车窗外凄厉地鸣叫。我找到司机身后小窗的一个小洞,屏住气向里窥探。

朦胧的月色中,那个青年龟缩在起伏的轮胎里。每一次颠簸,他都像被遗弃的篮球,被橡胶轮胎击打得嘭嘭作响。

"我好像觉得他要干什么。"司机说。

这一次,我看到青年敏捷地跳到两个大轮胎之间,手脚麻利地搬动着我的提包。那里装着我带给父母的礼物。"哎呀,他偷我东西呢!"

司机狠踩油门，车就像被横刺了一刀的烈马，疯狂地弹射出去。我顺着小洞看去，那人仿佛被冻僵了，弓着腰抱着头，企图凭借冰冷的橡胶御寒。我的提包虽已被挪了地方，但依旧完整。

司机说："车速这么快，他不敢动了。"

路面变得更加难走，车速减慢了。我不知如何是好，紧张地盯着那个小洞。青年也觉察到了车速的变化，不失时机地站起身，重新搬动了我的提包。

我痛苦地几乎大叫。司机趁着车的趔趄，索性加大了摇晃的频率，车窗几乎吻到路旁的沙砾。再看青年，他扑倒在地，像一团被人践踏的草，虚弱但仍不失张牙舞爪的姿势，贪婪地守护着我的提包——他的猎物。

司机继续做着"高难"动作。我又去看那青年，他像夏日里一条疲倦的狗，无助地躺在了轮胎中央。

道路毫无先兆地平滑起来，翻浆也消失得无影无踪。司机说："扶好你的脑袋。"就在他的右腿狠狠地踩下去之前，我双腿紧紧抵地，双腕死撑面前的铁板……

不用看我也知道，那个青年，在这突如其来的急刹车面前，可能要被卸成零件。"看他还有没有劲偷别人的东西！"司机踌躇满志地说。

我心里安宁了许多。只见那个青年艰难地在轮胎缝里爬，不时还用手抹一下脸，把一种我看不清颜色的液体弹开……他把我的提包紧紧地抱在怀里，往手上哈着气，摆弄着拉锁上的提梁。这时，他扎在口袋上的绳子已经解开，就等着把我提包里的东西搬进去呢……

"他就要把我的东西拿走了！"我惊恐万状地说。师傅这次反倒不慌不忙，嘴角甚至显出隐隐的笑意。

我们到了一个兵站，也是离那个贼娃子住的村最近的公路，他家那儿是根本不通车的，至少还要往沙漠腹地走10公里……

那个青年挽着他的口袋，像个木偶似的往下爬，跪坐在地上。不过才个把时辰的车程，他脸上除了原有的土黄之外，还平添了青光，额上还有蚰蜒的血迹。

"学学啦……学学……"他的舌头冻僵了，把"谢"说成了"学"。

他说："学学你们把车开得这样快，我知道你们是为我在赶路……学学……"他恋恋不舍地离开了我们。

看着他蹒跚的身影，我不由自主地喝了一声："你停下！"

"我要查查我的东西少了没有。"我很严正地对他说。

司机赞许地冲我眨眨眼睛。

青年迷惑地面对我们，脖子柔软地耷拉下来，不堪重负的样子。我敏捷地爬上大厢板。我看到了我的提包。我摸索着它，每一环拉锁都像小兽的牙齿般细密结实。突然触到鬃毛样的粗糙，我意识到这正是搭车人袋子上那截失踪的鬃绳。它把我的提包牢牢地固定在大厢的木条上，像焊住一般结实。我的心像凌空遭遇寒流，冻得皱缩起来。

(有删改)

# 第二章 演讲与演讲稿的写作

## 第一节 演讲

### 一、学习目标

（一）认知目标

感受演讲的魅力，了解演讲的概念、分类，熟悉演讲的技巧与方法。

（二）能力目标

通过案例学会在演讲中自控与控场，即演讲者的自我调控和对全场听众的调控。

（三）情感目标

感悟演讲成功案例的智慧美，积极学习演讲知识，愿意在实践中不断训练以提高演讲水平。

### 案例导读

**《林肯在葛底斯堡的演讲》**

八十七年前，我们先辈在这个大陆上创立了一个新国家，它孕育于自由之中，奉行一切人生来平等的原则。

我们正从事一场伟大的内战，以考验这个国家，或者任何一个孕育于自由和奉行上述原则的国家是否能够长久存在下去。我们在这场战争中的一个伟大战场上集会。烈士们为使这个国家能够生存下去而献出了自己的生命，我们来到这里，是要把这个战场的一部分奉献给他们作为最后安息之所。我们这样做是完全应该而且非常恰当的。

但是，从更广泛的意义上说，这块土地我们不能够奉献，不能够圣化，不能够神化。那些曾在这里战斗过的勇士们，活着的和去世的，已经把这块土地圣化了，这远不是我们微薄的力量所能增减的。我们今天在这里所说的话，全世界不大会注意，也不会长久地记住，但勇士们在这里所做过的事，全世界却永远不会忘记。毋宁说，倒是我们这些还活着的人，应该在这里把自己奉献于勇士们已经如此崇高地向前推进但尚未完成的事业。倒是我们应该在这里把自己奉献于仍然留在我们面前的伟大任务——我们要从这些光荣的死者身上吸取更多的献身精神,来完成他们已经完全彻底为之献身的事业;我们要在这里下定最大的决心,不让这些死者白白牺牲;我们要使国家在上帝福佑下自由的新生,要使这个民有、民治、民享的政府永世长存。

**背景介绍**:葛底斯堡之役是美国南北战争中的决定性战役。这场战役,彻底改变了葛底斯堡这个小镇。战场上,双方留下超过七千具的战士遗骸、数以千计战马尸骨。北方获胜后,为纪念在战争中牺牲的英雄们,修建了葛底斯堡公墓,在1863年11月19日,公墓落成典礼,林肯总统作了这篇演说。据史料记载,这篇著名的演讲共用时两分十五秒,其间五次被热烈的掌声打断。演说结束,全场爆发出经久不息的掌声。第二天《斯普森菲尔德共和党人报》立即发表了评论说:"这篇短小精悍的演说是无价之宝,感情深厚,思想集中,措辞精练,字字句句都朴实优雅。"美国人把这篇演讲稿作为中学生的必读课文,牛津大学则把这篇演说用金字铸在校园里。

**想一想**:《林肯在葛底斯堡的演讲》属于哪一类型的演讲稿?这类演讲稿的特征是什么?演讲稿结构的基本形态都是由开头、主体、结尾三部分构成,开场白在整篇演讲稿中起什么作用?开头和结尾是怎样呼应的?在具体行文上,这篇演讲稿层次非常清楚,衔接也非常巧妙,试结合第2段、第3段进行分析。这篇演讲历来被称为"演讲史上的珍品",你认为它的魅力在哪里?

## 二、知识学习

演讲,是口语独白,即由一个人讲给众多的人听,以讲为主,辅之以手势、身姿、面部表情。演讲具有舆论宣传功能、教育功能、情感功能、审美功能,同时还能充分展示演讲者自身的真知灼见、真才实学、真情实感。第二次世界大战前,西方把演讲、美元、原子弹称为三大战略武器。现在西方却把演讲、电脑、美元作为新的三大战略武器。这就是说,不管时代怎样变化,科学技术怎样发展,演讲始终是摆在第一位的。

古人云:"一人之辩重于九鼎之宝,三寸之舌强于百万之师。"这说明舌头的巨大作用。确实哪里有声音,哪里就有力量;哪里有口才,哪里就有战斗的号角,就有了胜利的曙光。现代社会高速发展,说话也越来越受到人们的重视,一个人的发展成功与否与他的讲话能力有很大关系。现代的商品交换、商贸谈判、政治交往,都需要通过语言的说服与沟通来完成,而说服力的核心是讲话能力,讲话能力的好坏关系到说服的成败。为此,我们首先要学会如何演讲。

**(一)演讲的概念**

演讲又叫讲演或演说,是指在公众场所,以有声语言为主要手段,以体态语言为辅助手段,针对某个具体问题,鲜明、完整地发表自己的见解和主张,阐明事理或抒发情感,进行宣传鼓动的一种语言交际活动。

演讲是演与讲的有机结合。它是一种在特定的时空环境中,演讲者凭借有声语言和相应的体态语言,郑重、系统地发表见解和主张,从而达到感召听众、说服听众、教育听众的艺术化的语言交际形式。

"演"与"讲"在演讲实践活动中,在传递信息的时候,并不是平分秋色,各占一半的。二者虽然需要和谐统一,但不是一加一等于二的统一,而是以"讲"为主,以"演"为辅,互相交织、互相渗透、互相促进的统一。在这里,"讲"是起主导作用,起决定因素的;而"演"必须建立在"讲"的基础上,否则它就失去了存在的意义。如果平分秋色或颠倒了这一关系,也就不称为演讲了。所以,只有既"讲"且"演",以"讲"为主,以"演"为辅,既是听觉的,又是视觉的,兼有时间性和空间性艺术特点的综合的现实活动,才是演讲的本质属性。这是演讲区别于其他现实口语表达形式和艺术口语表达形式的关键所在。

(二)演讲的分类

从表达形式上分,演讲主要有命题演讲、即兴演讲和辩论演讲。

1. 命题演讲

即由别人拟定题目或演讲范围,并经过准备后所做的演讲。它包含两种形式:全命题演讲和半命题演讲。全命题演讲的题目一般是由演讲组织部门来确定的。某单位开展"让雷锋精神在岗位上闪光"主题演讲,为了让演讲员各有侧重,分别拟了《把爱送到每个顾客的心坎上》《练好本领,为民服务》《从一点一滴做起》三个题目,分发给三个演讲者,要求以此组织材料,准备演讲。半命题演讲指演讲者根据组织单位限定的范围,自己拟定题目进行的演讲。1986年,中央电视台和《演讲与口才》杂志社联合举办的"十城市青少年演讲邀请赛"命题演讲即是以"四有教育"为范围,具体题目自拟。命题演讲的特点是主题鲜明、针对性强、内容稳定、结构完整。

2. 即兴演讲

即演讲者在事先无准备的情况下就眼前场面、情境、事物、人物临时起兴发表的演讲。如婚礼祝词、欢迎致辞、丧事悼念、聚会演讲等。它要求演讲者紧扣主题,抓住由头,迅速组合,言简意赅。即兴演讲的特点是有感而发、时境感强、篇幅短小。

3. 辩论演讲

即指由两方或两方以上的人们因对某个问题产生不同意见而展开面对面的语言交锋。其目的是坚持真理、批驳谬误、明辨是非。比如,我们生活中常见的法庭辩论、外交辩论、赛场辩论,以及每个人都曾经经历过的生活辩论等。辩论演讲较之命题演讲、即兴演讲更难些,命题演讲、即兴演讲基本上都是一人说,众人听,属于单向式的语言交流。辩论演讲则是正反两方的说与听,属于双向式的语言交流,是演讲活动的高级形式。它要求演讲者必须具备正确的思想、高尚的品质、严密的逻辑性、较强的应变能力。辩论演讲的特点是针锋相对、短兵相接。

从演讲的内容上分,演讲主要有政治演讲、学术演讲、法庭演讲、生活演讲等。

1. 政治演讲

凡是为了一定的政治目的或出于某种政治动机，就某个政治问题以及政治有关的问题而发表的演讲均属此类。它包括外交演讲、军事演讲、政府工作报告、各种会议上的总结报告、政治评论、就职演说、集会演讲、宣传演讲等。政治演讲的特点是具有鲜明的思想性、严密的逻辑性和强烈的鼓动性。

2. 学术演讲

指演讲者就某些系统、专门的知识和学问而发表的演讲。一般指学校或其他场合的专题讲座、学术报告、学术发言、学术评论、科学讨论、科学报告或信息报告、学位论文的答辩等。它必须具有内容的科学性、论证的严密性和语言的准确性三大要素，这是与其他类型的演讲的一大区别。学术演讲的特点是深刻的论证、高度的逻辑修养、严密的语言风格，同时还有一系列专门的术语。

3. 法庭演讲

指公诉人、辩护代理人在法庭上所作的演讲，以及律师的辩护演讲。它主要包括检察官的演讲（起诉词）、律师的演讲（辩护词）、社会起诉词、社会辩护词、被告的自我辩护等。法庭演讲有其突出特征：公开性和针对性。

4. 生活演讲

指演讲者就社会生活中存在的各种问题、风俗、现象而做的演讲，它表达了演讲者对这些问题的看法、见解和观点。这种演讲涵盖的内容更加广泛，如亲情友谊、悼贺（悼词、贺词）、迎送（欢迎词、欢送词）、祝酒词、答谢等均属此类。

(三) 演讲的技巧和方法

1. 演讲的姿势

演讲的姿势是成败的关键。要让身体放松，不能过度紧张。太紧张不但影响发挥，而且对语言的表达也会背道而驰。诀窍之一是张开双脚与肩同宽，挺稳整个身躯；诀窍之二是想办法扩散并缓解紧张情绪。例如将一只手稍微插入口袋中，或者手触桌边，或者手握麦克风，等等。

2. 演讲的视线

在大众面前说话必须忍受众目睽睽的注视。当然，并非每位听众都会对你报以善意的眼光。尽管如此，你还是不能漠视听众的眼光。尤其当你站在大庭广众面前的一瞬间，来自听众的视线有时甚至会让你觉得紧张。克服这股视线压力的秘诀，就是一面进行演讲，一面从听众当中找寻对自己投以善意而温柔眼光的人，并且无视于那些冷淡的眼光。此外，把自己的视线投向和善的人群，对巩固信心来说帮助很大。

3. 演讲时的面部表情

演讲时的面部表情如何会给听众留下极其深刻的印象。紧张、喜悦、焦虑等情绪会毫无保留地表露在脸上，这是很难由本人的意愿来控制的。演讲的内容即使再精彩，如果表情缺乏自信,演讲就失去了应有的风采。演讲不能低头,人一旦"低头"就会显得没有自信,倘若视线不能与听众接触,就难以吸引听众的注意。采取"缓慢讲话"的方式会使情绪稳定,脸部表情也得以放松,全身上下也能泰然自若起来。

4. 演讲的声音和腔调

演讲的语言必须做到发音准确、清晰、优美,词句流利、流畅、传神,语调贴切、自然、动情。演讲对语音的要求很高,既要能准确地表达出丰富多彩的思想感情,又要悦耳动听。所以,演讲者必须认真对语音进行揣摩,努力使自己的声音达到最佳效果。

一般来说,最佳语言有以下四个特点:

(1) 准确清晰,即吐字正确清楚,语气得当,节奏自然;

(2) 清亮圆润,即声音洪亮清晰,铿锵有力,悦耳动听;

(3) 富于变化,即区分轻重缓急,随感情起伏而变化;

(4) 有感染力,即声音有磁性,能吸引听众,引起共鸣。

语调是口语表达的重要手段,它能很好地辅助语言表情达意。同样一句话,由于语调轻重、高低长短、急缓等的不同变化,在不同的语境里可以表达出种种不同的思想感情。一般来讲,表达坚定、果敢、豪迈、愤怒的思想感情,语气急速,声音较重;表达幸福、温暖、体贴、欣慰的思想感情,语气舒缓,声音较轻;表示优雅、庄重、满足,语调前后弱、中间强。只有这样,才能绘声绘色,声情并茂。语调的选择和运用,必须切合演讲内容,符合语言环境,考虑现场效果。语调贴切、自然正是演讲者思想感情在语言上的自然流露。

(四) 自控与控场

在演讲的诸要素中,演讲者和听众是最根本、最主要的两个因素,是信息传递的两个极端,两者相互影响,相辅相成,相得益彰。成功的演讲,都是两者完美的结合。因此,演讲必须对两者实施调控。一是自控,即演讲者的自我调控;二是控场,即对全场听众的调控。

1. 自控

演讲者自己调控自己,主要有两个方面的调控,一是心理调控,二是情感调控。

心理调控。心理调控最根本的是克服怯场心理。怯场,就是临场紧张,惧怕。戴维·卡耐基经过多年的调查,得出一个统计数据:"有80%～90%的学生,对上台说话感到困难,而已经步入社会的成年人,则100%地恐惧公开发表演说。"英国首相狄斯瑞黎甚至公开承认:他宁愿带一支骑兵队冲锋陷阵,也不愿首次去国会上发表演说。西塞罗说:"演说一开始,我就感到面色苍白,四肢和整个心灵都在颤抖。"林肯说,他在演说时"也有一种畏惧、惶恐、和忙乱。"丘吉尔说,他在演说时"心窝里似乎塞着一个几寸厚的冰疙瘩。"还有人说,演讲时手心冒汗,汗流浃背,严重的还可能导致休克。如此等等,怯场严重地干扰和破坏着演讲。

为什么会怯场呢? 演讲家、心理学家众说纷纭,有的说是胆小,有的说是缺乏自信心,有的说是自我意识太强。罗斯福的看法是"每一个新手,常常都有一个心慌病,心慌并不是胆小,乃是一种过度的精神刺激。"这种刺激来自两方面,一是外在的,即台下黑压压的听众,一双双明亮的眼睛全都投向演讲者,使演讲者望而生畏,局促不安。二是内在的,担心讲不好,担心听众不爱听,担心这,担心那,甚至连自己的长相也在担心之列,因而形成过度的精神刺激。精神刺激形成生理变化,于是血压增高,心跳加快,脸色涨红,呼吸急促,手心冒汗,甚至全身颤抖。如何调控怯场心理呢?

首先,要对怯场心理有正确的估计。这是一种正常的生理和心理现象,人人都有,只是程度不同。同时,有点怯场也不是坏事,可以促使演讲者认真准备,不马虎,不轻率。戴维·卡耐基说:"少许的恐惧是有利的,可以加强临场感和说服力。"

其次,加强自信心。一上台只把注意力集中在眼前的动机和效果上。华盛顿说:"我只知道眼前的听众,而我说的词,正是眼前的听众说的。"至于过后怎样评价,在演讲过程中是可以不加考虑的。少做"我不如你"的自我否定。日本人甚至主张"把听众当傻瓜"。虽然这种说法不好听,使人难以接受,但就克服怯场心理而言,并不荒谬。

最后,上台之后,少用实眼多用虚眼,回避听众的各种表情、各种举动,只在听众中造成一种交流感,实际上场内的一切,什么也没看见。开头讲点具体的、生动的、有趣的事。这样讲有两个好处,一是不担心讲不好,二是可以立即引起听众的兴趣,这种兴趣反馈过来,可以使演讲者立即轻松起来。

关键是认真准备,准备越充分,自信心越强,一个充满自信的人,是无所畏惧的。

情感调控。演讲需要投入感情。亚里士多德在《修辞学》中写道:"一个充满了感情的演说者,常使听众和他一起感动,哪怕他说的什么内容也没有。"

但情感需要调控。失控的情感是不堪设想的。《三国演义》中的王朗和周瑜是怎么死的?是被诸葛亮活活气死的,于是留下了"轻摇三寸舌,骂死老奸臣""三气周瑜"的千古趣谈。这其中的"气"就是强烈的情感刺激,"死"是情感冲动的结果。

1959年,赫鲁晓夫在联合国发表演讲,台下的听众有的喧闹,有的吹口哨,面对如此情景,他被激怒了,竟然脱下皮鞋,用力敲打着讲台,因此成了臭名远扬的国际丑闻。这种失态同样是源于情感的失控。

在演讲中,有的演讲者激动起来,就脸红脖子粗,手舞足蹈,像个疯子;说到伤心处,泪流满面,放声痛哭;场内不安静,提高声调,声嘶力竭,甚至拍桌子,发脾气,等等。这些都是情感失控的表现,形象不美,听众讥笑,产生对立情绪,导致全场失控。

情感应该服从理智,服从动机和目的,服从演讲的表达。傅雷曾经教育他的儿子:"中国哲学的理想,佛教的理想,都是要能控制情感,而不是让情感控制。假如你能掀动听众的感情,使他如醉如狂,哭笑无常,而你自己屹如泰山,像调动千军万马的大将军一样不动声色,那才是你最大的成功,才是到了艺术与人生的最高境界。""要能控制感情,而不是让感情控制",这是我们每个演讲者都必须牢牢记住的精妙所在。强化理智,克服情感的随意性。

自我调控是方方面面的,如内容调控,时间调控,语速调控,音量调控,节奏调控,等等。每个方面的调控都是十分讲究的,容不得半点疏忽,否则便会破坏演讲艺术的整体效果。

2. 控场

演讲要影响听众,使听众先屏声静气地接受,然后再进入状态,与演讲者一道,随喜随乐,同悲同愤,如痴如醉,幡然有悟,感奋起来。演讲的现场能有这种状态,能获得这样的效果,才是最成功的演讲。这种状态,这种效果,都是取决于演讲者的调控手段,调控技巧。

(1) 兴趣调控

"兴趣是最好的老师。"在兴趣的驱动下,听众才会产生全部的热情,全部的注意力。引发兴趣不是单纯的逗乐,"兴趣必须同社会价值连接起来"。(爱因斯坦语)因此演讲的内容,演讲的动机与目的,演讲的形式都必须与听众的认知,听众的需求,听众的审美相吻合,否则就不可能引发听众的兴趣。听众的兴趣,是演讲活动中具有选择性的积极态度,是一种具有优势的情感倾向。

要引发听众的兴趣,需要手段和技巧。譬如,演讲中插这样一个故事:"有一个人,住在大楼的20层,可他每天坐电梯回家,总是坐到第10层就走出来,你们说这是为什么?"讲到这里,演讲者停下来了,并向听众投去询问的目光。于是听众议论开了,有的说,这个人肯定很胖,是为了减肥;有的说,这是心脏病患者,步行可以增强血液循环,有利于早期心脏病康复等。正当议论纷纷时,演讲者笑容可掬地说:"因为他太矮,他只能按到第10个按钮,再上面的就够不着了。"于是听众哗然,兴趣上来了。顺着这种兴趣,一篇宏论说开了。

这里显然有两个问题值得研究。一是内容。听众经过一番思索,仍然没有找到答案,最后还是由演讲者说出来。于是听众心里会很懊恼,为没有想到这点而自懊自责。也许这就是引发兴趣的原动力。这就说明,演讲不能平庸,不能低级,不能老是空话、大话、套话,必须精辟、深刻、新颖,在某些领域里的观点,比听众高明,至少对听众有所启发。否则,听众是不可能产生兴趣的。二是表达形式。不选择恰当的表达形式同样不能引发兴趣。譬如上例,在说出原因之前,不向听众发问,发问之后不做停顿,而是平铺直叙地全说出来,听众也许会说,这么简单的事,还用得着你来跟我们说吗? 因而不可能引发兴趣。正是因为演讲者运用了提问、停顿等手法,调动了听众的参与感,因此哗然而产生兴趣,这就是手段或技巧。

凡是能调动听众参与感,能引发听众想象与联想,具有新奇感的人或事,一般都能引发兴趣。这些方法大体是设问、对比、制造悬念,再加上适当的幽默。

(2) 激发情感

早在20世纪30年代,杨炳乾先生在《演讲学大纲》中就指出:"演讲重在诱动他人情感。"情感一旦被激发,便立即使人精神振奋,全身心都处于高昂的积极状态,进而产生一种不可估量的能动作用。演讲在于影响听众的意识,促成和改变听众的行为。要达到这一目的,就必须采用各种手段和技巧激发听众的感情,使之投入极大的热情,实现演讲的情感功能。激发情感,或者叫煽情,常见的是以情感情,以情驭理。

(3) 以情感情

俗话说,人心都是肉长的。喜怒哀乐,七情六欲,是人的共性,而且还具有感染性。尤其是处在大致相同的境遇中,这种感染性更加强烈。人们把这一特征形象地概括为"兔死狐悲"。演讲者常常以此来激发听众的情感。蒙哥马利元帅在离开"心爱的第八集团军"发表的告别演说就是个典范。他说:"在这个场合说话很容易冲动,但我应该控制自己。如果说不下去时,请各位谅解。"

才开口,就使人觉得,元帅深藏的情感犹如奔突的岩浆,炽烈的火焰,随时都有可能爆发出来,燃烧起来。他接着说:"我实在很难把离别之情适当地向你们表达出来。我就要离开曾经和我一起作战的战友。在艰苦作战与赢得胜利的岁月中,你们忠于职守的勇敢与献身精神,永远令我敬佩。我觉得,在这支伟大的军队中,我有很多朋友。我不知道你们是否想念我,但我对你们的思念,特别是回忆起那些个人的接触……实非言语所能表达……再见吧!希望不久又能见面,希望在这次大战的最后阶段,会再次并肩作战。"

他的话音刚落,全场立即爆发出暴风雨般的掌声和欢呼声。为什么?在长期的战斗生活中建立起的感情被激发了,形成了共鸣。只有在这种情况下,演讲者才真正成了听众的聚焦点。"激人以怒,哀人以怜,动人以情",高明的演讲者总能用各种手段激发听众的情感,形成各种情感状态,从而获得演讲的成功。

(4)以情驭理

即以理征服,演讲者有时也会出现一些难堪的局面,演讲者站在台上滔滔不绝地发表演说,可台下却冷冷清清,毫无反应,或者交头接耳,乱哄哄的,更有甚者,吹口哨,喝倒彩,甚至还会有人站起来提问或反驳,直至把演讲者轰下台。出现这种现象,除了听众对演讲不感兴趣,不抱热情之外,根本的原因还是演讲的内容不能服人。演讲是事、理、情的融合。虽然三者相辅相成,相得益彰,但核心还是理,用理征服听众。马克思早就指出,理论只要能说服人就能掌握群众,而理论只要彻底,就能说服人。所谓"彻底",就是有真知灼见,有充分事实根据,而且严密,并且能适时地给听众解释疑惑。演讲者能够说服听众,自然就控制了局面。与此相反,演讲平庸、浅薄,理论片面,甚至还漏洞百出,与听众所想的所做的相悖,或者无关,听众自然不愿听,也不会听,这样的演讲必然失控。能征服听众的理,必须观点鲜明,针对性强,由事生理,理中有情,简要明快,庄中有谐。

除了上述最根本的调控手段之外,还有场内的气氛调控,听众的心理调控,思维调控等。这些调控适应于各类演讲。

## 第二节 演讲稿的写作

演讲是一种具体的社会实践活动,其有形的语言载体形式就是演讲稿。好的演讲者必定需要好的演讲稿。"巧妇难为无米之炊",音质再好的歌手也无法将一首曲调驳杂刺耳的歌曲唱得人人喜欢;同样,技巧再好的演讲者也无法将肤浅空洞的内容演绎得天花乱坠。很多时候,人们过于追求太显眼、太技巧化的成分,反而忘了最实质的内容,这正是很多演讲者失败的原因。我们应当注意技巧,但演讲的内容同样不可忽视。好的演讲稿可以帮助演讲者加深对主题、内容的理解和熟悉,拓展思维,增强语言表现力,同时还可以恰当地把握演讲时间,做到心中有数,有助于消除紧张情绪。演讲大师们的演讲,如果除去他们演讲时的怡人风采,除去演讲场面的热烈气氛,只看那些凝固成文字的演讲稿,就足以让人振奋。演讲不仅要从形式上吸引人,更需要从内容上打动人。同样,语言的力量不仅体现在如何说,还应体现在说什么。写出一篇好的演讲稿,让你的语言闪现出思想的光芒、迸发出智慧的火花,你就成功了一半。

## 一、学习目标

（一）认知目标

了解演讲稿的概念、特点与不同类型,熟悉演讲稿的写法。

（二）能力目标

学会安排好演讲稿的开头、主体和结尾三部分,会进行演讲稿的写作。

（三）情感目标

感悟演讲稿成功案例的智慧美,积极学习写作知识,愿意在实践中不断训练以提高写作演讲稿的水平。

## 二、知识学习

（一）演讲稿的概念

演讲稿是就一个问题对听众说明事理、发表见解和主张的讲话文稿,又称演（讲）说词或讲演稿。它是人们在宣传活动和工作交流中的一种常用文体,经常用于群众集会和某些公共场所,包括各种会议上的讲演、致辞、开幕词、闭幕词以及欢迎词、欢送词、贺词、祝酒词等。

（二）演讲稿的特点

演讲稿也具有不同的形态,有说明、有论辩、有答谢等。总的来说,它的特点可以概括如下：

1. 内容上的现实性

演讲稿是为了说明一定的观点和态度的。这个观点和态度一定要与现实生活紧密相关。它讨论的应该是现实生活中存在的并为人们所关心的问题。它的观点要来自身边的生活或学习,材料也是如此。它得是真实可信,是为了解决身边的问题而提出和讨论的。

2. 情感上的说服性

演讲的目的和作用就在于打动听众,使听众对讲话者的观点或态度产生认可或同情。演讲稿作为这种具有特定目的的讲话稿,一定要具有说服力和感染力。很多著名的政治家都是很好的演讲者,他们往往借助于自己出色的演讲,为自己的政治斗争铺路。

3. 特定情景性

演讲稿是为演讲服务的,不同的演讲有不同的目的、情绪,有不同的场合和不同的听众,这些构成演讲的情景、演讲稿的写作要与这些特定情景相适应。

4. 口语化

演讲稿的最终目的是用于讲话,所以,它是有声语言,是书面化的口语。因此,演讲稿要"上口""入耳"。它一方面是把口头语言变为书面语言,即化声音为文字,起到规范文字、有助演讲的作用;另一方面,演讲稿要把较为正规严肃的书面语言转化为易听易明的口语,以便演讲。同时,演讲稿的语言应适应演讲人的讲话习惯,同演讲者的自然讲话节奏一致。

(三) 演讲稿的分类

下面依据演讲的性质和特点对惯用的演讲稿作如下分类介绍。

1. 政治类演讲稿

政治类演讲稿是指政治家或代表某一权力机构的要员阐述政治主张和见解的演讲稿。各级领导的施政演说、新当选的领导人的就职演说、政治家的竞选演说等等,都属于这一类型。著名的范例有《林肯在葛底斯堡的演讲》,以及马丁·路德·金的《我有一个梦》等。政治类演讲稿具有下列特点:

(1) 话题的政治性

这类演讲涉及的往往是重大的政治问题,关系到国家、政党、民族以及改革、和平与进步等。演讲者要表明自己的政治倾向,宣传自己的政治观点,力求正确把握历史的发展方向。

(2) 内容的鼓动性

这类演讲是为一定的政治目的服务的,通过演讲,让听众了解自己的施政纲领或政治观点,从而获得理解和支持,这是最基本的演讲目的。因此这类演讲,都要具备强烈的鼓动性、感召力和说服力。

(3) 严谨的逻辑性

政治鼓动类的演讲稿,在提出问题、分析问题、解决问题的过程中,要显示出无懈可击的逻辑力量,只有这样才能使听众口服心服,才能赢得听众的理解和支持。

2. 学术演讲稿

学术演讲稿是传播、交流科学知识、学术见解及研究成果的演讲文稿。随着科学事业的发展,国内外学术交流活动的日益增多,学术演讲或学术报告的活动也越来越多。不仅专业科学技术工作者要参加各种各样的学术活动,进行学术演讲,一些机关、企事业单位的领导也要经常参加学术类的活动,也要是科学技术方面的内行。因此,学术演讲稿具有广阔的应用范围。学术演讲稿具有下列特点:

(1) 学术性

所谓学术性,首先是指讨论的问题是科学性的,而不是社会性的。其次,是对某一学科领域中的现象或问题的系统剖析和阐述,能够揭示事物的本质及发展的客观规律。

(2) 创造性

所谓创造性，就是对科学问题有独特的发现和独到的见解。要在前人研究的基础上有所前进，而不是原地踏步。因此，学术类演讲不能泛泛地讲一般的知识，而要有自己的新材料、新方法、新见解。

(3) 通俗性

学术演讲具有很强的专业性，它要涉及许多复杂抽象的科学道理和不易被一般人所理解的专业术语，这就给听众对演讲的内容的理解造成了一定的困难。另外，演讲口头传播的内容稍纵即逝，不能像阅读文章那样反复咀嚼，这样也影响传播的效果。为此，撰稿时要对某些专业知识进行必要的注解，要把抽象深奥的科学道理表达得深入浅出，通俗易懂。

3. 思想教育类演讲稿

思想教育类的演讲稿是针对现实生活中人们的思想动态、思想倾向和思想问题，以真切的事实、有力的论证、充盈的感情来讴歌真善美，鞭挞假恶丑。引导听众树立正确的人生观、世界观，激励听众为崇高的理想、事业而奋斗。这类演讲稿适用于演讲比赛、主题演讲会、巡回报告等。思想教育类的演讲稿有以下特点：

(1) 时代性

思想教育类的演讲稿所涉及的内容大都是现实生活中比较突出的问题，都具有浓郁的时代气息。撰写这类演讲稿时，要把握时代精神，如实宣传现实生活中的新人、新事、新思想、新风尚。

(2) 劝导性

思想教育类演讲的目的是劝说、引导、警示，让人们在人生的道路上走好每一步。为此，演讲者要站在特定的立场上，通过大量翔实的材料，具体生动地阐明自己的观点，使听众在不自觉中受到感染，并引起思想上的共鸣。

(3) 生动性

思想教育类的演讲，并不是用抽象的说教方式把自己的观点强加于人，而是运用具体生动的事例和形象直观的表达，打动听众，使之自觉自愿地接受演讲者的观点。

(四) 演讲稿的写法

1. 确定主题，选择材料

(1) 根据演讲活动的性质与目的来确立主题

所谓主题，就是演讲的中心话题。演讲稿的撰写必须在一个有社会或科学价值、有现实意义或学术意义的特定问题中展开，否则，将是无的放矢。演讲者总是根据演讲的性质、目的来确定选题。若被邀请作学术演讲，就应该介绍自己最新的研究成果或自己掌握的最新的学术信息，这样的话题才最具学术性。如果是在思想教育性的演讲活动上作演讲，就应该针对现实中最新鲜的现象和听众最关心的问题发表见解。就连竞选演说和就职演说，也要能把握住听众的理想和愿望来选题。

（2）根据演讲主题与听众情况来选择材料

材料是演讲稿的血肉，所以材料的选择和使用在演讲稿的写作过程中是一个重要的环节。首先，要围绕主题筛选材料。主题是演讲稿的思想观点，是演讲的宗旨所在。材料是主题形成的基础，又是表现主题的支柱。演讲稿的思想观点必须靠材料来支撑，材料必须能充分地表现主题，有力地支持主题。所以，凡是能充分说明、突出、烘托主题的材料就应选用，否则就舍弃，要做到材料与观点的统一。另外，还要选择那些新颖的、典型的、真实的材料，使主题表现得更深刻、更有力。其次，材料的选择还要考虑到听众的情况。听众的政治素质、社会地位、文化教养，以及心理需求等，都对演讲有制约作用。因而，选用的材料要尽量贴近听众的生活，这样，不仅容易使他们心领神会，而且听起来也会饶有兴味。一般而言，对青少年的演讲应形象有趣，寓理于事，举例要尽量选择他们所崇拜的人和有轰动效应的事；对工人、农民的演讲，要生动风趣、通俗浅显，尽可能列举他们周围的人和发生在他们中间的事作例子。而对知识分子的演讲，使用材料则必须讲究文化层次。

2. 精心安排好开头、主体和结尾

不同类型、不同内容的演讲稿，其结构方式也各不相同，但结构的基本形态都是由开头、主体、结尾三部分构成。各部分的具体要求如下。

（1）开头要先声夺人，富有吸引力

演讲稿的开头，也叫开场白，它犹如戏剧开头的"镇场"，在全篇中占据重要的地位。开头的方式主要有如下几种：

开门见山，亮出主旨。这种开头不绕弯子，直奔主题，开宗明义地提出自己的观点。如1941年李卜克内西《在德国国会上反对军事拨款的声明》开头就说："我投票反对这项提案，理由如下。"宋庆龄在《在接受加拿大维多利亚大学荣誉法学博士学位仪式上的讲话》的开头说："我为接受加拿大维多利亚大学荣誉法学博士学位感到荣幸。"

叙述事实，交代背景。开头向听众报告一些新发生的事实，比较容易引起人们的注意，吸引听众倾听。如1941年7月3日斯大林《广播演说》的开头："希特勒德国从6月22日向我们祖国发动的背信弃义的军事进攻，正在继续着。虽然红军进行了英勇的抵抗，虽然敌人的精锐师团和他们的精锐空军部队已被击溃，被埋葬在战场上，但是敌人又从前线调来了生力军，继续向前闯进……我们的祖国面临着严重的危险。"

提出问题，发人深思。通过提问，引导听众思考一个问题，并由此造成一个悬念，引起听众欲知答案的期待。如曲啸的《人生·理想·追求》就是这样开头的："一个人应该怎样对待自己青春的时光呢？我想在这里同大家谈谈我的情况。"

一篇演讲稿一般都做了开场白的设计，只需要演讲者临场恰当表现即可。但是，设计常常与现场不完全吻合，甚至相反，在这种情况下必须及时调整或改变。

#### 范例1

台湾名师沈谦教授去台中静宜大学演讲，题目是"中国古典式的爱情"。到达现场休息室,接待他的同学告诉他,两周前余光中教授在这里做过同题演讲。情况突变,不能按原来的想法讲了,必须改变开场白,改变讲法。调整思路之后,他是这样开场的:听说前两个礼拜,余光中教授也在这里讲跟我一样的题目,不过,他讲的正题,是我今天讲的副题。(笑声)

余光中教授是研究西洋文学的,他来讲中国古典式的爱情,绝对是个外行。不过,他的学问很好,一定讲得很内行。而我是学中国古典文学的,我来讲中国古典式的爱情,绝对是内行。不过我的学问差一点,也许讲出来会有些外行……而且,余光中是诗人,他往台上一站,大家都"醉"了,陶醉在诗人的风采里;我是教书匠,往台上一站,大家都"睡"了……(哄堂大笑)还好,我没有跟余光中先生一起登台演讲,否则在座的各位,一个个都要"醉生梦死"去了!(全场哈哈大笑)

诙谐中,机巧地把两场同题演讲做了衔接,尤其是营造了极为轻松的热烈的现场气氛。如果不是这样改变开场白,绝对不会有这样的效果,甚至还可能出现听众因重复而厌倦的情绪。

好的开场白,几句话就能把全场的听众吸引过来,并且立即进入状态。为此,几乎是所有演讲者都煞费苦心,各出奇招。

### 范例2

有一位演讲者,他是捧着一个红布包走上讲台的,他的第一句话是,同志们,今天在这个讲台上的不是我,而是我们。正当大家凝神静气,疑惑不解时,他却掀起布包上的党旗,一层一层揭开,展现在听众面前的,不是别的,而是两本书,然后一本一本举起说:"这本书叫《风浪集》,记述着老一辈革命者的丰功伟绩;这一本,我把它叫《无名集》,上面记载了这几年倒在我身边的战友的名字,他们是'我心中的太阳'。"

话才说到这里,台下掌声雷动。这就是一种艺术表现所获得的艺术效果。

(2) 主体部分确定结构形式,环环相扣,层层深入

演讲稿的形式比较活泼,或旁征博引、剖析事理,或引经据典、挥洒自如,或层层深入,或就事论事。结构形式不管怎么变化,都要求内容突出、问题说透、推理严密、层次清晰、情理交融。几种常见的演讲稿结构形式如下:

• 并列式

即把演讲内容按比例分成几个部分,如演讲稿《书——开启人类智慧大门的金钥匙》主体部分分为"藏书,我比较求多""读书,我比较求博""写书,我比较求精""用书,我比较求活"四个比例的层次充分论证了主题。

• 递进式

即几个层次之间是一种层层递进、层层深化的关系。

• 时间顺序式

即按照时间先后安排内容,夹叙夹议。如温家宝总理2003年12月10日在美国哈佛大学的演讲《把目光投向中国》主体部分由"昨天的中国,是一个古老并创造了灿烂文明的大

国。""今天的中国,是一个改革开放与和平崛起的大国。""明天的中国,是一个热爱和平和充满希望的大国。"三部分构成,按照时间顺序向美国大学生介绍了中国的历史、现状和未来。

演讲稿的主体,要层层展开,步步推向高潮。所谓高潮,即演讲中最精彩、最激动人心的段落。在主体部分的行文上,要在理论上一步步说服听众,在内容上一步步吸引听众,在感情上一步步感染听众。要精心安排结构层次,层层深入,环环相扣,水到渠成地推向高潮。在行文的过程中,要处理好层次、节奏和衔接等几个问题。

• 分清层次

显示演讲稿结构层次的基本方法就是在演讲中树立明显的有声语言标志,以此适时诉诸听众的听觉,从而获得层次清晰、条理分明的艺术效果。演讲者在演讲中反复设问,并根据设问来阐述自己的观点,就能在结构上环环相扣,层层深入。此外,演讲稿用过渡句,或用"首先""其次""然后"等词语来区别层次,也是使层次清晰的有效方法。例:《都是"红包"惹的祸》中三个段落分别用三个设问句开头:"'红包'真的能带来快乐吗?""'红包'真的能带来幸福吗?""'红包'真的能带来友谊吗?"这样自然地引导听众沿着演讲者的思路去思索,极大地吸引了听众的注意力。

• 把握节奏

指演讲内容在结构安排上表现出的张弛起伏。演讲稿结构的节奏,主要是通过演讲内容的变换来实现的。在一个主题思想所统领的内容中,适当地插入幽默、诗文、逸事等内容,以便听众的注意力既保持高度集中而又不因为高度集中而产生兴奋性抑制。

• 紧密衔接

指把演讲中的各个内容层次联结起来,使之具有浑然一体的整体感。由于演讲需要适当地变换演讲内容,因而也就容易使演讲稿的结构显得零散。衔接是对结构松紧、疏密的一种弥补,它使各个内容层次的变换更为巧妙和自然,使演讲稿富于整体感,有助于演讲主题深入人心。

"趣主体"是一种恰当的艺术表现。演讲的主体部分,怎样才能获得这种起伏跌宕,曲曲折折的效果呢?有的是层层渲染,步步推进,这一般是叙述性的稿子,用于煽情。有的是迂回曲折,趣味丛生,这一般是用于幽默风趣的稿子。有的是反正对比,造成反差,这一般是用于说理比较的稿子。

## 范例

一位老师讲"教师伟大",他是这样说的:我是教师。一说教师,有的同学就会在心里隐隐约约地说:教师,太平凡了。他们不是腰缠万贯的爆发户,而是寒酸至极的穷光蛋;不是握有大权的大官僚,而是任人摆布的教书匠……

同学们,孩子们,虽——然——我们今天终于免除了"臭老九"的厄运,但——是——待遇不高,地位低下,工作繁重,身体虚弱,面容消瘦,迅速膨胀的物价浪潮冲得我们囊空如洗,迅速意外的知识贬值压得我们气喘吁吁。如此等等的经济上的窘迫寒酸和精神上的扭曲压抑,时时伴随我们。

尽——管——如——此

但——是

孩子们,请你们放心,作为深深爱着你们的教育工作者,我们一定会竭尽全力把书教好!(雷鸣般的掌声)

前面分别从学生的心理,从教师自己的感觉中说出教师的诸多苦衷,极尽贬抑,极尽铺垫,从"但是"开始,直书教师的胸怀与人格,前后形成极大的反差,正是这种反差,才充分体现了教师的伟大。这同样是一种匠心独具的结构手段。

3. 结尾要干脆利落,简洁有力

结尾是演讲内容的自然结尾,是演讲稿的有机组成部分。结尾给听众的印象,往往将代表整个演讲给听众的印象。言简意赅、余音绕梁、能够使听众精神振奋,并促使听众不断思考和回味。这就要求演讲的结尾要比开头和主体部分站得更高,内容更有深度,语言更有力度,方法更巧妙,效果更耐人寻味。

怎样做到结尾的成功,这里介绍八种方式:

(1) 总结概括式

演讲者在演讲结束前用极其精练的语言,简明扼要地对已阐述的思想和观点作一个高度概括性的总结,以起到突出中心、强化主题、首尾呼应、画龙点睛的作用。如《用利剑和铁拳治理商业贿赂》这篇演讲,前面揭穿商业贿赂现象,指出它的危害,分析它的成因,最后在结尾进行了有力的总结:"要彻底地战胜商业贿赂,我认为最需要的有两个武器:法律的利剑和信念的铁拳。法律的利剑,不仅是书写在纸上的章节条款,更应该是深入官员和公众心灵的行为规范;信念的铁拳,传达的是一种坚定的意志,是敢于以身试法的奸商必然倾家荡产,是胆敢进行权力寻租的贪官必然无处遁形。那时,我们就可以拍着胸脯说:'中国商业,你是在阳光里自由地呼吸'!"

(2) 鼓舞号召式

演讲者以慷慨激昂、热情奔放、扣人心弦的语言来表达自己的思想主张,赢得听众感情上的共鸣,对听众的理智和感情进行呼唤,提出任务,指明前途,表达希望,发出号召,鼓舞听众振奋精神,付诸行动。如一篇题为《请专家学者们多说点人话》的演讲的结尾:"我们要像费孝通那样,真正深入到社会最基层的经济组织,像陈景润、杨乐、张广厚等埋头书斋,对基础理论深入钻研,以及乐于为民效命鼓呼,说人话、办人事的学者。套话、假话、空话、废话、屁话都不是人话——愿学者们都能以此为戒。"

(3) 名言哲理式

恰当地引用名人的名言、格言、诗句等作为演讲的结束语,可为演讲的主题思想提供一个有力的证明,使听众在联系和印证中得到更深的启发。如一篇竞职演讲的结尾:"在各位领导和同学面前,我还是一个才疏学浅的新兵,可是拿破仑的那句'不想当将军的士兵不是好士兵'在激励着我斗胆一试。记得有个哲学家说过,'给我一个支点,我将撬起整个地球。'

我也想说,请你们给我这个支点,我将不辜负你们的信任和期望。谢谢大家!"

(4) 含蓄幽默式

用幽默、比喻、象征等含蓄的言辞或动作结束演讲,意思虽未明言,但饶有趣味,发人深省;听众在欢声笑语中禁不住要去思考、领会演讲者含而未露的深刻用意。比如,"今天的考试,我们要求同学们'包产到户',不要走'共同富裕'的道路。"再如,某年《传记文学》杂志举办周年酒会,创办人刘绍唐致辞,笑说:"这杂志把死人办活了,把活人办死了,把我自己办老了"。短短三句话,幽默地道出他几十年的辛苦和成就,以及对人生的感叹。

(5) 诚挚赞颂式

诚挚的赞颂,本身就充满了情感和力量,最容易拨响听众的感情之弦,引起和谐的共鸣。如《带着诚信上路》:"让我们选择诚信吧,因为它比美貌来得可靠,它比金钱更具内涵,它比荣誉更具长久性,只要你一直耕耘,它就会永远美丽!你将诚信的种子撒满大地,你的人生就会美丽到天长地久!"

(6) 提问思考式

在演讲结尾时,演讲者向听众提出问题,甚至是一连串的问题,供听众思考。如这样一篇演讲稿《六月寒与三冬暖》的结尾:"阳光不可能时时普照大地,恶语也时常散布在我们四周,我们应该如何面对恶语呢?是把打击当动力,在挖苦羞辱中崛起?是无动于衷,报以无言的轻蔑?或是以牙还牙,以眼还眼?还是多说赞人、励人、暖人的良言,而少讲甚至不讲骂人、贬人、伤人的恶语?聪明的朋友,您要选择哪一种呢?"

(7) 层层推进式

所谓层层推进,指的是意思一层深入一层,句子一句比一句有力。这种方法能表现出强烈的情绪,造成排山倒海之势,极富感染力。如《救救孩子》这篇演讲词的结尾:"鲁迅在上世纪五四时期曾经发出过'救救孩子'的呐喊,在新的历史时期,我们的孩子正面临着新的困扰、新的压力、新的危机,为了每一位母亲舒心的微笑,为了每一个家庭的幸福和谐,为了中华民族的伟大复兴,让我们再一次肩负起历史的重任——救救孩子!"

(8) 点明主题式

一般说来,演讲者总爱先点明主题。其实,有时也可来个"且听最后分解"。这种方法说得理论化些叫"蓄势",说得通俗化些叫"吊胃口"。如《大学不是演艺场》前面铺陈了一系列大学"傍"星现象,四川师范大学聘李湘为客座教授,安徽大学聘牛群为兼职教授,成龙被聘为北大影视编导的"特聘教授",还有周星驰、曾志伟等等,随后剖析大学之道,教师之责,最后在结尾点明主题:"大学,从来就应该是一座圣洁的殿堂,大学,从来就不是影视、娱乐明星的演艺场。某些妄图沾点明星名气的大学校长们,我真诚地劝告各位:如果真想建设世界一流大学,还是一心一意回到培育人才、科学研究、服务社会的正道上来吧!因为,一时的明星可以让大学瞬间如烟花般璀璨,而大学自身培养的优秀学生却能够使其如钻石般永恒久远!"

## 三、案例分析

回顾"案例导读",《林肯在葛底斯堡的演讲》从类型上属于哪一类型的演讲稿？这类演讲稿的特征是什么？演讲稿结构的基本形态都是由开头、主体、结尾三部分构成,开场白在整篇演讲稿中起什么作用？开头和结尾是怎样呼应的？在具体行文上,这篇演讲稿层次非常清楚,衔接也非常巧妙,试结合 2、3 段进行分析。这篇演讲稿历来被称为"演讲史上的珍品",你认为它的魅力在哪里？

从类型上属于政治类演讲稿,它的特点,一是话题的政治性。这类演讲涉及的往往是重大的政治问题,关系到国家、政党、民族以及改革、和平与进步等。演讲者要表明自己的政治倾向,宣传自己的政治观点,力求正确把握历史的发展方向。二是内容的鼓动性。这类演讲是为一定的政治目的服务的,通过演讲,让听众了解自己的施政纲领或政治观点,从而获得理解和支持,这是最基本的演讲目的。因此这类演讲,都要具备强烈的鼓动性、感召力和说服力。三是严谨的逻辑性。政治鼓动类的演讲稿,在提出问题、分析问题、解决问题的过程中,要显示出无懈可击的逻辑力量,只有这样才能使听众口服心服,才能赢得听众的理解和支持。

这篇演讲稿的开场白,并没有直接称颂葛底斯堡战役及勇士们的壮举,而是从立国原则谈起,谈到了南北战争的伟大意义。这么做,与其说是宕开一笔,不如说赋予了葛底斯堡战役及勇士们的壮举以更宏大的背景,更深远的意义;这么做,也就使得牺牲者的伟大奉献与活着的人的奋斗目标获得了统一。这个开场白,也是林肯这次演说的理论基础与发展主线,贯穿全篇。开头谈的是"一切人生来平等"的立国原则,最后归结到了"民有、民治、民享"的政治理想。开头揭示牺牲者的献身意义,最后提出活着的人的奋斗目标,前后所体现出的精神实质是统一的。

在具体行文上,这篇演讲层次非常清楚,衔接也非常巧妙,首先点明的是伟大的内战和伟大的战场,对烈士们英勇的献身精神予以高度评价。接着,从"我们"对"烈士"的"奉献"谈起,指出为烈士们修建国家公墓是"完全应该而且是非常恰当的",这是一"扬";紧接着却是一"抑":"我们不能够奉献,不能够圣化,不能够神化",一连用三个"不能够",引起听众强烈的反应;然后一"解":那些勇士已经将这片土地"圣化"了,我们所做的是很微不足道的。在这一"扬"、一"抑"、一"解"间,听众的心便被紧紧地抓住了。而且,林肯还在"不能够奉献"后面加了"不能够圣化"与"不能够神化",既把文义引向深入,同时也为评价勇士做了铺垫;在对勇士进行评价的时候,一个插入语,"活着的和去世的",就把活着的人与牺牲的勇士联系起来了。这些就好像顿挫间的润滑剂,在不知不觉间将听众的思索引向深入。然后,谈到了演讲,认为无论演讲还是典礼都无法与勇士们在这里所做的牺牲相提并论。这仍是对上文的承接,但已为下面"转"做好了准备。一个"毋宁说",把原本的悼念与缅怀,转为对奉献行动的动员。至此,林肯的真意才表达出来,余下的就是迅速推向深入,并呼应主题了。

这篇演讲之所以被称为"演讲史上的珍品",主要是因为在短小的篇幅内以精当的语言表达了丰富的内容。这篇演讲的原文共10个句子,不足250个单词,但是,其内涵却极为丰富。林肯并没有像一般的演讲者那样,仅从一场战役的胜利去鼓舞士气,而是上升到了从"人生来平等"的立国原则、国家的前途和命运的高度进行评论,发出号召。与其说这是一次演讲,不如说是一篇政治宣言,是一篇号召全体国民为了"使这个民有、民治、民享的政府永世长存"而全力奋战的宣言书。同时,这篇演讲稿处处洋溢着炽烈而真挚的感情,极富有鼓动性。"我们要从这些光荣的死者身上汲取更多的献身精神,来完成他们已经完全彻底为之献身的事业",这是对生者的召唤与鼓励;"使国家在上帝福佑下得到自由的新生,要使这个民有、民治、民享的政府永世长存",这是对未来坚定的信念。文章善于寓理于情,引起听众的强烈共鸣。

林肯的演讲稿,以朴素庄严、观点明确、思想丰富、表达灵活、适应对象并具有特殊的美国风味见称。此篇演讲是美国文学中最漂亮、最富有诗意的文章之一,被视为"无价之宝"。具体来说,这篇演讲有如下特点值得我们借鉴学习。

第一,思想深刻。其一,在演讲一开始,林肯站在历史的角度,热情地讴歌了一个崇高的思想——自由和平等。在这个场合下发表这样的言论,意义重大。其二,林肯把烈士的死同国家追求文明政治制度的历史以及人类文明的未来联系在一起,暗示出烈士献身的伟大意义和崇高价值,这些烈士是在维护统一并把社会推向前进的战争中英勇牺牲的,因此他们圣化了这片土地。其三,林肯提出了建立和维护"三民"政府,即民有、民治、民享的政府,这一思想将铭刻于历史。正因为林肯的演讲深刻反映了这些光辉思想,才产生了巨大的震撼力和说服力。

第二,感情真挚。林肯的演讲自始至终激励着每一个听众,他旗帜鲜明地提出我们的国家奉行"一切人生来平等"的原则,拉近了自己和听众的距离,沟通了听众的心灵;然后他又说"那些曾在这里战斗过的勇士们,活着的和去世的,已经把这块土地圣化了",热情讴歌了烈士们的光辉业绩,引起了听众的情感共鸣;同时他和听众站在同等的高度,下定最大决心,不让这些死者白白牺牲,让所有在场的人感受到了作为总统的林肯对死者的深切缅怀之情,对生者的殷切激励之情。整篇演讲宛如一首深情的诗歌,在听众的耳边吟唱。

第三,语言精练。在林肯演讲之前,埃弗雷特已作了长达两个小时的演讲。林肯结合实际,对其长篇大论作了高度概括,全篇演讲只有10个句子,译文不到600字,却把自己的政治主张"奉行自由和平等原则",这次集会的目的"要把这里奉献给他们作为最后安息之所",对烈士的缅怀"勇士们在这里做过的事,全世界永远不会忘记",对今人的激励"要使国家在上帝福佑下得到自由的新生,要使这个民有、民治、民享的政府永世长存"四层含义作了精辟的阐述,所讲内容如此博大,所用语言如此精练,真可谓惜言如金。

## 四、拓展阅读

### (一) 即兴演讲

即兴演讲的特点是毫无准备,演讲者必须快速展开思维,并以最快的速度找出恰当的语言来反映自己的思维。这就需要演讲者具备敏捷的思维能力和敏锐的语言感应能力。即兴演讲是锻炼思维和口语表达能力的最有效的演讲形式。即兴演讲的特色如下：

1. 篇幅短小精悍

即兴演讲是临时起兴，毫无准备，不容易长篇大论，而要求在最小的篇幅里能够阐明一个道理。另外，即兴演讲的场合多是生活中的一个场景，或答辩、或聚会，演讲者只是表达一下自己的心意和看法或者情感，因此不需要很长的篇幅。

2. 时境感强

即兴演讲现实性非常强，到什么山唱什么歌，什么场合说什么话，因此即兴演讲一定要切合现场的气氛，或严肃、或诙谐、或喜庆、或伤感等等，时境感相当强烈。

3. 就事论事有感而发

即兴演讲必须从眼前的事、时、物、人中找出触发点，引出话头，然后再将心中的所思所想说出来，因此即兴演讲都是演讲者真实思想的流露，言为心声。

4. 形式自然灵活多变

即兴演讲形式灵活，可以采取多种形式，就事论事，或引发一个故事分享，或发表一段感言，或就某个问题进行辩论，或来一段即兴点评等等，形式不限，只要有感而发能表达自己的某一种感受或是观点就行。

（二）即兴演讲的技巧和方法

下面这些技巧非常实用：

1. 学会快速组合

即兴演讲因为现场没有充裕的时间去准备，因此必须尽快地选定主题，然后将平时积累的相关材料围绕主题，进行快速组合，甚至边讲边思考。

2. 学会抓触点

所谓触点，就是可以由此生发出去的事或物。即兴演讲需要因事起兴，找到了触点就找到了起兴的由头，就可以有话可说。先从由头慢慢地边思考边说下去，就容易打开思路。

3. 做到言简意赅

关键在于能够紧紧抓住主题，围绕主题选材，组织结构，争取做到言有尽而意无穷，令人回味无穷。

（三）即兴演讲的训练方法——散点连缀法训练

散点连缀法即将几个表面上看似没有关联的、甚至毫不相干的景物、词语，通过一定的语言表达方式，巧妙地连缀起来，组合成一段话，表达一个完整的意思。如：校友、咖啡、遭遇，这三个词语，看似毫不相干，但通过散点连缀方法，可以即兴演讲组成如下一段话：

在一次校友会上，我们几个老同学聚在一起聊天，主人问我喝什么饮料，我说来杯咖啡吧。咖啡加点糖，甜中有苦，苦中有甜，二者混在一起有股令人回味无穷的滋味。我想这正好与我们这代人的经历遭遇相似。分别几年了，我们都已经走向了不同的岗位，回想起来，真是有苦有甜啊!

### (四) 如何构筑演讲高潮呢?

演讲现场需要出现高潮,没有高潮的演讲是平淡的,甚至是乏味的。高潮的标志是场内爆发的热烈的掌声。精彩的演讲,总能闪现思想的火花,掀起情感的波涛。思想火花的闪现之处,情感波涛的掀起之处,就是演讲高潮的所在之处。演讲者与听众常常在这种精辟之处,动情之处形成思想交汇,情感共鸣,因而由衷地爆发掌声。这种高潮,虽然演讲稿中一般都做了设计。但是现场处理不当,也不一定会有高潮出现,就算出现了,效果也不一定很理想。这里的要紧处是两个步骤,一是高潮前要造势,二是高潮处要做强化处理。造势,就是在高潮前造成一种气势,一种情势,一种态势。高潮不是突然出现的,更不是想出现就能出现的,而是有一个生变过程,即顺着听众由感性到理性,由感动到感悟,由期待到满足这样一个思维的、情绪的、心理的过程来实现的。譬如高潮之前的叙述或描述,要说得真真切切,把情景再现出来。欢快的事,说得听众个个眉飞色舞;伤心的事,说得听众泣不成声;气愤的事,说得听众咬牙切齿,如此等等,这就是造势。在这种情况下,再晓以精辟的语段,岂能不出现高潮,岂能不鼓掌?

### 范例

印度姑娘拉米雅·沙尔玛在作《宜将春草报春晖》的演讲中,有下面一段话:面对高山,面对大海,我们谁都应该记住:孝敬父母,天经地义!这是这篇讲孝敬父母的演讲稿中最具震撼力的几句话。讲到这里,按理全场应爆发掌声的,然而我们从录像中看到,全场听众无动于衷。原因何在呢?从讲稿看,作者是经过精心设计的。在这几句话之前,讲述了两个母亲的感人事迹:一是为了自己两个落水孩子,母亲扑进水中奋力把孩子顶出水面,自己却永远沉在水底。演讲者用略带颤音的语气讲述这两件事,听众的确被感动了。接着进入抒情说理,如果再把这几句话处理好,无疑会出现高潮。可演讲者在讲这几句话时,却用了很平淡的语调,毫无变化地一句连一句说出来,既没有提高声量,也没有特别的停顿,神情平淡,连个强调的手势都没有,再加上忘词,其结果自然是台下寂然。就这样,一篇极为感人的演讲稿,却没有获得充分的表现,没有达到预期的效果。正确的处理方法应该是,紧承前面的悲壮的叙述,渐次转入凝重,一句比一句重地说出前面三个排比句,造成一种排山倒海的气势。说完"我们都要记住"之后,应该有个较大的停顿,让听众产生期待感。说"孝敬父母"这句时,音量稍低,但低而不弱,以便突出最后一句。说"天经地义"时,应一字一顿,声量加大,再与一个强有力的手势配合,形成斩钉截铁之势,这样处理,高潮就自然出现了。

### 五、拓展训练

(一) 请为下面几道演讲题分别设计精彩的开场白

1. 我的未来不是梦

2. 假如我是校长
3. 口才·人生·理想

(二) 阅读下面三段文字,任选其一,先写一篇不少于1 000字的演讲稿,题目自拟,然后作为下一次课上台演讲的题目。

1. 一天晚上,王先生将他的狗放到屋外小便,然后看电视忘了将狗放进来,当他开门时吓了一跳,因为他的狗叼着邻居的猫,而且猫已经死了……王先生在骂了一阵狗之后,将猫提到浴室,洗尽血迹和泥污,并将猫吹干、美容,整整花了三个多小时,弄得全身跟浴室都脏臭不堪……第二天,他出门上班时,邻居脸色凝重地叫住他:"嗨!王先生,昨晚真是见鬼了。"

"喔!是吗,什么事?""昨天早上我的猫死了,我埋了它,今天早上它竟然跟平常一样躺在我家门口。"

2. 在一个大雨滂沱的夜里,旅馆来了一对年老的夫妻,他们想要一个房间。前台侍者回答说:"对不起,我们旅馆已经客满了。"看着老人疲惫的神情,侍者又说:"但是,让我来想想办法……"侍者将老人领到一个房间,老人见是一间整洁而干净的屋子,就高兴地住下来。

第二天,当他们结账时,侍者却对他们说:"不用了,因为我只不过是把自己的屋子借给你们住了一晚而已,祝你们旅途愉快!"原来侍者自己一晚没睡,在前台值了一个通宵的夜班。两位老人十分感动。老头儿说:"孩子,你是我见到过的最好的旅店经营人。你会得到应有的报答。"侍者笑了笑,说:"这算不了什么!"他送老人出了门,转身接着忙自己的事,很快把这件事忘了个一干二净。几个月后的一天,侍者收到了一封信,聘请他去纽约工作。他来到纽约,抬眼一看,一座金碧辉煌的大酒店耸立在他的眼前,原来几个月前的那个深夜,他接待的是一个有着亿万资产的富翁和他的妻子。富翁为他买下了一座大酒店。

3. 有位书生,住在京城。有一天,他偶然路过寿字大街,见有一间书肆,便走了进去。书肆里有一个少年,挑中了一部《吕氏春秋》,点数铜钱交钱时,不小心,一个铜钱掉在地上,轱辘到一边去了,少年并没有发觉。书生看见了,暗中把钱踩在脚下,没有作声。等买书少年走后,他俯下身子把铜钱拾了起来,装入自己衣袋中。他以为自己做得巧妙,没人看见。其实旁边坐着的一位老者,早就看见了。老者忽地起来,问他姓名。书生办了昧心事,只得如实说出自己的姓名。老者听罢,冷笑一声走了。后来这个书生读书倒也刻苦,被授予县尉职务。他春风得意,整理行装前去赴任,途中,投递名片拜见上司,巡抚一见递上来的名片,就传话说不见。书生多次求见,还是不见。里面传话说:"你不记得前几个月在书肆中发生的事了吧。当秀才时,就把一个小钱儿看得像命一样,如今侥幸当了地方官,手中有了权柄,能不托箱探囊,拼命搜刮,做头戴乌纱的窃贼吗?你赶紧解职回家去吧。"这时书生才明白,以前在书肆中询问姓名,讥笑他的老者,就是今天的巡抚大人。

(三) 散点连缀法练习

其实无论多么散的事物,只要我们认真研究它们之间的关系,给它一个恰当的思想,总能把它们结合起来,表达出一个观点。这种训练方式非常有效,同学们可以平时在生活中经常运用。

下面给大家出几组词语,要求同学们快速组合成一段话,并能表达出一个中心思想,如果能够引出一段有回味的故事更好。各位可以试试你的即兴构思能力!

1. 深圳、李白、口才、尿裤
2. 黄河、白板、水瓶、黑熊
3. 沙滩、钢笔、衣服、酒水
4. 外星人、狐狸、天空、电灯
5. 学习、信封、瀑布、奥巴马
6. 马、剑、雨、床

同学们也可以自拟题目,要求信手拈来,不要刻意创造,展开即兴构思。

# 第三章 介 绍

## 一、学习目标

### (一) 认知目标

引导学生认识介绍这种口语交际方式的重要性,增强学生学习的积极性和主动性。

### (二) 能力目标

引导学生在口语交际的实践活动中,掌握介绍的基本要求,学会介绍的技能。

### (三) 情感目标

要求学生必须真实准确地反映自己的实际情况,培养学生展现自我、推荐自我的意识。

## ● 案例导读

**案例一** 研究生毕业的小刘很健谈,口才甚佳,对自我介绍,他自认为不在话下,所以他从来不准备,看什么人说什么话。他的求职目标是地产策划,有一次,应聘本地一家大型房地产公司,在自我介绍时,他大谈起了房地产行业的走向,由于跑题太远,面试官不得不把话题收回来。自我介绍也只能"半途而止"。

**案例二** 小芳去应聘南方某媒体,面试在一个大的办公室内进行,五人一小组,围绕话题自由讨论。面试官要求每位应聘者先作自我介绍,小芳是第二位,与前面应聘者一句一顿的介绍不同,她早做了准备,将大学四年里所干的事,写了一段话,还作了一些修饰,注重韵脚,听起来有些押韵。小芳的介绍极流利,但美中不足的是给人背诵的感觉。

**案例三** 小王去应聘某电视节目制作机构的文案写作,面试时,对方首先让他谈谈相关的实践经历。小王所学的专业虽说是新闻传播类,但偏向于纸质媒体,对电视节目制作这一块实践不多。怎么办?小王只好将自己平时参加的一些校园活动说了一大通,听起来挺丰富,但几乎与电视沾不上边。

**案例四** 阿枫参加了去年某大型国企的校园招聘会,那天是在一个大体育场里进行,队伍排到了出口处,每一位应聘者与面试官只有几分钟的交谈时间,如何在这么短的时间里,取得面试官的好感,进入下一轮呢?阿枫放弃了常规的介绍,而是着重给面试官介绍自己完成的一个项目,他还引用了导师的评价作为佐证。阿枫顺利闯过这种"海选"般的面试。

**案例五** 阿宏毕业于中部城市的某大学，带着憧憬南下广东。由于自己是一位专科生，在研究生成堆的人才市场里，阿宏的自信心有点不足，面对面试官常常表现出怯场的情绪，有时很紧张，谈吐不自然。他也明白这种情况不利于面试，但找不到方法来调控自己。

**想一想**：读了以上几个介绍自己的案例，你觉得介绍自己一般可以从哪些方面入手？

## 二、知识学习

（一）介绍的概念

介绍是口语较集中的一种，它通过沟通使双方相识或建立联系。介绍在生活中运用得很广泛，分为自我介绍、介绍别人、介绍家乡、介绍名胜古迹、介绍产品等。

（二）介绍的意义

介绍是社交礼仪中的一个比较重要的环节。将年轻的人介绍给年长的人，将先生介绍给女士，一般来说，这样的介绍，在过程中提某人的名字是对此人的一种敬意。如把一位年轻的女同志介绍给一位德高望重的长辈，就不要论性别，应先提这位长辈。假如在一般的、非正式的场合，就不必过于拘泥礼节。比如大家都是年轻人，就更应以自然、轻松、愉快为主。在向外人介绍亲属时则应尽量避免称呼上的含混。

（三）介绍的分类

1. 自我介绍

在日常生活中向别人展示自己的一个重要手段。

自我介绍非常重要，用途广泛。

如果不会宣传和推介自己，如果没有表现自我的意识、勇气和能力，即使你有丰富的知识与业务才能也可能影响自身的发展。

自我介绍可以在与陌生人初次见面时，也可以在去单位求职应聘时；可以是比较正式的场合，也可以是非正式场合。

自我介绍直接关系到别人对你的第一印象以及以后的交往。

自我介绍从目的和场合上讲，一般分为以下几种：

（1）寒暄式

适用于一般的社交场合，目的是为了消除陌生感，融洽气氛。介绍内容宜少而精。

只要说"你好！我的名字叫某某某"就可以了。

（2）交往式

主要适用于目的性较为明确的社交活动。它是一种可以寻求与对方进一步交流与沟通，希望对方认识自己、了解自己、与自己建立联系的自我介绍。介绍内容大致包括姓名、工作单位、籍贯、学历、兴趣爱好以及与对方的某些关联等。不一定要面面俱到，应视具体情况而定。例如：

"我叫某某某，现在在某公司从事财务工作，我和您弟弟是高中同学。"

"我是江苏无锡人,叫某某某。刚才听您说话也像是苏南口音,您也是江苏人吗?"

(3) 工作式

主要适用于工作之中。以工作为介绍的中心。可分为简单的工作式自我介绍(公务自我介绍)和复杂的工作式自我介绍。

工作式自我介绍(公务自我介绍)内容包括本人姓名、供职单位及部门、担任职务或从事的具体工作等。比如:

"我叫某某某,现在在某公司某部门从事销售工作。"

复杂的工作式自我介绍包括求职应聘、新员工到岗等。如:

求职应聘:

很荣幸能有机会向各位进行自我介绍。我叫×××,今年×××岁,我学的是×××专业。这次来应聘我觉得自己有能力胜任这份工作,并且对比有着浓厚的兴趣,×××的基本工作已经熟练,如果能给我个机会,我一定会在工作中好好地表现,一定不会让你们失望。我很乐意回答各位考官所提出来的任何问题,谢谢!

新员工到岗:

大家好,我叫×××,是咱公司软件开发一部的新员工,很高兴能加盟公司。我是××人,性格还算比较开朗,业余爱好也比较多,比如音乐、足球、乒乓球、爬山等等。

我某年某月毕业于某某大学某某专业。毕业后我到某软件公司从事Java软件开发工作。其中某年某月到某月,我在某公司实习。

作为新员工,我会去主动了解、适应环境,同时也要将自己优秀的方面展现给公司,在充分信任和合作的基础上会建立良好的人际关系。除此之外,我还要时刻保持高昂的学习激情,不断地补充知识,提高技能,以适应公司发展。在工作中我可能会有迷惑和压力,但是我相信只要能端正心态、有十足的信心勇敢地走下去,就一定会取得成功。

社会在发展,信息在增长,挑战也在加剧。我不仅要发挥自身的优势,更要通过学习他人的经验,来提高自身素质。据了解,咱公司现在已经是国内通信运营支撑系统(OSS)领域的规模最大的高科技软件公司之一,在电信网络资源管理系统方面占据了主导地位。我希望我可以在咱公司成长为一名在电信网络资源管理领域既懂技术,又懂业务,在工作上能独当一面的骨干人员。但不管是在技术、业务,还是沟通等方面,我都还是一个初学者,还有很多东西需要努力去学习,希望在今后的工作和生活中得到大家多多的指导和帮助。谢谢大家!

2. 产品介绍

基本要求:

(1) 要熟悉所要介绍的产品,对该产品有全面而详细的了解;

(2) 介绍要真实、客观、具体;

(3) 先一般后具体,突出重点;

(4) 语言清晰,控制好语速。

一般分为两部分:
(1) 产品的概要也就是产品的实际状况,比如产品的原材料、产地、设计、颜色、规格等外部信息。
(2) 产品的用途、特点、优越性是介绍的重点。如:

### 昌化鸡血石介绍

昌化鸡血石是中国特有的珍贵宝石,具有鸡血般的鲜红色彩和美玉般的天生丽质,历来与珠宝、翡翠同样受人珍视,以"国宝"之誉驰名中外。它产于浙江省临安区昌化西北的"浙西旅游大峡谷"源头的玉岩山。

昌化鸡血石形成于7 500万年前的火山活动,发现与开采有1 000多年历史,广泛利用兴于明清。明代,昌化鸡血石工艺品已成为皇宫和英国博物馆的珍藏品,清代康熙、雍正、乾隆、嘉庆、咸丰、同治、宣统等历代皇帝选昌化鸡血石作为玉玺。当代,毛泽东主席曾使用和珍藏两方大号昌化鸡血石印章,周恩来总理曾选昌化鸡血石作为国礼,馈赠日本前首相田中。郭沫若、吴昌硕、齐白石、徐悲鸿、潘天寿、钱君匋、叶浅予等众多文化名流,与昌化鸡血石结下了不解之缘。当今,一个以采集,收藏,研究,展销为主的昌化鸡血石热,正风靡中华大地。昌化鸡血石文化遍及五大洲,尤其在日本,韩国和新加坡等东南亚国家及世界华人界更享盛誉。

昌化鸡血石的工艺用途主要是制作印章、雕刻工艺品和原石欣赏等。在众多印石中,昌化鸡血石是中国"印石三宝"之一,并以撩人的美姿,赢得"印石皇后"之誉,为中国印文化的发展作出了独特的贡献;同时又为我国的玉雕工艺创造了"鸡血"巧雕的独特流派,其作品以"瑰丽、高雅、精巧、多姿"著称。

昌化鸡血石在1999年以来的历次中国国石评选中,均为首选国石之一。玉石专家称昌化鸡血石为"中华瑰宝"。

3. 事物介绍

解说事物的性质、形态、功能原理或发生发展过程等为主要职能。目的:给人以知、教人以用。

事物介绍的要求:

• 语言简洁、准确、通俗

简洁:就是语言简明扼要,不做铺陈、渲染。如:

故宫旧称紫禁城,是明清两代皇宫,中国现存最大最完整的古建筑群。

准确:就是选用与介绍对象实际相符的词句,客观、真实地介绍对象。要做到语言准确,一是要注意准确运用确数和约数,二是要注意程度、范围的准确界定。

东北虎主要分布在我国东北的小兴安岭和长白山区。它体魄雄健,行动敏捷,肩高1米以上,身长2.8米左右,尾长约1米,体重达350多公斤,有"丛林之王"的称号。

通俗:就是要考虑听者的实际情况,用简短的句子、平实的词语,让人一听就懂。

普洱茶茶性温和,能解油腻,醒酒,还能消食化痰,滋养脾胃。普洱茶应保存在不受阳光直射、阴凉通风的地方,并远离其他气味浓厚的物品或环境,例如香皂、蚊香、樟脑丸、厨房、卫浴等。

• 抓住特征

所谓特征,就是指这一事物区别于其他事物的标志。

只有抓住事物的特征才能使人认清事物与事物的差异,更好地识别事物。

蒙古族有一个特点,就是离不开马。他们的祖先曾骑着马四处征战,创造了英雄的业绩。他们劳动生产离不开马,行路离不开马,就连吃、住、娱乐都离不开马。蒙古族盛行的体育运动之一是赛马,歌唱的是骏马,跳的舞是《牧马舞》《马刀舞》,连最有名的乐器也叫马头琴。因此,人们把蒙古族称为"马背上的民族"。

• 理清顺序

空间顺序:任何事物都有空间性,在简介某个实体事物时较多采用这种顺序。它按照该实体事物的空间存在形式,或由表及里,或从上到下、从外到内、从左到右、从南到北,或由远及近,或从整体到局部,或由中心到四周等依次进行介绍。

中华人民共和国国徽,中间是五星照耀下的天安门,周围是谷穗和齿轮。麦稻穗、五星、天安门、齿轮为金色,圆环内的底子及垂绶为红色,金、红两种颜色在中国是象征吉祥喜庆的传统色彩。天安门象征中国人民反帝反封建的不屈的民族精神;齿轮和谷穗象征工人阶级与农民阶级;五颗星代表中国共产党领导下的人民大团结。

时间顺序:任何事物都有一个发生、发展、消亡的过程。整个变化又可以划分为若干段,在简介某事物的发展演变或制作过程时往往采用时间顺序。

川菜起源于中国古代巴、蜀两国,经商、周、秦、汉、晋,形成了初步轮廓,唐宋间又有发展,直到清代末期得以成熟,前后经历三千多年,成为中国饮食文化四大主要流派之一,在海内外享有崇高声誉。

逻辑顺序:在介绍事理时多采用这种顺序。按照事理本身的逻辑关系,按照人们认识事物的规律,把事物所固有的内在联系揭示出来。由现象到本质、由简单到复杂、由已知到未知、由主到次,由浅入深,由原因到结果,由总而分地介绍。

(四) 介绍的基本要求

1. 符合事实

实事求是是作介绍的最基本要求,唯有符合事实的介绍才能反映事物的真实性和客观性,才能让对方相信并接受,从而达到介绍的目的。夸大事实、主观杜撰的介绍,不仅达不到介绍的目的,更重要的是会让对方对我们的人品产生怀疑,结果是得不偿失。

2. 抓住特征

无论是人还是事物,都有其共性和个体的特征。作介绍时,我们要着重说明的是某一个人和事物或者是某一类人和事物的特征,以此让人们了解其不同于其他个体或类别的特点、功能等。所以,能够准确地抓住所要介绍的人或事物的特性,是我们应该注意的问题。

3. 重点突出，顺序清晰合理

作介绍时我们要根据介绍的具体目的、时间要求、现场情况等，来决定介绍内容的多与少、主与次。不必面面俱到，而要注意详略得当，突出重点，把最具代表性的特征、最能说明问题的特点表述出来。

4. 理清顺序

讲究条理是人们做事情时非常重视的一个方面，有条才能不紊。时间顺序、空间顺序、逻辑顺序是作介绍时常采用的三种顺序。

5. 神态自然大方

作介绍时，神情要镇定自然，举止要落落大方。这样不仅能充分表现我们的自信，有利于语言水平的发挥，更重要的是会让听众对我们产生一种可以信赖的良好印象。

6. 语言流畅易懂

介绍是一种口头语言表达形式，作介绍时，要注意遣词造句通俗易懂，尽量避免听众听后产生怀疑、歧义、误解。同时语言表述要通顺流畅，语气平和而不平淡。

### 范例

我的名字叫徐慧。取这个名字，也许是缘于父母想让我聪慧一些吧！我是一位文静的女孩，大家都说我是"淑女"。今年我已经吃过了第十六碗长寿面。我个子不高不矮，身体不胖不瘦，头发又黑又短，小小的眼睛十分有神，脸上总带着浅浅的微笑。虽然长得不算好看，但人美不在外表而在内心嘛！

我在学校里十分内向，给人十分严肃的感觉。其实我内心十分活泼，只是不喜欢表达出来，喜怒不形于色嘛！我呀，还有一股倔劲儿：凡是想干、要干的事，一定会做好、干好；凡事都要弄明白，必求甚解，有时简直到了不撞南墙不回头、不到黄河不死心的程度。

我认为做人是要有原则的，对就是对，错就是错，不能做墙头草，随风倒。我自认为这样很好，不与世俗同流合污，清新脱俗嘛！可别人却认为我不合群，朋友还赠言相劝呢。唉，走自己的路，让别人去说吧。

虽说是"淑女"，但我认为，女子有"德"，更要有"才"，因而我的爱好极为广泛。不过，我是十八般武艺样样都会，样样都不精。

我热爱自然，随父母游览过祖国的一些名山大川；我喜欢音乐，也曾为流行歌手疯狂；我酷爱集邮，为收集五彩的邮票而东奔西跑……但我始终没有放下过我的最爱：读书。

"书是人类进步的阶梯。""书籍是你，也是我的精神食粮。"的确，读书让我明白了许多知识和道理。在书中，我认识了民族的脊梁——鲁迅先生，被他的"民族魂"所震撼；在书中，我结识了鹤发童颜的冰心，为她隽永的散文而陶醉；我曾为《红楼梦》中多愁善感的林黛玉而落泪；我曾为《巴黎圣母院》中敲钟人的高尚品德所折服……

或许，有人认为整日泡在书海里太枯燥、太乏味，每日与铅字为伍太辛苦，但我乐此不疲，因为我的座右铭是"人生不是享受而是奋斗"，在我看来，读书是享受，更是奋斗。

短短这些话,也许不能将真实的我完全展现在你们面前,要想知道我的"庐山真面目",那就请和我交朋友吧,你会发现,其实我是一本很容易读懂的"书"呀!

这是一个生动、脱俗的介绍,语言流畅,结构完整,内容充实,在交代自己的外貌、性格之后,重点写了自己的爱好——读书,运用大量的笔墨来描写读书的感受,作者的情感与思想、性格与志趣通过读书加以展现和印证,颇具感染力。

(五) 介绍的技巧

1. 自我介绍的技巧

(1) 注重礼仪,表情生动

自我介绍场合上,最先给人印象的,不是言辞,而是礼仪和面孔,态度,服饰等。学会用握手礼,点头礼,注目礼首先给对方以尊重,其次,面带微笑,平静温和,落落大方地表现自己的真诚和热情。

### 范例

某高校毕业生李云同学前往面试。只见她挽着同宿舍的张某袅袅婷婷地步入科研所面试大厅,进门前她又掏出化妆盒补了一下妆。进入面试大厅后,主考官问她有什么特长,她说她在学校是公关部长,有能力领导各种文艺活动,说着将她想给主考官看的资料从包里拿出来,结果在包里翻了半天,好不容易找到了,结果拿出来的时候将她的化妆品也带出来了,撒了一地。

这个面试事例的失败,就是不注重礼仪的结果。首先,她不应该在面试的时候带伙伴,这表明她缺乏自信。其次,她不应该在面试的大厅里化妆,因为也许就有人在观察应聘者的一举一动。再次,她回答她的特长与所要应聘的单位不符合。最后,她把应聘时自己的准备物品存放得不合理,零乱无序。

(2) 使用辅助材料,增强介绍的全面性,形象性

名片、自我推荐表、照片、图片、成果资料等等都可以帮助他人了解自己。介绍他人时,除了讲明被介绍人的姓名、身份、职业、单位等基本信息外,还要对他的优势和特点适当加以夸大赞美。赞美是一门学问,它注重人性的光明面,体现出对他人价值的肯定和足够的尊重。

### 范例

人事经理看了简历以后,难以取舍。于是通知两人面试,考官让她们分别作一个自我介绍。张小姐说:"我今年22岁,刚从某大学毕业,所学专业是英语。浙江人。父母均是高级工程师。我爱好音乐和旅游。我性格开朗,做事一丝不苟。很希望到贵公司工作。"杨小姐介绍说:"关于我的情况简历上都介绍得比较详细了。在这我强调两点:我的英语口语不错,曾利用假期在旅行社做过导游,带过欧美团。再者,我的文笔较好,曾在报刊上发表过6篇文章。如果您有兴趣可以过目。"最后,人事经理录用了杨小姐。

这个事例表明了在介绍中突出自己的优势和特长的重要性。用人单位在同等条件下如何选择就要看你还有什么优势了。

（3）巧用"自嘲"

自嘲就是"自我开炮"，用在开场白里，目的是用诙谐的语言巧妙地自我介绍，这样会使听众倍感亲切，无形中缩短了与听众间的距离。

胡适在一次演讲时这样开头："我今天不是来向诸君来作报告的，我是来'胡说'的，因为我姓胡。"话音刚落，听众大笑。这个开场白既巧妙地介绍了自己，又体现演讲者谦逊的态度，而且活跃了场上的气氛，起到了沟通演讲者与听众的作用，一石三鸟，堪称一绝。

### 范例1

台湾艺人凌峰在春节联欢晚会上自我介绍。我就是光头凌峰，我是以长得难看而出名的，两年多来我大江南北走了一趟，所到之处呢观众给予我很多支持，尤其是男观众对我的印象特别好，因为他们认为本人的长相像中国，中华五千年的沧桑和苦难都写在我的脸上。

### 范例2

我就是王景愚，表演吃鸡的那个王景愚，人称我是多愁善感的喜剧家，实在是愧不敢当，我只不过是个走火入魔的"哑剧迷"罢了，你看我这40多公斤的瘦小身材，却经常负荷许多忧愁与烦恼，又多半是自找的。我不善于向自己所敬爱的人表达敬与爱，却善于向憎恶的人表达憎与恶，然而胆子并不大。我虽然很执拗，却又常常否定自己，否定自己既痛苦又快乐，我就生活在这痛苦与快乐交织的网里，总也冲不出去，来向别人展示我的豁达，我的自信。

（4）巧解别人对自己的称呼

1938年陈毅率领新四军在浙江开化县华埠镇休整。当地的抗日组织召开欢迎大会，邀请陈毅上台演讲。开始主持人作介绍称陈毅为将军，陈毅登上讲坛，接过话头大声说："我叫陈毅，耳东陈，毅力的毅，刚才司仪先生称我为将军，实在不敢当，我现在还不是将军。当然叫我将军也可以。我是受全国老百姓的委托，去'将'日本鬼子的'军'。这一'将'直到把他们'将死'为止……"

这段开场白，正好是接过别人的话头，从别人对自己的称呼说起，却又顺借"将军"的另一含义巧妙发挥，自然、幽默、睿智，且非常有气势，真可谓妙极。

（5）巧作对比

1991年11月，李雪健因主演《焦裕禄》同时获得"金鸡奖"和"百花奖"两个大奖，他在致答谢词时没有用别人常说的毫无新意的套话，只是诚挚地说："苦和累都让一个大好人焦裕禄受了，名和利都让一个傻小子李雪健得了。"他的话刚停，全场掌声雷动，他的演讲不仅让人"开胃"开心，而且让人了解了他的人格，对他生出了几分敬佩。

（6）巧用自己的名字

在一场决赛中，有一位叫江南的少女作了这样一段即兴演讲："唐代大诗人白居易有一首词:'江南好,风景旧曾谙。日出江花红胜火,春来江水绿如蓝。能不忆江南?'我就是'能不忆江南'的江南……'春风又绿江南岸'的'江南',愿美的春风飘落神州大地的每个角落,飘在你的心中。"

作为即兴演讲,能以古诗词开头就已很吸引人,而演讲者能切合"礼仪＊＊＊大赛——选美"这一主题,在观众心中创设出一种美的意境,则更难能可贵,更重要的是,她还借此达到了更好地推销自己的目的。这真是人美、名美、演讲更美。

自我介绍的一个主要目的就是为了让考官认识你和记住你,我们在上面提到类似于名字这样的基础信息是一定要传递给考官的,同时为了加深他们对你名字的印象,我们可以采用以下几种方法。

• 用名字组词

### 范例1

如你的名字是李安,你就可以这样说:各位老师好!我叫李安,李是李世民的李,安是安邦定国的安,父母给我起这样的名字就是希望我能和李世民一样有安邦定国的气魄。当然接下来你还可以说:有一位著名导演的名字和我一样,我自己也非常喜欢他的电影。

• 解释自己的名字

如果你的名字有其他的含义此时也可以解释一下,以加深考官对你名字的印象。

### 范例2

一个姓杜的学生叫杜蘅(化名),她是这样介绍的:各位老师,也许我的名字听起来像一个男孩儿的名字,但是我父母给我起这样的名字是别有一番含义的。据《山海经》记载,杜蘅是一种香草,花被筒钟状,暗紫色。全草入药,可提取芳香油。父母希望我能够具备杜蘅的品格,清新淡雅,洁身自好。还有一个男生叫吴阿蒙(化名),他的解释也很有意思:我的名字取自"吴下阿蒙"这个词,一般用来比喻人学识尚浅。父母给我取这样的名字就是警示我不要做吴下阿蒙,要做一个有学识、有见地的人。

相信世间的所有父母在给孩子起名字时都是经过深思熟虑的,也是意义深远的,可以说名字是父母送给我们的宝贵财富,所以在自我介绍时我们应该好好利用这笔财富。

(7) 肯定的言辞,明朗的语调

这是精神饱满、充满自信、对自我充分认识的表现。肯定自我的成绩和优势并不是夸耀,否定自己的优点也不是谦虚。我们看到中央电视台《挑战主持人》和《绝对挑战》以及其他节目中的自我介绍都是对自我的充分肯定、对个性的适当张扬。在人才招聘和面试中,自我介绍更需要把自己的能力、干劲、志向、愿望展现出来。

### 范例

您好,我是某大学经济系四年级的学生王浩,请多多指教。我所研究的课题是国际经济。此外,我也在一个税务研究会里学习税金问题,并且取得了税务师的资格。我的专长是书法,获得过各种书法奖励。人生需要磨炼,才干才有用武之地,希望能在贵公司做点事情得到更好的锻炼。

诱其说"是",就是用征询的口气引导对方多说"是",尽量避免让对方说"不"。心理学研究表明,多说"是",能使整个身心趋向于肯定方面,身体组织呈开放状态;而说"不"时,全身组织都聚集在一起,呈拒绝状态。"不"字出口之后,人格尊严就会驱使他坚持到底,即使他自我感觉错了。因此,和一个人谈话时,开头就要让他不反对。这种做法却被很多人忽略了,一开口就让人反感,交谈自然难以进行下去。所以,要劝说别人,就要冷静理性地思考:怎样让对方多说"是",让对方的否定意见改为肯定意见,这样的劝说没有争辩时的针尖对麦芒,在轻松平和的氛围里使对方接受你的意见。

2. 产品介绍的技巧

(1) 用客户听得懂的语言来介绍

通俗易懂的语言最容易被大众所接受。所以,你在语言使用上要多用通俗化的语句,要让自己的客户听得懂。微商对产品和交易条件的介绍必须简单明了,表达方式必须直截了当。表达不清楚,语言不明白,就可能会产生沟通障碍,就会影响成交。此外,我们还应该使用每个顾客所特有的语言和交谈方式。

### 范例

采购员小张受命为某办公大楼采购大批的办公用品,结果在实际工作中碰到了一种过去从未想到的情况。首先使他大开眼界的是一个营销信件分报箱的推销员。小张跟他介绍了他们每天可能收到的信件的大致数量,并对信箱提出了一些要求,这个推销员听完后脸上露出了大智不凡的神气,考虑片刻后,便认定小张最需要他们的 CSI。

"什么是 CSI?"小张问。

"怎么?"他以凝滞的语调回答,内中还带着几分悲叹,"这就是你们所需要的信箱。"

"它是纸板做的、木头做的,还是金属做的?"小张问。

"哦,如果你们想用金属的,那就需要我们的 FDX 了,也可以为每一个 FDX 配上两个 NCO。"

"我们有些打印件的信封会比较长。"小张补充道。

"那样的话,你们就需要用配有两个 NCO 的 FDX 转发普通信件,而用配有 RIP 的 PLI 转发打印件。"

这时,小张稍稍按捺了一下心中的怒火,说:"你的话让我听起来感到很荒唐。我要买的是办公用品,不是字母。如果你说的是英语或者希腊语,或许我们的翻译还能听出点儿门道,弄清楚你们产品的材料、规格、容量、颜色和价格。"

"哦,"他开口说道,"我说的都是我们的产品序号。"

最后,小张运用律师盘问当事人的技巧,费了九牛二虎之力才慢慢从这个推销员的口中弄明白他的各种信箱的规格、容量、材料、颜色和价格。

从这个案例我们可以看出,如果一个销售人员在销售自己的产品时,所用的语言都是专业术语,不能让客户清楚地知道产品的特性以及用途,那么就很难成功地销售自己的产品。

(2) 用讲故事的方式来介绍

任何商品都有自己有趣的话题:它的发明、生产过程、产品带给顾客的好处等等。销售人员可以挑选生动、有趣的部分,把它们串成一个令人喝彩的动人故事,作为销售的有效方法。所以销售大师保罗·梅耶说:"用这种方法,你就能迎合顾客、吸引顾客的注意,使顾客产生信心和兴趣,进而毫无困难地达到销售的目的。"

### 范例

张瑞敏砸冰箱,成就了世界名牌海尔;牛根生讲故事,让蒙牛跑出了火箭的速度;可口可乐的美国文化和药剂师的故事,成就了第一饮料品牌。不只是产品有故事,创始人本身也有故事。马云的创业史,成就了世界最大的电商品牌;俞敏洪的励志故事,让新东方独占民营教育的鳌头。一个哈根达斯,赋予爱情和关怀的内涵,变得既有价值又有品位与温情。

北京羊房胡同11号的厉家菜,虽然地方不大,却名扬世界,很多外国元首、使节、名人、富商都趋之若鹜,据说订餐需要提前3个月。菜的食材、工艺没有不同,但一桌最少2万元起,为啥呢?据介绍,厉家菜现在的掌门人厉善麟先生,是首都经贸大学的退休教授,其爷爷厉子嘉是清朝同治、光绪年间内务府大臣,深受慈禧信任。御膳房每天的菜单都由他审批,慈禧、皇上吃的菜,他都品尝过。每次就餐,厉先生会介绍每道菜的来历、制作工艺,还会讲清朝皇宫里不为人知的故事和渊源,简直是品尝一道中国皇室文化、饮食文化的豪门大宴。吃过后,大部分人的感觉是,2万元真值!

这就是故事的魅力。

(3) 要用形象的描绘来打动顾客

打动客户心的最有效的办法就是要用形象的描绘。就像有一次我和闺蜜一起去逛商场,那位卖衣服的小姐对我闺蜜说了一句话,使本来没有购买欲望的她毫不犹豫地掏出了钱包,我是拉都拉不住。这个销售人员对我闺蜜说的什么话竟有如此魔力呢?很简单,那句话是:"穿上这件衣服可以成全你的美丽。""成全你的美丽",一句话就使我闺蜜动心了。这位女店主真的很会说话,很会做生意。在顾客心中,不是顾客在照顾她的生意,而是她在成全顾客的美丽。虽然这话也是赞誉之词,但听起来效果就完全不一样。

### 范例

比如你说:"这道菜是腰果炒虾仁。"这能让你产生很强的食欲吗?没有,因为你没有想象。但如果说:"这道菜是腰果炒虾仁。那大大的粉红色的虾仁,鲜香嫩软,那腰果的火候非常好,颜色是金黄色的,酥脆爽口;而那下面还铺着一层翠绿色的小油菜,吃起来咯吱咯吱的,再浇上香气四溢晶莹剔透的芡汁,色香味俱佳,您是不是要尝尝?"

(4) 用幽默的语言来讲解

每一个人都喜欢和幽默风趣的人打交道,而不愿和一个死气沉沉的人待在一起,所以一个幽默的微商更容易得到大家的认可。幽默可以说是产品介绍成功的金钥匙,它具有很强的感染力和吸引力,能迅速打开顾客的心灵之门,让顾客在会心一笑后,对你、对商品或服务产生好感,从而诱发购买动机,促成交易的迅速达成。所以,一个具有语言魅力的人对于客户的吸引力简直是不能想象的。

## 范例1

一位女客人带着像她爸爸那么大年龄的新婚丈夫到服装店去买衣服。女店员介绍了一套西装衣服给男客人,说这套衣服很适合这位女客人他爸爸穿。女客人听了这话很尴尬,没有说话,脸红红地盯着这位女店员。另一位女店员看见此情景,知道自己的伙伴说错话了,连忙拉开自己的伙伴,搭话说:"小姐,你看这位先生穿上这套衣服,很精神、很有品位,也很般配,和你就像总统配上总统夫人一样!"这个女客人听女店员这么一说,不但化怒为喜,还跟女店员说:"你真幽默,我不买都不行了。"

## 范例2

一鞋店里,一位像农村女学生模样的客人在看一款价值3 000多元的女鞋。店员走过来,说:"小姐,这款鞋挺不错的,就是贵一点,要3 800元。"女学生一听这话,觉得很不爽,心想:"难道我没钱买吗?"脸一下子红了起来,就把这鞋放了下来。这时候,店长看见情形不对,立马走过来解围:"其实我觉得价格是次要的,关键是合不合适,就像大家都觉得谢霆锋很好,但他不适合做我老公呀,你说是吗?我觉得这款鞋挺适合你的,配你这身打扮很像一个白雪公主!"女学生见她这样一说,回了一句:"就是!"然后买单走人。

幽默语言是一种特殊的语言艺术。它是人们适应环境的工具,是人类面临困境时减轻精神和心理压力的方法之一。俄国文学家契诃夫说过,不懂得开玩笑的人,是没有希望的人。可见,生活中的每个人都应当学会幽默,也应该为别人带来幽默与快乐。多一点幽默,少一点苦闷;多一点幽默,少一点偏执。幽默可以淡化人的消极情绪,消除沮丧与痛苦,为别人带来欢乐。具有幽默语言的人,生活充满情趣,会使人感到和谐愉快,融洽友好,产品介绍自然也会成功。

## 三、案例分析

回顾"案例导读",介绍自己可以从如下几点入手:

1. 建议:一分钟谈一项内容(案例一)

自我介绍的时间一般为3分钟,在时间的分配上,第一分钟可谈谈学历等个人基本情况,第二分钟可谈谈工作经历,对于应届毕业生而言可谈相关的社会实践,第三分钟可谈对本职位的理想和对于本行业的看法。如果自我介绍要求在1分钟内完成,自我介绍就要有所侧重,突出一点,不及其余。

在实践中,有些应聘者不了解自我介绍的重要性,只是简短地介绍一下自己的姓名、身份,其后补充一些有关自己的学历、工作经历等情况,大约半分钟左右就结束了自我介绍,然后望着面试官,等待下面的提问,这是相当不妥的,白白浪费了一次向面试官推荐自己的宝贵机会。而另一些应聘者则试图将自己的全部经历都压缩在这几分钟内,这也是不明智的做法。合理地安排自我介绍的时间,突出重点是首先要考虑的问题。

2. 建议:切勿采用"背诵"口吻(案例二)

人力资源专家指出,自我介绍可以事前准备,也可以事前找些朋友做练习,但自我介绍应避免书面语言的严整与拘束,而应使用灵活的口头语进行组织。切忌以背诵朗读的口吻介绍自己,如果那样的话,对面试官来说,将是无法忍受的。自我介绍还要注意声线,尽量让声调听起来流畅自然、充满自信。

3. 建议:只说与职位相关的优点(案例三)

自我介绍时要投其所好摆成绩,这些成绩必须与现在应聘公司的业务性质有关。在面试中,你不仅要告诉面试官你是多么优秀的人,更要告诉面试官,你如何地适合这个工作岗位。那些与面试无关的内容,即使是你引以为荣的优点和长处,你也要忍痛舍弃。

在介绍成绩时,说的次序也极为重要,应该把你最想让面试官知道的事情放在前面,这样的事情往往是你的得意之作,也可以让面试官留下深刻的印象。

4. 建议:以说真话为前提(案例四)

自我介绍时,要突出个人的优点和特长,你可以使用一些小技巧,比如可以介绍自己做过什么项目来验证具有某种能力,也可以适当引用别人的言论,如老师、朋友等的评论来支持自己的描述。但无论使用哪种小技巧,都要坚持以事实说话,少用虚词、感叹词之类。自吹自擂一般是很难逃过面试官的眼睛的。至于谈弱点时则要表现得坦然、乐观、自信。

5. 建议:谈吐运用"3P原则"(案例五)

人力资源专家指出,自我介绍时的谈吐,应该记住"3P原则":自信(Positive),个性(Personal),中肯(Pertinent)。回答要沉着,突出个性,强调自己的专业与能力,语气中肯,不要言过其实。

在自我介绍时要调整好自己的情绪。在介绍自己的基本情况时面无表情、语调生硬,在谈及优点时眉飞色舞、兴奋不已,而在谈论缺点时无精打采、萎靡不振,这些都是不成熟的表现。对于表达,建议找自己的朋友练习一下,也可以先对着镜子练习几遍,再去面试。

## 四、拓展阅读

(一) 不同目的的自我介绍

1. 以求职为目的的自我介绍

这一类自我介绍主要应用于面试过程中,因为其目的是应聘某个职位,所以,自我介绍的信息除了个人的自然情况以外,通常还要涉及既往所取得的成绩、对目标岗位的认识、与目标岗位匹配的原因、特殊的才能或才艺等信息,但由于面试过程中的自我介绍环节往往只有2~5分钟,很难把这些信息详细地表述出来,所以,在这个过程中就要掌握一个技巧——悬念!制造悬念的方式包括:

(1) 突出数字

如做市场的求职者可以用几组数字的对比来描述过去的成绩,搞研发的人可以说出研发成果转化率以及所取得的市场收益,做宣传的可以说说品牌知晓度、影响力的变化情况,即便是在校大学生,也可以用数字说说兼职过程中的成绩。面试官会因此觉得求职者言之有物,从而会从心理上首先接纳你,认为你确实有才能!

(2) 使用适当的副词或形容词

比如,"通过我和团队的努力,××项目取得了突破性的进展""与以往的任何一次年会相比,都有很大差异",等等,面试官往往会关注到"突破性""很大差异"这样的字眼,从而他们有兴趣再就这个问题深入地问你,要知道,虽然面试沟通的时间长短与最终的结果没有比例关系,但至少大部分情况下时间很短的面试基本上不会带来好结果的。

(3) 个人特点的总结与归纳

这个方法在应届大学生求职过程中用得比较多,所以,要想通过表述个人特点达到脱颖而出的目的,还是有一定难度的,因为普遍来看,相当大的一部分求职者所使用的个人特点的词汇比较接近,而且,其中的大部分没有实际的实例作为佐证,所以,除非你的个人特点真地很特别,而且有实际事例,否则,尽量不要采取这一方式。

### 范例1

本人是\*\*职业技术学院工商管理系电子商务专业的一名学生,我的名字叫 hahaWen,在短短的三年大学生涯中,本着学以致用的精神,我不仅努力学习好相关电子商务专业的知识,还充分利用课余时间参与学院及院外各项素质拓展活动。

在老师的教诲、同学的友爱及优良学风的熏陶下,我不仅在专业技能、思想道德修养及相关方面有所提高,还懂得许多为人处世的道理。

作为一名跨世纪的大学生,在专业技能方面,我完成了电子商务专业的全部课程,并能在多次实训中获得优秀的成绩。

在此基础上,我还对计算机相关方面有所涉及,如:Word、Excel 等办公软件;Photoshop、Picture manager 等图形设计软件;Internet exploer、Outlook express 等上网工具,并能运用 Frontpage、Dreamwave、Flash 制作网页,运用 Access 进行基本的数据库管理。

在社会实践方面,在校内我积极参加学院"三下乡活动",在校外我曾参加\*\*届广交会,担任初级外语翻译;曾在百事可乐公司七喜促销活动榄核分销点担任营销代表,业绩突出;也曾利用寒暑假期间担任过销售员及家教,深受好评。

在素质拓展方面,我积极参加学院各项活动,我曾代表工商系参加学院七彩年华英语口语大赛,获得团体第一名;多次在活动中评为优秀个人,还在辟垦大学生网站规划大赛中获得二等奖。

## 范例2

尊敬的各位考官:

大家下午好!很荣幸能在这里面试,让我有向各位考官学习与交流的机会,现将自己的情况简要介绍一下:

我叫##,来自美丽海滨城市***,蓝天碧海金沙滩是我家乡最引以为傲的地方。我性格比较温和、谦虚、认真细致、踏实、吃苦耐劳、有较强的责任心和社会适应能力。作为一名来自****学院金融专业的应届毕业的学生,我在大学四年的学习中对银行业有了比较全面的了解,同时我也感觉自己对银行的运作有较大的兴趣。我在学校中连续三次获得校奖学金,学习成绩也一直处在班级前20%的水平。相关专业课成绩同样也都在80分以上。

在校时我还担任班里的副班长,配合班长共同管理班级,组织班级活动。虽然我只是应届生,并没有什么实际工作经验,但我有很好的学习能力和饱满的工作热情。我想贵行所需要的也正是像我这样对工作充满热情的人。

我认为我有能力也有信心做好这份工作,希望大家能够认可我,给我这个机会。我的介绍到此结束。谢谢!

对应修改:

尊敬的各位考官:(你是来面试的,不是参加考试,所以不如说尊敬的各位面试官。开始求职,就要注意身份的转换,不是学生对老师,而是应聘者对招聘者)

大家下午好!很荣幸能在这里面试,让我有向各位考官学习与交流的机会,(第一,你是来求职的,不是来学习的。其实企业最不喜欢听到的就是这个词语。第二,在我们习惯的商务用语中,高对下为了表示谦虚和礼让,才会用探讨交流这样的词语。比如一个行业大佬在做经验分享时,会说今天我是来和大家交流探讨的。你觉得自己已经可以和面试官交流了吗?)现将自己的情况简要介绍一下:(这句话太过于直白,不如去掉)

我叫##,来自美丽海滨城市***,蓝天碧海金沙滩是我家乡最引以为傲的地方。(和面试没有任何关系的话,少说。如果一定要说,还不如直接赞美你要应聘的城市和公司)我性格比较温和、谦虚、认真细致、踏实、吃苦耐劳、有较强的责任心和社会适应能力。作为一名来自****学院金融专业的应届毕业的学生,我在大学四年的学习中对银行业有了比较全面的了解,同时我也感觉自己对银行的运作有较大的兴趣。我在学校中连续三次获得校奖学金,学习成绩也一直处在班级前20%的水平。相关专业课成绩同样也都在80分以上。(请注意逻辑顺序。作为……应该先说,这是你的基本身份。然后接着说你的专业成绩,最后是你的性格。建议学会给自己贴标签,放在最前面说)

在校时我还担任班里的副班长,配合班长共同管理班级,组织班级活动。(如果没有实际案例,这句话没有任何作用)虽然我只是应届生,并没有什么实际工作经验,但我有很好的学习能力和饱满的工作热情。我想贵行所需要的也正是像我这样对工作充满热情的人。(这句话说得太不客气了,有点藐视对方了。对方真的非常需要吗?我知道你想表达什么,不如改成:我想我的这些特质能够很好地适应相应的岗位和职责,并出色地完成将来所赋予我的工作任务)

我认为我有能力也有信心做好这份工作,希望大家能够认可我,给我这个机会。我的介绍到此结束。谢谢!(直接说再次感谢就可以了,前半句画蛇添足了)

2. 以推销为目的的自我介绍

与求职为目的的对个人的推销不同,这里说的主要是对具体产品或服务的推销,基于这一目的的自我介绍,关键是要从客户的兴奋点出发,抓住对方的需求甚至是潜在需求,引导对方说出他们对产品或服务的预期(包括功能、便捷性、后续服务、性价比等等),逐步地引出公司的产品或服务,分析其优势,甚至可以与同类竞争性产品做简单比较。当然,这些应该是在事前已经做过邮件或电话沟通的前提下,如果是纯粹的第一次陌生拜访,基本上只能重点介绍一下公司了,不会涉及得过细,除非时间允许。

3. 以便利日常工作为目的的自我介绍

工作内容,对方感兴趣的话题。这个主要涉及的是日常工作中可能会有较多接触的部门或个人,第一次去办事时简单自我介绍,主要是介绍个人所负责的工作情况,并诚恳地希望得到对方的指导和帮助,关键在于表达诚意,别让人觉得看到你这个人就立刻没兴趣了就可以了;在之后的接触中可以逐步聊一些其他的话题,甚至可以"捧"一下对方,赞扬他的工作态度什么的。

(二) 引见(特殊的介绍)

引见注意点

到办公室来的客人与领导见面,通常由办公室的工作人员引见、介绍。在引导客人去领导办公室的途中,工作人员要走在客人左前方数步远的位置,忌把背影留给客人。在陪同客人去见领导的这段时间内,不要只顾闷头走路,可以随机讲一些得体的话或介绍一下本单位的大概情况。

在进领导办公室之前,要先轻轻叩门,得到允许后方可进入,切不可贸然闯入,叩门时应用手指关节轻叩,不可用力拍打。进入房间后,应先向领导点头致意,再把客人介绍给领导,介绍时要注意措辞,应用手示意,但不可用手指指着对方。介绍的顺序一般是把身份低、年纪轻的介绍给身份高、年纪大的;把男同志介绍给女同志;如果有好几位客人同时来访,就要按照职务的高低,按顺序介绍。介绍完毕走出房间时应自然、大方,保持较好的行姿,出门后应回身轻轻把门带上。

(三) 自我介绍的礼仪

根据公关礼仪的惯例,地位低者先介绍。

比如，主人要先向客人把自己介绍一下；公关人员要把自己向贵宾作个介绍；男士要把自己向女士作介绍。晚辈要把自己向长辈作介绍。位低者先介绍，这是非常重要的一个细节。当然有的时候也没有必要过分地拘谨，如果对方位低，但他忘了介绍了，位置高的人，先作个自我介绍也没有什么。但是，应该位低的人先作介绍，这是介绍的顺序，这一点很重要。

在进行自我介绍时，接下来你要注意的是什么呢？先递名片再作介绍，自我介绍时先递张名片为佳。训练有素的公关人员要养成名片使用规范化的习惯。要先递名片。先递名片有三个好处，其一，少说很多话。我什么头衔，什么职务，就都没有必要说了。其二，加深对方印象。其三，表示谦恭。不仅作自我介绍的时候，地位低的先介绍，交换名片的时候，也是地位低的人先递名片，实际上是尊重对方。

公务介绍中的礼仪

在专业的场合就不同了，公务介绍含有四个要素。哪四个要素？姓名、单位、部门、职务。例如：您好，我是××大学国际关系学院×××教授。在此单位、部门、职务、姓名全出来了。但要注意：父母给你起名是如何浮想联翩，而你的名字跟你坎坷人生如何相关？这都属于废话，进行自我介绍莫谈这些。此外，自我介绍时务必要使用全称。当你第一次介绍你的单位和部门的时候，别忘记使用全称。有时候报单位时，要报清楚，该报全称的时候报全称，该报简称的时候报简称，否则很麻烦。自称的话招人笑，称别人的话不礼貌。

在公关交往中，往往需要你来介绍别人，或者向他人介绍自己。介绍别人时，比较重要的问题有以下几个：

第一，谁当介绍人呢？家里来了客人，一般是女主人当介绍人。家里来了客人，客人之间彼此不认识的话，女主人有义务把大家作个介绍。单位来了客人一般是谁当介绍人呢？单位来的客人一般是三种人。第一种人，专职人员、公关、文秘、办公室主任。第二种人，对口人员。比如我找你销售部李经理，你李经理就有义务把我跟其他在场的人不认识的人作个介绍。同样的道理。假定你李小平在宿舍，你是学生，我到你集体宿舍找你去，我是你叔叔或者你伯伯，那我找你的话你是不是有义务把我跟你同学作个介绍呀，并且根据社交礼仪，你应该先把我（你的叔叔或者伯伯）介绍给你的同学，然后再把你同学向我介绍。当然你一定要及时地介绍一下。否则我们大眼瞪小眼，不免会产生尴尬的氛围。我找的是你，你就有义务介绍。第三种人，本单位的领导。单位来了贵宾的话，由谁来作介绍？本单位职务最高者，比如你是公司董事长，我是省长，我省长到你那儿视察工作去了，那你这个董事长就有义务把我这个省长和你的员工作介绍，你就别拿公关经理来招呼我。说实话，公关经理认识我，我可不认识他呀。这是对贵宾的一种尊重。总而言之，谁当介绍人的问题很重要。

第二，要在他们彼此不认识的情况下介绍。我当介绍人，我介绍双方认识的时候，我得先考虑他们彼此是否认识，当然这在实际操作中会有一定的暗示、环境和人为的要求启示你有必要向他们双方作介绍。

第三，要关注其先后顺序。具体操作时，你要注意次序问题。就是把谁介绍给谁。按照社交礼仪，标准的做法是：先介绍主人。这种介绍不分男女，不论老幼，也不看职务高低，这是一种宾主介绍。进行宾主介绍要先介绍主人,为什么呢?因为客人拥有优先知情权。换而言之,先介绍的人应该是地位低的,比如介绍男人和女人时,先介绍男士,后介绍女士。介绍晚辈和长辈时,先介绍晚辈,后介绍长辈。介绍上级和下级时,先介绍职位低的,后介绍职位高的。介绍主人和客人时,先介绍主人,后介绍客人。有时候,宾主双方都不止一个人,那你还要注意,还是要先介绍主人,介绍主人的时候,具体应该按照职务高低排序,先介绍董事长和总经理,然后再介绍部门经理。介绍客人时,也按照职务高低排序,先介绍职务高的,后介绍地位低的。

## 五、拓展训练

(一)案例分析

分析下面例子中关楠求职失败的原因。

四川绵阳师范学院汉语言专业的关楠,在投给华中农业大学附属中学招聘人员的简历中,附上了厚厚一叠她在校期间发表的文学作品,受到学校负责人王洪波的赞赏,认为她求职主动意识强,善于展示自己的长处。

见招聘方十分高兴,小关随口说道:来武汉求职,是因为妈妈不放心她独自在外省工作。王洪波的眉头马上皱了起来,暂时收起了小关的简历。

(二)情境演练

1. A. "你知道××书记吗?他就是我舅爷!"
   B. "我的能力绝对在各位之上,足以胜任这个职位!"
   C. "您就是××啊?久闻大名,真是如雷贯耳!"
   D. "这就是××啊,你居然都不认识他!"

思考:上面几句话在自我介绍或介绍别人的时候存在什么问题?上面几句话应该怎样表达才更得体?

2. 游戏规则:全班同学一起,从第一桌的同学开始自我介绍姓名以及自己最独特的地方,第二名同学轮流介绍,但是要说:我是×××后面的×××,第三名同学说:我是×××后面的×××的后面的×××,依次下去,最后介绍的一名同学要将前面所有同学的名字复述一遍。

在游戏中,你有没有将自己最独特的地方比较流利地介绍给大家呢?你最独特的地方经过你的介绍过后是不是让后面的同学都记住了呢?如果没有,反思一下是什么原因。

3. 假设你是一名营业员,请选定一种产品,在阅读说明书和对产品直观了解的基础上,根据产品的特性、用途与优点等向顾客作一次产品介绍。

# 第四章 应聘

## 一、学习目标

（一）认知目标

认识应聘的重要性，了解应聘的概念、意义，熟悉应聘的基本条件和技巧。

（二）能力目标

增强学生的应聘能力和技巧，提高成功率。

（三）情感目标

感悟应聘成功案例的智慧美，增强学生的应聘能力和技巧，提高成功率。

### 案例导读

一次某公司招聘文秘人员，由于待遇优厚，应聘者很多。中文系毕业的小张同学前往面试，她的背景材料可能是最棒的：大学4年，在各类刊物上发表了3万字的作品，内容有小说、诗歌、散文、评论、政论等，还为6家公司策划过周年庆典，一口英语表达也极为流利，书法也堪称佳作。小张五官端正，身材高挑、匀称。面试时，招聘者拿着她的材料等她进来。小张穿着迷你裙，露出藕段似的大腿，上身是露脐装，涂着鲜红的唇膏，轻盈地走到一位考官面前，不请自坐，随后跷起了二郎腿，笑眯眯地等着问话，孰料，3位招聘者互相交换了一下眼色，主考官说："张小姐，请回去等通知吧。"她喜形于色："好！"挎起小包飞跑出门。

**想一想**：小张能等到录用通知吗？为什么？假如你是小张你打算怎样准备这次面试？

## 二、知识学习

（一）应聘的概念

口语交际中的应聘，是指应聘者在求职面试中接受聘问。

面试时，招聘方通过与应聘者面对面地观察、交流等双向沟通的方式，考察应聘者的思想、能力、性格、表达、仪表和气质。

对于应聘者，面试是自我展示、自我推荐的机会，也是加深对招聘方的了解，做出明智抉择的过程。

(二) 应聘的意义

应聘是公司挑选职工的一种重要方法。应聘给公司和应聘者提供了进行双向交流的机会,能使公司和应聘者之间相互了解,从而双方都可更准确地做出聘用与否、受聘与否的决定。

(三) 应聘前的准备工作

若希望应聘成功,需要做以下准备:

1. 了解职业的社会需求及行业发展的趋势,选出自己所希望参与的领域

随着社会的发展每个年代的职业趋势都有所不同,所以在选择之前要了解职业的社会需求及行业发展的趋势,从而确定自己的总体方向。

2. 选择自己熟悉的行业和职位,以求工作中能有所发展

认识你自己:你的职业生涯

(运用"五问"法进行自我分析)

→我是什么样的人?

→我想要什么?

→我能做什么?

→什么最适合我?

→我能够选择什么?

求职中选择熟悉的行业和熟悉的职业可以让自己工作起来更加得心应手,选择自己擅长的才能有所发展,有所创造,有所前进。

3. 全面分析自己的长处和不足,确定能胜任什么职位,决定应聘何职

选择工作要从自身出发,首先要了解自己的长处和不足,找能发挥自己长处的工作,这样才能将自己的长处扩大化。

将你的特长、成就、人格特质,与所应征的工作找到关联性,尝试从对方的立场考虑其需求。

4. 明确自己现阶段准备从事所应聘工作的时限,避免定位不准,影响自己的发展

在选择工作时要给自己一个工作期限,三年或者五年甚至更长,在有限的时间内你可以通过目前的职业学习一些东西,积累一些经验,以图更大的发展。如果在找工作的时候忽略这一问题,可能会出现频繁跳槽等一些对自己不利的结局。

5. 给予的薪资是否符合自己的标准

薪资的高低直接影响着职业的选择,对薪资要求过高可能会失去机会,薪资太低又会直接影响自己的生活水平,所以对薪资的多少,自己要有个预期标准。

6. 自己是否可以得到上升发展空间

选择工作的时候不但要看公司的好坏还要看公司是否可以给你一定的发展空间,一份有发展空间的工作才能更好地提升自己,实现自己的价值。

(四) 应聘的表达态度和技巧

1. 应聘面试的态度

(1) 应聘者要乐观自信

要克服紧张怯场的心理,给人以充满生机活力的印象。应恰如其分地介绍自己的优点与专长,表达出自信与谦逊。

(2) 应聘者要坦率真诚

应聘者要坦率地表明自己求职的动机,应聘者的坦率真诚容易赢得招聘方的信任。

(3) 应聘者要彬彬有礼

应聘者表现出的品质和修养,往往直接影响招聘方的最终决定。

总的来说,面试时微笑,要经常与招聘者进行目光接触,表现出你的轻松、自信。注意你的坐姿:坐直,并不是僵硬,臀部紧贴在椅背上,双手平放在双膝上,双脚平放在地板上,肩膀自然下垂。创造默契与协调。

2. 应聘面试的技巧

(1) 表现能力,彰显风采

面试实际是应聘者自我推荐的过程。招聘方往往认为最聪明的应聘者应当预先了解招聘方的情况,他们欢迎的人是"知己"。应聘者应当多方查找,深入了解所应聘的行业、部门的信息,这样才能产生深刻而独特的见解。

作为初入职场的大学生,一定要了解招聘单位的相关信息,一定要清楚地知道招聘单位的想法或目标,清楚对方正在寻找的是什么样的人才,清楚企业的目标客户和消费群体、企业的聘用流程、企业文化及其核心价值观。

某公司 HR 经理说:"我觉得求职者要想进入一个公司首先你得了解这个公司,特别是它的企业文化,你只有和公司的企业文化一致或接近,你成功的概率才会高。"上海日立有限公司人力资源负责人曾表示:"现在大部分学生搞不清楚行业内目标企业的不同点及各自的优势,这样对于应聘来说,就难免有不同程度的盲目性,也就是说,在没有彻底了解本行业每家企业特点的情况下,就无法确定自己的兴趣专长更加符合哪家单位的需求,就无法保证应聘的'命中率'。知己知彼,百战不殆,只有对本行业内所感兴趣的企业(并且它们有招聘计划)的情况有较多了解,才有可能走出比较成功的第一步。起码粗略地了解可以让主考官有一种惊喜感,从而使面试交流能在较深层次上进行。"

不仅要了解招聘方及其偏好,也要了解整个企业界、职业界对人才的偏好。比如,《职场》杂志在近年"50佳第一工作场所"评选时,对参评企业报名表所作的统计结果表明,所有报名参评企业(包括联想、微软、麦肯锡、海尔、新东方、雀巢、上海通用、三星公司等约157家)在招聘大学毕业生时最主要考虑的因素依次为:沟通能力53%;团队精神44%;解决问题能力41%;责任感38%;学习能力34%;专业匹配度31%;工作态度28%;学习成绩9%;抗压能力9%;领导技巧6%;分析能力3%;工作经验和校园活动0。这些其实都是我们求职准备时的很好的向导。

(2) 直面弱点，巧妙应对

招聘方问应聘者最大的弱点，是想了解应聘者的性格、气质与岗位的理想人选要求是否相符。所以不要以简单定性的负面判断评价自己，应直面弱点，同时解释你的弱点不会对胜任职位产生影响，而且可以克服。

### 范例

阿明的学习成绩并不算顶尖，口试时，这便成了考官发起攻击的关键："你的成绩似乎不太出众哦，你怎么证实自己的学习能力呢？"

阿明不慌不忙地说："除了学习，我还有其他活动。不是只有成绩才能反映人的学习能力的。其实我的专业课都相当不错，如果你有疑问，可以当场测试我的专业知识。"阿明巧妙地绕开了令人为难的问题，将考官的注意力引导到他最拿手的专业知识上。

面试中，有些求职者，尤其是女性，被别人提到自身的缺点或是不愿触及的问题时，常会不由自主地摆出防御姿态，甚至反击对方。这是不对的，别忘了，你只是一个候选人，自以为是振振有词地驳倒主考官，只会使你误入过分自信的陷阱，招致"狂妄自大"的评价。那如何化解面试中的"缺点"难题呢？

- 坦然承认博得认同

如果自己有缺点，最好的办法就是坦然地承认它。为自己的缺点找足理由也无济于事，重要的是如何使对方在感情上认同你对待自身缺点的态度。比如，主考官这样问："你为什么曾留级1年？"你应该很诚实地承认自己的缺点，可以这样回答："我也觉得留级很不应该，当时我担任社团的负责人，投入到社团活动上的精力太多，反而忽略了自己当学生的本分，等我察觉到这个错误时，我已经留级了。虽然我花在社团的心血，也带给我不少的收获，可是每想到自己因此而留级，就觉得很惭愧，我一直都为此事耿耿于怀，更不愿重蹈覆辙。"这种情况下，主考官通常会认为你是个知错就改的人，而且会认同你的处境，心存好感地继续听你说下去。

- 消除误会缩短距离

有的"缺点"并不是缺点，而是误会造成的，这时，你应及时澄清，消除对方的传统看法，缩短与对方的心理距离。一个毕业生到一个普通公司去求职面试，在介绍自己时说："我的父亲是高干，但他对我的要求很严格，家中虽有保姆，但我自己的事都是亲自动手做，我的生活能力很强，也从不依赖父亲的职权，所以，到你们公司去，你们吃的苦我都能吃……"这位求职者抓住自己的家庭出身容易引起别人产生不能吃苦的看法这个关键点，从自己的父亲对自己的严格要求入手，谈到自己对家庭出身的看法和对生活所采取的态度，以致让对方了解自己吃过苦、能吃苦的品质，和用人单位的观点相一致。这样一来，就缩短了与用人单位的距离，使他们觉得你在各方面都和自己一样。

- 明谈缺点实论优点

有的考官常常对那些表现令人满意的考生提出令人尴尬的问题："从事某项工作你有什

么主要缺点或不足?"有的考生连连摇头,回答说没有,甚至有人反问:"您说呢？您能给我指出来吗？"等;有的考生不假思索,脱口说些类似于"我的缺点就是散漫,不愿受纪律的约束"等从事某项工作的致命缺点。遇到这种情况,应该既不掩饰回避,也不要太直截了当,可以联系大学生的共同弱点(比如缺乏实践经验、社会阅历较浅等),再结合本专业的发展趋势对自己知识结构、专业知识的挑战及个性中的缺憾(如过分追求完美,可能开拓精神不够;或过于追求工作效率,小心谨慎不足等),讲讲自己正在克服和能够改正的一些弱点,谈谈理想与现实中的差距,讲那些表面是缺点但对某项工作有益的个性。相当于说"我很丑可是我很温柔""我很笨,但是我很忠于职守"等等,既体现了谦逊好学的美德也正面回答了这一难题。

人无完人,孰能无过？一个人有缺点并不可怕,可怕的是不敢承认它、改正它,反而强词夺理。从辩证的角度看,缺点与优点是相互转化的,前提是正确地认识缺点,实实在在地改正缺点。

(3) 防范陷阱,展示才情

招聘方很注重员工的个性和创新能力,他们不喜欢说"没问题"的人。永远都不要说没问题,要表现出你对学习的热情、对公司的忠诚度以及进取心。

• 挑衅式的语言陷阱

这类提问的特色是,从求职者最单薄处入手。

• 引诱式的语言陷阱

这类问题的特色是,面试官往往设定一个特定的背景条件,引诱对方做出错误的回答,因为也许任何一种回答都不能让对方满足。这时候,你的回答就需要用含混的语言来表现。

• 测试式的语言陷阱

这类问题的特色是虚构一种情形,然后让求职者做出回答。

• 非法中介陷阱

在"皮包公司"的保护下,犯罪分子骗取求职者信任,与求职者签署协议,收取各种名目的费用后,携款潜逃。有媒体报道有的公司要求求职者先缴纳报名费、登记费、资料费、推荐费、注册费、信息费、保险费、服装费、培训费等各种名目费用才可入职或实习,过一段时间再找理由"辞掉"求职者。

• 媒体网络陷阱

犯罪分子通过在一些小报、招工网站、手机群发等方式发布虚假招工信息,诈骗求职者前来应聘,通过电话联系、汇款等方式诈骗钱财。

• 找硬关系陷阱

犯罪分子谎称关系广、能力强,可以为求职者打通关系找工作,再以花钱打点的名义骗取钱财。

• 试用陷阱

许多求职者上岗后一般都会有3~6个月的试用期。应聘者要小心,因为试用期薪资低,企业超期试用是把你当作廉价甚至免费劳力。当你忍无可忍提出转正时,企业再以各种莫须有的理由将你辞退。

· 传销陷阱

用人企业高薪诱惑，吸引求职者。当新人刚被骗到异地后，断绝其与外界的一切联系，也不让其看电视和报纸，在一个封闭的环境中密集地灌输一夜暴富的思想，唤起人们对金钱扭曲的追求。

求职者在找工作时一定要注意以下几点：

查资质：可通过工商行政网站、红盾网查验对方是否是正规公司，是否具有合法资质。

用人单位是否要求收取求职费用：《劳动合同法》规定，用人单位招用劳动者，不得要求其提供担保或者以其他名义向劳动者收取财物。

用人单位是否承诺高薪厚职。谨慎签订劳动合同，明确权利义务。

不要将身份证、学历证明等证件轻易交给招聘者。

对招聘陷阱要防患于未然，知道招聘陷阱大多是怎样的，才能更好地防范。

(4) 不卑不亢，坚持原则

若招聘方询问当领导的做法不好或不对时，你该如何做，这是希望了解你的原则性与工作方法和态度。对此，你应该坚持原则，不卑不亢。对领导应当尊重，你应该承认，领导一般有强过你的地方，或者才干超群，或是经验丰富，所以，对领导要做到有礼貌，谦逊。但是，绝不要采取"低三下四"的态度。绝大多数有见识的领导，对那种一味奉承、随声附和的人，是不会予以重视的。在保持独立人格的前提下，你应采取不卑不亢的态度。在必要的场合，你也不必害怕表示自己的不同观点，只要你是从工作出发，摆事实，讲道理，领导一般是会予以考虑的。

### 范例

某高职院校2006年毕业的一名会计电算专业的女学生，在中专学校应聘教师职务时，由于学历关系，对方明确表示：尽管你各方面的素质我们都很满意，也很想用你，但你的学历是大专层次，我们只能遗憾地告诉你不能被录取。听到用人单位明确表态后，她没有气馁，也没有因对方在招聘前未表示不用大专毕业生而气恼，更没有表现出失望和失态，而是非常有礼貌地说："没关系，学校有学校的用人政策和标准，虽然我当不了会计专业的老师，但我在某学院党委办公室和人事处工作过八个月，长了不少见识，也积累了一些经验，如果贵校还有其他职务要人的话，我可以继续应聘。"于是这位学校领导认识到这是一个值得留住的人才，经过商议，录用她在学校人事部门任职。

应聘时态度始终要不卑不亢，可采取欲擒故纵的策略。

(5) 关心待遇，委婉表达

提及待遇问题，要坚持合理的原则，避免严重损害自身利益。

首先，要摸清情况。应聘者可先了解行业的一般待遇及员工的工资收入情况。

其次，是选择时机。应聘者不宜在刚面试时就谈待遇问题，而应在招聘方表示出合作意向时,再谈及待遇。

最后,要留有余地。当招聘方有意录用而问及希望的月薪时,可根据你掌握的有关情况,说出自己能够接受的最低待遇和希望获得的合理待遇,可委婉表达,以给对方和自己留下回旋的余地。

如果遇到一家比较好的企业,你该如何谈薪资呢？一定要重视基础薪资的谈判。基础薪资就是你的岗位薪资,一般企业 HR 或部门负责人问你,你期望的薪资是如何的,你先别回答,可以反问对方:"不知道贵公司对这个岗位的薪酬设置是如何的？"

企业和应聘者其实是平等的,不要觉得自己来面试就是有求于人——你完全可以提出自己合理的要求。当 HR 给出了答案,你心里就有个底了——高于你的期望值,你可以直接接受;远远低于你的期望值,你就可以知道这个岗位对这个企业来说重要程度如何,或者他们对你本人的定位是如何的,又或者这家企业的薪资明显低于同行的,自己斟酌着可以撤了。如果薪资比较接近你的期望值,那么你可以开始下一轮的谈判了。

## 范例

"请问是人力资源部李主管吗？"

"是的,我就是,您是刘娜同学吧？收到了我们的 offer 了是吗？"

"收到了,正想有点事跟您说。offer 上面写的薪酬是 1 600,试用期 80%,我算了一下,太少了。"

"那我们在应聘表格上注明了请您填写的期望薪酬就是正式薪酬的,我们是在我们公司这个职位允许范围内根据您的需求来给您的这个工资啊。"

"我想的是我写一个期望水平然后你们按照公司的统一规定来定的呢。"

"这个很抱歉了,我们这里每个职位只是有一个薪酬指导范围,因为这个职位每个人的学历、能力和资历有所不同,所以薪酬也有所不同。"

"那实在是太少了,我想的是试用期 1 600,转正之后大概 2 000。要不你们还是找别人吧。"

我们经常在一些面试指导中被告知,不要主动地向招聘企业提薪水,而事实上在实际求职的时候,尤其是毕业生,面试的时候对薪酬讳莫如深。常见的理解就是自己提薪水不太好,正规的公司对每一个岗位都会有自己确定的薪酬,只要说根据公司规定就可以了。实际上这只是一部分公司的做法,而越来越多的公司对相同职位不同人员的薪酬不一定是完全一样的,只是有一个大概的范围。

专业指导:薪酬要求一般分两类,一类是心理底线;一类是期望值。

心理底线是低于这个水平你就不会接受的,而期望值就是能使你很满意的薪酬水平。如果是填写应聘表格,最好填写一个中间值,在经过考察,感觉公司整体条件很好的情况下,提出你的期望值也没有问题。所以在提出自己要求的时候一定要认真考虑,如果没有特别说明,招聘单位向应聘者询问的都是指税前薪水。

税前薪水－社会保险及住房公积金个人扣除部分－个人所得税＝税后所得。但是目前不是每个企业都是严格按照实际薪酬比例来缴纳保险和公积金的，所以还应事先问清楚缴纳的额度。

那具体怎么来定位自己的薪酬呢？

首先要考察整体消费水平，有时毕业生获知社会消费水平的信息是片面的，只是将租房、购房、交通等社会消费水平指数简单相加，得出个人工资预期价位的做法并不科学，没有考虑公司所处行业、地区、职位、个人综合素质，所以在没有很详细地了解公司之前，最好不要提出明确的薪酬要求。也就是说，在简历当中，不写薪酬要求，是一种比较保险的办法。

在面试时根据你所掌握的公司情况，综合分析再结合你个人的情况，给出自己的预期薪酬范围。当然，主动谈薪酬显得有些不太合适，尤其对于一些严格执行薪酬保密制度的公司，但是一般正规的公司都会主动来和应聘者谈薪酬的，如果没有，一般可以在复试的时候委婉地进行技巧询问。

第一步是了解对方可以提供的薪酬幅度是多少，这里的关键是善于发问，让对方多讲，让自己了解足够的信息。当经过几轮面试后，面试官会问应聘者："你还有什么想了解的问题吗？"应聘者就可问："像你们这样的大企业都有自己的一套薪酬体系，请问可以简单介绍一下吗？"面试官一般就会简单介绍一下，如果介绍得不是太详细，还可以问："除了工资之外还有哪些奖金、福利和培训机会？试用期后工资的加幅是多少？"等问题，从对方的回答中，再对照一下市场行情心里就有底了。

第二步是根据以上信息，提出自己的期望薪酬。如果对自己想提的薪资还是把握不准，那也可以把问题抛给对方："我想请教一个问题，以我现在的经历、学历和您对我面试的了解，在公司的薪酬体系中大约能达到怎么样的水平？"如果对该公司开出的薪资标准不太满意，就可以尝试用探讨式、协商式的口气去争取高一些：比如"结合我的情况，我希望我的薪水比您刚才讲到的高出20％～30％，不知道是否与您的薪酬标准相吻合，您看这个工资是不是可以有一些提高？"这时要看对方的口气是否可以松动，松动的话则可以再举出你值更高价的理由。如果对方的口气坚决，则可以迂回争取试用期的缩短，比如"把3个月的试用期缩短为1个月？"另外很多企业除了正式的工资以外，都会产生一些奖金、福利等额外工资，在这方面应聘者就要大胆争取了。

应聘者还要注意察言观色见好就收，不要过度要求，否则让对方破例后，到时你进来后对方也会以更高的要求来考核你。为了保险起见，应聘者最好让对方在接收函上写明薪酬、试用期限、上班时间等。

## 三、案例分析

回顾"案例导读"，小张等不到录用通知。

第一，衣着。面试的时候应该穿正装，最好是带有职业性质的服装或套装。

第二，面容。面试的时候化妆是对对方的尊重，但是一般是以淡妆为主，嘴巴涂有一定颜色的唇彩,让人觉得自己精神就行,不需要太艳丽的颜色。

第三,坐姿。坐下的时候,如果你穿的是裙子可以选择两脚并拢往左边或右边斜着,这样既美丽又落落大方;如果你穿的是裤子而且又要跷腿,那么跷腿时把脚尖压下去,用脚尖对着别人是对别人的不尊重。

第四,走路。走路不应该过急或过慢,尤其是面试有了一定结果的时候更不应该选择跑,这样给对方造成不好影响,还有可能撞到其他人。

第五,笑。在礼仪中我们讲究的笑是露出八颗牙齿,这样既能表达笑又不觉得做作。

## 四、拓展阅读

(一) 范例阅读

### 范例1

某公司招聘员工,在考场外摆放了水果、雪糕、饮料等食品,并写有"免费享用"字样,有几位大学生前来参加测试,看到这种情景,很是惊喜,于是便尽情地抢着、挑拣着吃喝起来。殊不知,这就是应聘者要答的第一个题目,他们的表现,直让考官摇头,结果可想而知。

**分析:** "无功不受禄",这是做人的一个底线。此问题已在考察应聘者的心态和修养。

### 范例2

四川省某县一农家子弟小B于2000年顺利考入了北京师范大学,全村人为之欢欣鼓舞,父母这时便给小B毕业后的工作定了位,即要进党政机关工作,将来当个市长、省长。转眼到了2003年下学期,同学们都在学习求职技巧,精心准备谋职的一切事宜,而小B却无动于衷,且从不与同学交流。到了2004年上学期,小B也参加了招聘活动,然而他满意的单位都未被选中,他气恼。老师同学劝他参加其他单位的招聘,他也气恼,说那些单位档次低,自己说啥也不能去,并说老师是在贬低他。到了11月份,他家乡某中学可以聘用他,而父母说一个名牌大学毕业生去中学教书是大材小用,没让他去。毕业后在家闲着的小B身心憔悴,没过几天,他给父母留下一份遗书便撒手而去。

**分析:** 小B及其家长没有认清当前的就业形势,没找准定位,过分强调自我;同时小B缺乏健康的心理,心灵太脆弱。一个人只有拥有豁达的胸怀、勇敢的心灵,才有可能成功。

### 范例3

清华大学的一名MBA穿了件又旧又褶的短袖上衣、头发蓬乱地去参加一企业的招聘,结果落聘。半年后,该企业又招聘员工,这位MBA再次前去应聘,在他的再三请求下,主考官破例与其长谈了30分钟,考官认为他很有才华,可以录用。他问考官:"我找工作为何这么难?"答:"你的能力每月值1.5万元,你的外表每月值3千元,而面试时间只有几分钟,在短短的时间内考官不可能彻底了解你的内涵,公司要招聘的员工代表着企业的形象,而你

'腹有诗书气无华',故而你找工作难。"

**分析**:应聘者的形象如同"商品的外包装",新商品上市,其质量再好,包装脏兮兮,也会无人问津。形象自然、整洁、大方,既是个人良好生活习惯及潜在的职业素质的体现,同时也表示对考官尊重、有礼貌。

### 范例4

有一个人,他把全部财产投资在一种小型制造业上。由于战争的爆发,他无法取得工厂所需的原料,因此只好宣告破产。血本无归使他大为沮丧,他离开了妻子儿女,四处流浪,甚至想要跳河自杀。

一个偶然的机会,他看到了一本名为《自信心》的小书。这本书给他带来勇气和希望,他决心找到这本书的作者,请作者帮助他再度站起来。

当他找到作者,说完他的遭遇后,作者说:"我已经用心地听完了你所说的遭遇。我希望对你有所帮助,但事实上,我却不能帮助你。"他的脸立刻变得苍白,低下头,喃喃地说道:"这下子完蛋了。"作者停了几秒钟,然后说道:"虽然我没有办法帮助你,但是我可以介绍你去见一个人,他可以协助你东山再起。"流浪汉立刻跳了起来,抓住作者的手,说道:"看在老天爷的份上,请带我去见这个人。"

于是作者把他带到一面高大的镜子面前,用手指着镜子说:"我介绍的就是这个人。在这个世界上,只有这个人能够使你东山再起。除非坐下来,彻底认识这个人。否则,你只有跳河自杀了。因为在你对这个人充分地认识之前,对于你自己或这个世界来说,你都将是个没有价值的废物。"

他朝着镜子向前走了几步,用手摸摸他长满胡须的脸孔,对镜子里面的人,从头到脚打量了几分钟,然后后退几步,低下头,开始哭泣起来。

几天后,作者在街上碰见了这个人,几乎认不出来了。他的步伐轻快有力,头抬得高高的。他从头到脚打扮一新,看来是成功的样子。"那一天我离开你的办公室时,还只是一个流浪汉。我对着镜子找到了我的自信。现在我找到了一份年薪丰厚的工作。我的老板先预支一部分钱给我。我现在又走上成功之路了。"他还风趣地对作者说:"我正要前去告诉你,将来有一天,我还要去拜访你一次。我将带一张支票,签好字,收款人是你,金额是空白的,由你填上数字。因为你介绍我认识了自己,幸好你要我站在那面大镜子前,把真正的我指给我看。"

**分析**:在从来不曾发现"信心"价值的那些人的意识中,原来也隐藏着巨大的潜能。而且这些潜能,通过自信心的增强,可使其得到充分发挥。

### 范例5

某学院要招聘一名教旅游英语的教师,面试时间是上午9点钟。在8点45分时,主管教学工作、也是这次面试主考官的林副院长办公室的门突然被一位女士推开了。正在这位副院长感到有些不快的时候,她问了一句:"请问今天面试在哪个房间?"林副院长马上明白了这是一名来应聘的人员,对她留下了"非常不礼貌"的印象,因为她没有敲门、未经允许推门而入。最后因其"不可为人师表"而未被录取。

**分析**:一个人的言谈举止至少证明了他的修养如何,而个人的修养不仅是伴其一生的财富,也是成就大业的基础。应聘者的个人生活习惯、谈吐、修养能否"达标",是用人单位考虑录用与否的因素之一。

### 范例6

天津市某职业学院毕业的一名化工专业的大学生,在一家公司谋得了一份比较适合的工作。由于该公司经营不景气,裁员时他被裁掉了。于是他提笔给一家研究所写了一封求职信,大概内容是说:我虽然是一名高职高专毕业生,但通过自学,我掌握了深厚的化工专业知识,而且在某公司工作期间研究出的一项科研成果已被应用。如果你们聘用我,我将为贵所开创新的发展领域。信很快就被这个研究所退了回来,信上最后一句话是:"请您另谋高就。"

不死心的他,又发出了第二封信。这一次他在给一家公司的信中写道:"如果你们需要,我将竭诚为贵公司服务。"原以为这次表现得比较谦虚,可能会成功,怎料这封信又被退了回来。下面写着"本公司暂不缺人,以后需要服务的话,我们将及时与你联系"。

第三封信是他给某大厂发出的。这次他吸取了前面两封信的教训,一改自己的"脾气",在信中写道:"如果化工专业不缺人的话,我可以先做清洁工,如打扫卫生、冲洗汽车之类的活,并且会用搞科研那样严谨的态度和一丝不苟的作风去干好这份工作。"信发出去的第五天,他接到了这个化工厂的电话:"请你速来报到。"

到工厂以后他果真干起了清洁工,负责擦洗汽车,打扫厂部办公室、大厅、会议室、走廊、厕所等卫生。他任劳任怨,车辆冲洗得干干净净,办公室、大厅、会议室、走廊一尘不染,就连厕所里也没有一丝令人不快的气味。他性格活泼开朗,走到哪里哪里的人都被他对工作的激情与顽强精神所感染。很快,这名大学生得到了厂领导和上上下下人的认可与好评。厂领导根据他的专业能力和经历,调他到厂科技处工作,他与同事们密切合作,先后拿到了几项科研成果,产品打入市场,为本厂获得了巨额利润。不到2年他被破格提拔为新成立的技术处处长。

**分析**:用人单位对人才的认定,首先是具有锲而不舍、顽强敬业精神,包括对就业单位的忠诚,其次才是个人能力。假如一个人过高地估计自己,总想挑选更好的"机会"和"岗位",用人单位会弃之不用,因为这样的员工不可能踏踏实实地去完成工作,更不会给单位带来什么效益。所以,在应聘求职中,首先要让人能一眼看出你顽强的敬业精神和对事业的忠诚。

### 范例7

天津某成人高校2001年毕业的学习市场营销的两名女学生,被天津的一家医药公司录取了,录取时公司老板已经声明在先,是要到外地去做营销代理,不在天津。职业地是北京、广州、武汉、成都四城市,根据需要安排。其中一姓林的女士抱着一种侥幸心理,以为凭自己的气质、条件很有可能被安排去北京或广州。北京离天津近,可以随时回家,生活习俗也差不多;去广州虽说远一些、热一些,但那是我国最早的开放城市,经济发达,时间干长了说不定可以二次就业。自己做的是这些方面的分析和准备,心理上、物质上都没有做好去武汉、成都的准备,但结果公司分配她到成都工作,她一时接受不了,放弃了这份到手的工作。

相反,另一个姓郭的女生,当老板告诉她去外地可能是北京、广州和武汉三个地方中的一个时,她对职业地进行了认真的分析,最后自己的目标定位是最差的地方——武汉。她认为,去北京最好,分到广州去也不错,这两地都是上选。武汉差点,主要是气候难以接受,但是,如果真去武汉也行,一是目前找一份工作不易,二是事在人为,如果干好了,说不定哪天被公司调动工作呢。这样,她将一切准备工作都放在去武汉就业上,并对武汉的地域特点进行了分析,认为最大的问题就是"热",别的都可以接受。最后,公司果然派她去武汉。由于她有这方面的准备,就欣然接受了去武汉的安排,在武汉干了不到两年,就又被公司派到广州了。

**分析**:"阳光总在风雨后"。大学生要转变就业观念,降低就业期望值,树立到基层、到艰苦的地方和行业去就业和创业的理想。

### 范例8

某财经学院一名会计专业毕业生到某成人高校应聘教师职位,当时主持面试的院长问她:"你对我们学院了解多少?"这位大学生说:"自我将个人履历投递给贵院以后,我就从市教委的成教网上查阅了贵校的网址。"然后,她不仅如数家珍地将学院成立、建设、发展的过程一一作了描述,而且对该院注重教学质量、以新的教育理念和严格的规章制度办学给予了很高的评价。她的应聘时间超过了别人十多分钟,但负责招聘的领导对她精彩的表述非常满意,结果她被当场录用。

**分析**:了解用人单位的历史沿革,不仅有利于自己选择职业,而且有助于求职的成功。

### 范例9

有一合资企业的经理到大学去招聘职员,挑选出三名大学生进行最后面试。其中有两名大学生在经理面前兴高采烈地炫耀自己的能力如何高、如何强,并激情洋溢地提出一大堆的建议和设想。另一名大学生则一直耐心地倾听着每一个人的见解,从不插话。尤其是对经理的见解和要求,更是不插话、不打断,只有当经理问他时,他才有礼貌地、有条不紊地回答,而且很简练。几天后,这位善于倾听的大学生接到录用通知,而另两位则被淘汰了。

**分析**:做一个有耐心的听众,把你对他的尊重表现在面部表情和行动上。

### 范例10

金融专业B同学,几经努力就业毫无进展,心情既苦恼又着急。一天,她找专家咨询:

"我为什么就没能找到一份适合的工作?"针对B同学的情况,专家请她回忆整个应聘经过,从中寻找出失败的原因。B同学说了如下一番话:

我的专业是金融学,按理今年就业形势比较乐观,各个金融机构因业务扩展对金融专业人才需求都有较大增加,我也参加了一些人才招聘会和金融单位的面试,自我感觉也不错,但不知为何都被婉言谢绝了。

我有一次去一家银行人事部应聘,接待我的人事部经理看了我填写的应聘岗位的自荐材料后说:"这个岗位已有不少人报名了,根据你的条件,被录用的机会是有的,但不一定录用在你应聘的岗位上,如果让你干临时的怎么样?""我的专业是金融学,大学四年我非常注重这个方面能力培养,专业课学得不错,外语和计算机能力也较出色,我觉得临时工工作对我不大适合。"

**分析:** B同学择业失败的原因主要是目光短浅、自我定位过高,选择一个单位首先应该看这个单位发展前景。

### 范例11

一日下午3时,A女生按动门铃:"我是某大学计算机系毕业生,请问贵公司要女生吗?"负责接待的男士略一迟疑:"我们先进行面试,请进。"

A坐在面试桌前。面试官大致介绍了这家软件公司的情况后,问道:"请问就你所学的软件开发专业你有过哪些实践?""嗯……,我的专业课成绩很不错。实践主要是老师布置的一些作业吧,平常时间也不允许。""你认为女生做计算机开发方面工作有什么优势?"A有些不高兴地说:"每家公司都这么问,我就知道您也会这么问,所以我面试前都先问清您要不要女的,免得浪费时间……"

A说她自己在学校一直拿一等或二等奖学金,可在找工作时,总不顺心。

B同学也参加这家软件公司的面试。"我看你的成绩单,觉得你的成绩较一般,能解释一下吗?""我学的是计算机软件专业,实践与理论同样重要。有时我会因为我自己的上机实践而忽略笔试考试。当然,这并不是好的理由,不过是事实。"主考官点了点头:"具体谈谈你的实践好吗?""我从大二开始使用PB,自己动手制作过一个校公选课安排系统;大三下学期还和几个同学一起帮导师做了一套多媒体教学软件,觉得是一个非常好的实践机会。"几个专业性问题回答后,主考官又问道:"你认为女生适合做计算机软件这项工作吗?"B同学笑笑:"男生的优势在于肯吃苦,女生的优势在于知识扎实。我既然选择了这个行业,就会全身心投入,我会用今后的工作成绩让您感到我是最适合的人选。""除了专业,你还参加过其他社会实践吗?""我担任过班里的团支部书记,组织团员参加了不少实践。""是不是耽误了你不少学习时间?""这也是一种学习,不能说是耽误了时间,在这些活动中,我学到了许多在学校学不到的社会知识,我觉得非常值得。"

面试结束了,B同学认为自己挺成功,对自己的表现打90分。

**分析:** 以上两则事例说明,求职者的信心(例如B同学对男女优势的界定)在一定条件下更能够征服招聘方的心。求职者在求职过程中不仅要坚决克服自卑心理、依赖心理和犹豫不决的心理，而且要突出表现自己强烈的竞争意识，只有相信自己才能展示自己，从而走向成功。

### 范例12

市场营销专业C同学在去了数次招聘会，投了几份石沉大海的简历后，重新调整了自我择业的定位，凭着总结的"去得早、看得准、投得快"投递简历经验，再次挤入择业大军。投递简历后的日子里，她多次与用人单位联系，终于等来了面试通知。

她说：面试当天，当考官问起我是否了解煤气公司时，我的内心有一点紧张，由于我在报纸、杂志和网上收集有关煤气公司的信息较少，我就坦言说不太了解，并诚恳地要求考官介绍一下公司的情况。在我的诚恳要求下，主任对煤气公司的现状、发展及各方面的体制、管理等做了简要介绍。接下来，主考官问我对煤气公司的现状有什么看法？我回答说，煤气公司的产品质量一般不存在问题，关键应该树立企业形象。加强企业文化建设。由于我去年暑假曾在广告公司实习过，对CIS中的VI系统熟悉，于是，我就谈起我国企业形象识别系统CIS的导入发展及其在各行各业中的表现和作用。考官对我的回答不时点头。当考官找出公司最新设计的标志让我谈看法时，我就趁机发表了个人对其标志的理解。在谈话中我隐约感到考官对我学过的公共关系挺感兴趣，我便不失时机地提出开展公关活动的几点建议。面试在轻松愉快的气氛中结束了。主考官满意地说："好了，回去听通知吧。"

**分析**：求职者在求职场上要表现得坦诚，既不过高地夸耀也不过低贬低自己，如实地向招聘方递交和介绍个人简历，坦诚地承认自己不曾认识的事物。

（二）面试常见问题回应

1. 请你介绍一下你自己？

回答提示：企业最希望知道的是求职者能否胜任工作，包括最强的技能、最深入研究的知识领域、个性中最积极的部分、做过的最成功的事，主要的成就等，这些都可以和学习无关，也可以和学习有关，但要突出积极的个性和做事的能力，说得合情合理企业才会相信。企业很重视一个人的礼貌，求职者要尊重考官，在回答每个问题之后都说一句谢谢。

2. 你觉得你个性上最大的优点是什么？

回答提示：沉着冷静、条理清楚、立场坚定、顽强向上、乐于助人和关心他人、适应能力强和富有幽默感、乐观和友爱。经过培训及项目实战，加上实习，我会适合这份工作。

3. 说说你最大的缺点？

回答提示：这个问题企业问的概率很大，通常不希望听到直接回答缺点是什么，如果求职者说自己小心眼、爱忌妒人、非常懒、脾气大、工作效率低，企业肯定不会录用你。绝对不要自作聪明地回答（"我最大的缺点是过于追求完美"，有的人以为这样回答会显得自己比较出色，但事实上，他已经岌岌可危了。企业喜欢求职者从自己的优点说起，中间加一些小缺点，最后再把问题转回到优点上，突出优点的部分，企业喜欢聪明的求职者）。

4. 你对加班的看法?

回答提示:实际上好多公司问这个问题,并不证明一定要加班,只是想测试你是否愿意为公司奉献。比如可以这样回答:如果是工作需要我会义不容辞加班,我现在单身,没有任何家庭负担,可以全身心地投入工作。但同时,我也会提高工作效率,减少不必要的加班。

5. 你对薪资的要求?

回答提示:如果你对薪酬的要求太低,那显然贬低自己的能力;如果你对薪酬的要求太高,那又会显得你分量过重,公司受用不起。一些雇主通常都事先对求聘的职位定下开支预算,因而他们第一次提出的价钱往往是他们所能给予的最高价钱,他们问你只不过想证实一下这笔钱是否足以引起你对该工作的兴趣。

回答样本一:我对工资没有硬性要求,我相信贵公司在处理我的问题上会友善合理。我注重的是找对工作机会,所以只要条件公平,我则不会计较太多。

回答样本二:我受过系统的软件编程的训练,不需要进行大量的培训,而且我本人也对编程特别感兴趣。因此,我希望公司能根据我的情况和市场标准的水平,给我合理的薪水。

回答样本三:如果你必须自己说出具体数目,请不要说一个宽泛的范围,那样你将只能得到最低限度的数字。最好给出一个具体的数字,这样表明你已经对当今的人才市场作了调查,知道像自己这样学历的雇员有什么样的价值。

6. 在五年的时间内,你的职业规划?

回答提示:这是每一个应聘者都不希望被问到的问题,但是几乎每个人都会被问到,比较多的答案是管理者。但是近几年来,许多公司都已经建立了专门的技术途径。这些工作职位往往被称作顾问、参议技师或高级软件工程师等等。当然,说出其他一些你感兴趣的职位也是可以的,比如产品销售部经理,生产部经理等一些与你的专业有相关背景的工作。要知道,考官总是喜欢有进取心的应聘者,此时如果说不知道,或许就会使你丧失一个好机会。最普通的回答应该是我准备在技术领域有所作为或我希望能按照公司的管理思路发展。

7. 你朋友对你的评价?

回答提示:想从侧面了解一下你的性格及与人相处的问题。

回答样本一:我的朋友都说我是一个可以信赖的人。因为,我一旦答应别人的事情,就一定会做到。如果我做不到,我就不会轻易许诺。

回答样本二:我觉得我是一个比较随和的人,与不同的人都可以友好相处。在我与人相处时,我总是能站在别人的角度考虑问题。

8. 你还有什么问题要问吗?

回答提示:企业的这个问题看上去可有可无,其实很关键,企业不喜欢说没问题的人,因为其很注重员工的个性和创新能力。企业不喜欢求职者问个人福利之类的问题,如果有人这样问:贵公司对新入公司的员工有没有什么培训项目,我可以参加吗?或者说贵公司的晋升机制是什么样的?企业将很欢迎,因为体现出你对学习的热情和对公司的忠诚度以及你的上进心。

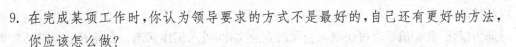

9. 在完成某项工作时,你认为领导要求的方式不是最好的,自己还有更好的方法,你应该怎么做?

回答提示:① 原则上我会尊重和服从领导的工作安排,同时私底下找机会以请教的口吻,婉转地表达自己的想法,看看领导是否能改变想法。② 如果领导没有采纳我的建议,我也同样会按领导的要求认真地去完成这项工作。③ 还有一种情况,假如领导要求的方式违背原则,我会坚决提出反对意见,如领导仍固执己见,我会毫不犹豫地再向上级领导反映。

10. 如果你做的一项工作受到上级领导表扬,但你主管领导却说是他做的,你该怎样?

回答提示:我首先不会找那位上级领导说明这件事,我会主动找我的主管领导来沟通,因为沟通是解决人际关系的最好办法,但结果会有两种:① 我的主管领导认识到自己的错误,我想我会视具体情况决定是否原谅他。② 他变本加厉地来威胁我,那我会毫不犹豫地找我的上级领导反映此事,因为他这样做会造成负面影响,对今后的工作不利。

11. 假设你在某单位工作,成绩比较突出,得到领导的肯定。但同时你发现同事们越来越孤立你,你怎么看这个问题?你准备怎么办?

回答提示:① 成绩比较突出,得到领导的肯定是件好事情,以后更加努力。② 检讨一下自己是不是对工作的热心度超过同事间交往的热心了,加强同事间的交往及促进共同的兴趣爱好。③ 工作中,切勿伤害别人的自尊心。④ 不在领导面前搬弄是非。

12. 你能为我们公司带来什么呢?

回答提示:① 假如你可以的话,试着告诉他们你可以减低他们的费用——我已经接受过专业的培训,立刻可以上岗工作。② 企业很想知道未来的员工能为企业做什么,求职者应再次重复自己的优势,然后说:就我的能力,我可以做一个优秀的员工在组织中发挥能力,给组织带来高效率和更多的收益。企业喜欢求职者就申请的职位表明自己的能力,比如申请营销之类的职位,可以说:我可以开发大量的新客户,同时,对老客户做更全面周到的服务,开发老客户的新需求和消费。

13. 说你的家庭?

回答提示:企业面试时询问家庭问题不是非要知道求职者家庭的情况,探究隐私,企业不喜欢探究个人隐私,而是要了解家庭背景对求职者的塑造和影响。企业希望听到的重点也在于家庭对求职者的积极影响。企业最喜欢听到的是:我很爱我的家庭,我的家庭一向很和睦,虽然我的父亲和母亲都是普通人,但是从小,我就看到我父亲起早贪黑,每天工作特别勤劳,他的行动无形中培养了我认真负责的态度和勤劳的精神。我母亲为人善良,对人热情,特别乐于助人,所以在单位人缘很好,她的一言一行也一直在教导我做人的道理。企业相信,和睦的家庭关系对一个人的成长有潜移默化的影响。

14. 你申请的这个职位,你认为你还欠缺什么?

回答提示:企业喜欢问求职者弱点,但精明的求职者一般不直接回答。他们希望看到这样的求职者:继续重复自己的优势,然后说:对于这个职位和我的能力来说,我相信自己是可以胜任的,只是缺乏经验,这个问题我想我可以进入公司以后以最短的时间来解决,我的学习能力很强,我相信可以很快融入公司的企业文化,进入工作状态。企业喜欢能够巧妙地躲过难题的求职者。

15. 你和别人发生过争执吗?你是怎样解决的?

**回答提示**:这是面试中最险恶的问题,其实是面试官布下的一个陷阱,千万不要说任何人的过错,应知成功解决矛盾是一个协作团体中成员所必备的能力。假如你工作在一个服务行业,这个问题简直成了最重要的一个环节。你是否能获得这份工作,将取决于这个问题的回答。考官希望看到你是成熟且乐于奉献的。他们通过这个问题了解你的成熟度和处世能力。在没有外界干涉的情况下,通过妥协的方式来解决才是正确答案。

16. 如果我录用你,你将怎样开展工作?

**回答提示**:① 如果应聘者对于应聘的职位缺乏足够的了解,最好不要直接说出自己开展工作的具体办法。② 可以尝试采用迂回战术来回答。(如首先听取领导的指示和要求,然后就有关情况进行了解和熟悉,接下来制订一份近期的工作计划并报领导批准,最后根据计划开展工作)

**分析**:这个问题的主要目的也是了解应聘者的工作能力和计划性、条理性,而且重点想要知道细节。如果像思路中所讲的迂回战术,面试官会认为回避问题,如果引导了几次仍然是回避的话,此人绝对不会录用了。

17. 你工作经验欠缺,如何能胜任这项工作?

**常规思路**:① 如果招聘单位对应届毕业生的应聘者提出这个问题,说明招聘公司并不真正在乎经验,关键看应聘者怎样回答。② 对这个问题的回答最好要体现出应聘者的诚恳、机智、果敢及敬业。③ 如作为应届毕业生,在工作经验方面的确会有所欠缺,因此在读书期间我一直利用各种机会在这个行业里做兼职。我也发现,实际工作远比书本知识丰富、复杂。但我有较强的责任心、适应能力和学习能力,而且比较勤奋,所以在兼职中均能圆满完成各项工作,从中获取的经验也令我受益匪浅。请贵公司放心,学校所学及兼职的工作经验使我一定能胜任这个职位。突出自己的吃苦能力和适应性以及学习能力为好。

18. 如果你在这次面试中没有被录用,你怎么打算?

**回答提示**:现在的社会是一个竞争的社会,从这次面试中也可看出这一点,有竞争就必然有优劣,有成功必定就会有失败。往往成功的背后有许多的困难和挫折,如果这次失败了也仅仅是一次而已,只有经过经验经历的积累才能塑造出一个完全的成功者。

我会从以下几个方面来正确看待这次失败:① 要敢于面对,面对这次失败不气馁,接受已经失去了这次机会就不会回头这个现实,从心理意志和精神上体现出对这次失败的抵抗力。要有自信,相信自己经历了这次之后经过努力一定能行,能够超越自我。② 善于反思,对于这次面试经验要认真总结,思考剖析,能够从自身的角度找差距。正确对待自己,实事求是地评价自己,辩证地看待自己的长短得失,做一个明白人。③ 走出阴影,要克服这一次失败带给自己的心理压力,时刻牢记自己的弱点,防患于未然,加强学习,提高自身素质。

④ 认真工作,回到原单位岗位上后,要实实在在、踏踏实实地工作,三十六行,行行出状元,争取在本岗位上做出一定的成绩。⑤再接再厉,成为国家公务员一直是我的梦想,以后如果有机会我仍然会再次参加竞争。

19. 如何安排自己的时间?会不会排斥加班?

回答提示:基本上,如果上班工作有效率,工作量合理的话,应该不太需要加班。可是有时候很难避免加班,加上现在工作都采用责任制,所以我会调配自己的时间,全力配合。

分析:虽然不会有人心甘情愿地加班,但依旧要表现出高度配合的诚意。

20. 认为你在学校属于好学生吗?

回答提示:企业的招聘者很精明,问这个问题可以试探出很多问题:如果求职者学习成绩好,就会说:是的,我的成绩很好,所有的成绩都很优异。当然,判断一个学生是不是好学生有很多标准,在学校期间我认为成绩是重要的,其他方面包括思想道德、实践经验、团队精神、沟通能力也都是很重要的,我在这些方面也做得很好,应该说我是一个全面发展的学生。如果求职者成绩不尽理想,便会说:我认为是不是一个好学生的标准是多元化的,我的学习成绩还可以,在其他方面我的表现也很突出,比如我去很多地方实习过,我很喜欢在快节奏和压力下工作,我在学生会组织过××活动,锻炼了我的团队合作精神和组织能力。有经验的招聘者一听就会明白,企业喜欢诚实的求职者。

21. 何时可以到职?

回答提示:大多数企业会关心就职时间,最好是回答如果被录用的话,到职日可按公司规定上班,但如果还未辞去上一个工作,上班时间又太近,似乎有些强人所难,因为交接至少要一个月的时间,应进一步说明原因,录取公司应该会通融的。

22. 怎样看待学历和能力?

回答提示:学历我想只要是大学专科的学历,就表明我具备了基本的学习能力。剩下的,你是学士也好,还是博士也好,对于这一点的讨论,不是看你学了多少知识,而是看你在这个领域上发挥了什么,也就是所说的能力问题。一个人工作能力的高低直接决定其职场命运,而学历的高低只是进入一个企业的敲门砖,如果贵公司把学历卡在博士上,我就无法进入贵公司,当然这不一定只是我个人的损失,如果一个专科生都能完成的工作,您又何必非要招聘一位博士生呢?

## 五、拓展训练

(一) 案例分析

1. 分析下面例子中雷应聘成功的秘诀。

大学毕业前夕,雷因母亲生病,与d公司来校举办的招聘会失之交臂。

一直到毕业典礼之后,母亲的病才逐渐好转。雷试着给d公司打电话。被告知招聘工作已经结束了,所有新招聘的员工都已经到岗。"很遗憾,您只有再等下一次机会了。"可是雷等不了。家境清贫,卧病在床的母亲需要家用,妹妹下学期的学费也还没有着落。更重要的是,进入著名的 d 公司工作,是雷一直以来的梦想,这个"下一次"又是什么时候?

雷想了又想,开始了一系列的行动。

他首先给 d 公司主管人力资源的副总发了一封求职信,信中说到他靠打工维持了自己和妹妹的大学学费,给副总留下了深刻的第一印象。几天后,这位副总又在同一天,从所有董事的手里收到了雷用同样的牛皮纸信封寄来的简历。这个幼稚却不失巧妙的"攻关"计划,让副总对这个小伙子产生了一点欣赏和好奇,他约雷来面试。

遗憾的是,面试的第一关,雷就没有通过。

雷不死心,又前后三次到公司造访。一个热心的员工被他的执着感动了,他送给雷一本总裁撰写的有关公司和行业发展态势的著作,并且悄悄地把人力副总的电子邮箱告诉了雷。

接下来的日子里,雷用心地攻读总裁的那本书,并且做了详细的读书笔记。很长一段时间,雷向人力副总的邮箱进行集中"轰炸",一方面汇报自己的学习心得,一方面也表达自己对投身这个行业的满腔热忱和坚定决心:"正如《d 交易》第八条所说的,当所有人都已经绝望的时候,我们还在努力,这就是投资银行家的品质。同样的,当所有的人都觉得我进公司无望的时候,我依然不敢有丝毫的懈怠——因为从立志进入 d 公司,成为一名杰出的投行家以来,我就没有一刻想到过放弃!"

为了表示自己的决心和诚意,雷在邮件的最后一段里主动提出,自己愿意以免薪试用的条件进入 d 公司见习工作,并请求公司给自己一个机会。

两个多月日复一日的坚持,精诚所至,副总终于被这个年轻人彻底地打动了。她安排了雷与总裁的会面。雷如愿以偿地穿上 d 公司的制服,成了公司有史以来的第一位免薪试用工。

凭借着坚忍不拔的意志和孜孜以求的刻苦,雷在几个月的时间里不仅转了正,而且成了项目组里人们都愿意拉一把,带着他共同进步的"小兄弟"。

比起 d 公司的其他员工,雷明显是一个学业背景和专业储备都嫌不足的新人。为此,雷的同学好友,在羡慕他能找到这样一个理想的工作之余,常常会向他打听,他进入 d 公司可有什么"秘道"。雷听了这话,总是调皮地一笑:"有啊!当然有。那就是——在所有的人都绝望的时候,我,还在努力。"

2. 分析下面例子中小康竞聘失败原因。

小康刚到这家商业公司时,感觉新鲜无比,他有才华,一手的好文章,锦心绣口,人长得又帅气得像奶油小生,一时间,他竟然成了众人眼里的"绩优股"。

不到一年时间,他便坐上了办公室主管的角色,他的职位仅次于主任与副主任,他眼光高,气质傲,在众人面前夸下海口,通过自己一年的努力,自己一定要爬上主任的宝座。

果然机会来了,一年一度的竞争上岗,主任因病早辞,总经理准备在办公室十几个职员中选中一位出类拔萃的人物担当主任的职务。

在此之前,公司刚刚下了干部年轻化的一个新规定,原来对中层岗位有严格的年龄限制,现在却取消了,不拘一格降人才,不再苛求一些年龄及资历上的限制,只要能力充足,有组织能力,就是首选对象,在这些硬性条款之上,还有一条是总经理额外加上去的:道德素质过硬,如果一个人没有良好的职业素养与心态,存在自私心理,什么事情也不可能做好。

有人专门对热门人选做了点评,小康与另外一个叫楚歌的年轻人一定会上演一场竞争的好剧。

楚歌,比小康早来一年时间,口碑极佳,能力尚可,无背景关系却与其他部门人员的关系风生水起,比小康有过之而无不及,小康只是比楚歌口齿伶俐些,反应灵敏些罢了,并不具备绝对胜出的条件。

小康分析了这些要素后,感觉心中没底,如果按照现在的条件来比,主任的位置一定非楚歌莫属,除非,对了,除非他有个人作风或者道德问题。

小康开始别有用心起来,他利用业余时间,开始打听楚歌的不良信息,这样一打听,果然有好的素材入选:楚歌与原配若即若离,原因竟然是与公司里另外一个女孩子有关系,他们明修栈道,暗度陈仓,据可靠消息,总经理一直蒙在鼓里。

一周之后,公司澄清了有关消息,楚歌与妻子关系良好,与他总在一起的女孩子,只不过是普通的工作关系。

半个月后,公司审计部收到了一条举报信息:有人举报楚歌在请有关部门吃饭时,多报招待费用。

有人举报,自然要查,审计部领导想查清消息来源,却是网上发来的,只好作罢。接下来,审计部的领导多方走动,还与楚歌当面交谈,一个月后,结果出炉,楚歌从未利用职权吃回扣,举报不实,通报还奉劝有些同志,不要搬起石头砸自己的脚。

小康变本加厉起来,用各种渠道,举报了楚歌的许多不良行为,包括他有同性恋的嗜好也大白于天下,公司领导十分震怒,认为这是有人在故意造谣生事,破坏大好的团结局面。

公司领导暗中走访,终于将矛头指向了小康,小康走到了风口浪尖上。

小康被辞退了。

(二)情境演练

1. 你的朋友生病住院了,你用自己身上的钱都买了补品去看望他。当敲门进入病房后发现自己走错房间了,很巧的是,你公司里的一位德高望重的上司在这个病房住院,他看到你很高兴,并招呼你坐下,碰到这种情况你该怎样处理?

2. 在很多年以前,美国的一位著名企业家史密斯先生,在美国一家报纸上刊登一则广告,要招聘一名男秘书。广告登出之后,前来应聘的有50多人,而史密斯先生单单选中的是一个空手而来、没有带任何个人资料的小伙子查理。查理耐心地排队等候;快轮到查理,在进门之前先把自己的皮鞋擦得干干净净,进门以后轻轻地关上门;查理关好门以后便摘下帽子,脱下大衣,看到没有挂放的地方,便折好放在自己的双腿之上,并很敏捷地回答了包括史密斯在内的主考人员的问话。请分析一下为什么查理能成功应聘?

3. 公司要招一个办公室助理,办公室的几个同事一起讨论了招聘标准、职责和要求后,有人提议,用情境面试的方式来试试,看看招聘的效果会怎样。

面试安排在早上 9 时,办公室的同事们基本上都在 8 时 50 分左右到的。根据设计,办公室的四个人,小王在整理近期报纸;小张在打扫个人卫生;HR 王女士在看近期文件;小李待在隔壁的办公室,等 9 时的时候,打电话给王女士,说老总要求尽快把报告整理出来,9 时 10 分必须给总经理。

三个面试者 A 君、B 君、C 君,都被通知面试时间在 9 时,他们的到达时间分别为 8 时 55 分、9 时 02 分和 9 时 10 分。

A 君到达后,小张边让他在沙发上等等,边忙于整理报纸,告诉 A 君:他可以自己去倒杯水、看会报纸。A 君说谢谢后,就规规矩矩地待在那里。

B 君来了,进来后首先抱歉自己迟到,并解释说走错楼梯了,小王还是在整理报纸,同时解释因为 HR 总监王女士有急事,需要他等等,面试 9 时 20 分开始。同样,也是告诉 B 君可以自己倒杯水、看会报纸。B 君说谢谢后,倒了两杯水,一杯给了 A 君,另一杯留给了自己。看到小王在整理报纸,B 君说:"反正现在也是等,我来帮你一块整理吧。"小王说不必不必,B 君说:"你负责日期,我帮你按版面进行整理,这样会快些。"然后就干开了。A 君有些不自在,就拿了报夹上的报纸翻起来。

C 君 9 时 10 分到达。他是通过某一关系介绍过来的,进来后,冲着办公室里面的人点点头,自己就找位置坐下来。沙发边上杂志乱糟糟的,C 君胡乱翻了一下,抽出其中一本,跷着脚,看起来。

9 时 12 分,隔壁打电话的小李,过来招呼打扫卫生的小张,要把办公室的一张桌子搬出去。A 君站起来,看到桌子必须从沙发边搬出去,知道碍事,把报纸放在边上;B 君又一副"我是男的,我可以帮忙"的架势来帮忙;而 C 君仍然跷着腿看杂志。

最后,你猜,HR 选择了谁?

# 第五章 复述与讲解

## 第一节 复述

### 一、学习目标

（一）认知目标

认识复述的意义，了解复述的概念、类型，熟悉复述的要求，掌握复述的方法。

（二）能力目标

培养记忆能力、理解能力、想象能力和语言表达能力，能清晰流畅地复述。

（三）情感目标

进一步提高文化素养和审美情趣，培养自信心。

### 案例导读

学校的期末考试通知上写着小明所在班级的考试信息"1月6日，上午9:00～11:00，2号教学楼401教室考语文；1月6日，下午13:00～15:00，1号教学楼302教室考英语；1月7日，上午9:00～11:00，2号教学楼304教室考数学"。

小明看到后就将这个信息告诉了同桌小亮，他说："这次我们班每一门考试的考场都不一样，可得记好了，别走错了考场。第一场是语文考试，在1月6日的上午9:00～11:00，考场是2号教学楼401教室；第二场是英语考试，在1月6日的下午3:00～5:00，考场是2号教学楼304教室；第三场是数学考试，在1月7日的上午9:00～11:00，考场是1号教学楼302教室"。

小亮听完，皱着眉头说："你怎么说的跟小丽（同班同学）不一样呢？"

想一想：小明的复述出了什么问题？怎样才能做好复述呢？

## 二、知识学习

在我们日常的生活、工作和学习中,复述所见、所闻、所读、所感都是必不可少的。复述正确了,人与人之间就能有效地传递信息,良好地进行沟通交流;反之,复述的内容不正确,或有遗漏,就不能达到有效传输信息的目的,甚至导致以讹传讹。可见,学会正确地复述是十分重要的。

(一) 复述的概念

复述就是在理解吸收的基础上,将听到或看到的内容用口头表达的方式再现出来,它需要在原材料的基础上对复述材料作出概括、整理,并通过正确、流畅、富有条理的语言重新表达。

复述是记忆、思考、表达三者的有机结合。

记忆是复述的基础。要想复述好,在阅读时,必须要快速记住语言材料里的一些重要词语,结构层次,以及它的具体内容,边读边记,养成口脑并用的良好习惯。反复阅读的过程就是记忆的过程,记忆就是复述的准备,复述反过来又能进一步加深记忆。

思考是复述的关键。复述不是照搬原材料,必须按照一定的要求,对原材料的内容进行综合、概括,适当取舍,并要认真选词,组织安排材料。就是在记忆的基础上进行思考的过程。

表达是复述的结果。复述的特点就是要连贯地叙述原材料,无论口头还是笔头,都要围绕一定的中心内容去思考,然后准确而明晰地说出或写出来。没有清晰顺畅的表达,复述就不能达到目的。

(二) 复述的类型

复述可以分为三类:详细复述、简要复述、创造性复述。

1. 详细复述

即按材料的顺序作清楚、明白、连贯的复述。详细的复述要求原原本本,内容上不做增加和删减,表现方法不做改变,语言风格尽量保持原样。但复述不同于背诵,为使复述清晰、易懂、易记,可将复杂的长句改成简单的短句,或将难懂的书面语改成通俗易懂的口语。

**范例1**

### 武松打虎(原文节选)

武松走了一程,酒力发作,热起来了,一只手提着梢棒,一只手把胸膛敞开,踉踉跄跄,奔过乱树林来。见一块光滑大青石,把那梢棒倚在一边,放翻身体,却待要睡,只见发起一阵狂风来。那一阵风过处,只听见乱树背后扑地一声响,跳出一只吊睛白额大虫来。

武松见了,叫声:"呵呀!"从青石上翻将下来,便拿那条梢棒在手里,闪在青石边。那个大虫又饥又渴,把两只爪在地下略按一按,往上一扑,从半空里蹿将下来。武松被那一惊,酒都做冷汗出了。说时迟,那时快,武松见大虫扑来,只一闪,闪在大虫背后。那大虫背后看人最难,便把前爪搭在地下,把腰胯一掀,掀将起来。武松只一闪,闪在一边。大虫见掀他不着,吼一声,却似半天里起个霹雳,震得那山冈也动;把这铁棒也似虎尾倒竖起来,只一剪,武松却又闪在一边。原来那大虫拿人,只是一扑,一掀,一剪,三般提不着时,气性先自没了一半。那大虫又剪不着,再吼了一声,一兜兜将回来。

武松见那大虫复翻身回来,双手轮起梢棒,尽平生气力,只一棒,从半空劈将下来。只听得一声响,簌簌地将那树连枝带叶劈脸打将下来。定睛看时,一棒劈不着大虫。原来慌了,正打在枯树上,把那条梢棒折做两截,只拿得一半在手里。那大虫咆哮,性发起来,翻身又只一扑,扑将来。武松又只一跳,却退了十步远,那大虫却好把两只前爪搭在武松面前。武松将半截棒丢在一边,两只手就势把大虫顶花皮揪住,一按按将下来。那只大虫急要挣扎,被武松尽气力纳定,哪里肯放半点儿松宽?武松把只脚望大虫面门上、眼睛里,只顾乱踢。那大虫咆哮起来,把身底下扒起两堆黄泥,做了一个土坑。武松把那大虫嘴直按下黄泥坑里去。那大虫吃武松奈何得没了些气力。武松把左手紧紧地揪住顶花皮,偷出右手来,提起铁锤般大小拳头,尽平生之力,只顾打。打得五七十拳,那大虫眼里、口里、鼻子里、耳朵里都迸出鲜血来,更动弹不得,只剩口里兀自气喘。武松放了手,来松树边寻那打折的棒橛,拿在手里;只怕大虫不死,把棒橛又打了一回。那大虫气都没了。武松再寻思道:"我就地拖得这死大虫下冈子去。"就血泊里双手来提时,哪里提得动!原来使尽了气力,手脚都酥软了,动弹不得。

详细复述上文"武松打虎"的经过:

肚里的十八碗酒开始发作,武松走路摇摇晃晃走到乱树林边,他撑不住了,就在一块大青石上躺下来刚要睡,忽然起了狂风,狂风过后,乱树后扑的一声响,跳出一头斑斓猛虎!武松叫声"啊呀",从青石上翻下,赶紧将梢棒抓到手里。那老虎好容易等到这一餐,恶狠狠从半空中扑过来。武松这一惊,喝下的酒全变成冷汗冒了出来。他急忙一闪,闪到老虎的背后。老虎再往后一掀,又被武松躲过。接着那铁棒一般的老虎尾巴扫过来,还是没碰到武松。原来这一扑、一掀、一扫是老虎的看家本事,三样落了空,气势也就去了一半了。轮到武松发威了,他举起梢棒用全力劈过去,啪!谁知打在树枝上,梢棒断成两截。老虎又扑过来,武松往后一跳,老虎正好落在武松面前。武松两只手用力按住虎头,一边往老虎的脸上、眼睛里乱踢。老虎痛得咆哮起来,爪子刨出一个土坑武松死死不肯放松,按得老虎渐渐地使尽了力气。这时武松腾出右手,铁锤一般在老虎头上打了五六十拳,只见老虎的眼里、嘴里、鼻子里、耳朵里全都流出血来,再也动弹不得,只剩喘气了。武松怕老虎没死,捡起半截梢棒再打,直打得老虎气也没了。武松想拖老虎下岗子,但是手脚酥软,原来打虎已经用尽了他的气力。

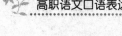

### 水饺的制作(原文)

水饺,是中国的传统美食。以前只能在大年三十晚上吃到一顿;如今,人们的生活水平提高了,要是爱吃,天天都可以做。

做饺子第一步是和面。面要用温水和,和得不能太软也不能太硬。和好后把面用盆子盖住,让面粉稍微变得柔和一点。

接下来是制馅。制馅是做好饺子的重要一步,因为饺子味道的可口与否,完全取决于馅的味道。馅可分为荤馅和素馅,做什么样的馅,这得根据个人的喜好来定。例如做白菜饺子,我们先把白菜洗好,把水挤干,之后切成碎末。再把绞好的肉和切好的菜一起放入盆中,加入适量的葱末、姜末、精盐、花椒、味精等搅拌均匀。调味料一定要放适量,过多或过少都会直接影响饺子的质量。

第三步是擀饺子皮。我们把和好的面拿出来,切下一小块揉成像擀面杖粗细的长棒。然后切成2~3厘米长的小块,洒上面粉,一块一块地擀,要擀得中间稍厚,四周稍薄。

该包饺子了,左手掌心放一片饺子皮,右手用筷子夹一些馅,放在饺子皮中间,馅放得不能太多,要适量。然后把饺子皮对折,馅在中间。再用两只手各一边,同时用劲捏紧,一定要捏紧,否则下锅容易露馅。这样,就算包好一个饺子了。手巧的可以包出好多不同的形状,如老鼠形、狗耳朵形、麦穗形等等。

包好饺子以后就该煮了。先把水烧开,然后把饺子下入锅里,一次不可下得过多。待水沸腾后,添上一点凉水,这样反复两三次饺子才能熟透。

终于等到吃饺子了。把煮好的饺子用漏勺盛到盘子里,然后在每个人的小碟子里倒点醋,放点辣子。吃时蘸一下,真是要多香有多香。

详细复述上文"水饺的制作":

水饺是中国的传统美食。

做饺子第一步是和面。和面要用温水,和得不能太软也不能太硬。和好后用盆子盖住面,让面粉变得柔和一点。接下来就是制馅。饺子的味道完全取决于馅的味道,所以,制馅非常重要。馅分为荤馅和素馅,做什么样的馅,这可以根据个人的喜好来定。比如做白菜饺子,我们要先把白菜洗好,把水挤干,之后切成碎末。再把绞好的肉和切好的菜一起放入盆中,加入适量的葱末、姜末、精盐、花椒、味精等搅拌均匀。调味料一定要放适量,过多或过少都会直接影响饺子的质量。馅儿做好,就该擀饺子皮了。把和好的面拿出来,切下一小块揉成像擀面杖粗细的长棒。然后切成2~3厘米长的小块,洒上面粉,一块一块地擀,要擀得中间稍厚,四周稍薄。擀好皮就开始包饺子。左手掌心放一片饺子皮,右手用筷子夹适量的馅,放在饺子皮中间。然后把饺子皮对折,再用两只手各一边,同时用劲捏紧。这样,就算包好一个饺子了。

接着煮饺子。先把水烧开,然后把饺子下入锅里。等水沸腾后,添上一点凉水,这样反复两三次饺子才能熟透。

最后,把煮好的饺子用漏勺盛到盘子里,然后在小碟子里倒点醋,放点辣子。吃时蘸一下,味道好极了!

2. 简要复述

简要复述是对原材料的浓缩概括,要求简明扼要,但必须保留原材料的中心要点和新信息,可以略去那些解释、举例、描写、过渡和背景文字,前后衔接,结构完整。我们可以借助于编写提纲、概括段意、列小标题等来理线索、抓重点、略次要,运用原文中关键词语进行复述。

### 范例1

简要复述上文《水饺的制作》,我们可以先抓住文章要点作有条理地简要复述:

制作水饺,首先是用温水和面,和得不能太软也不能太硬。接着是制馅。制馅非常重要,因为饺子的味道取决于馅的味道。馅分为荤馅和素馅,做什么样的馅,这可以根据个人的喜好来定。第三步是擀皮包饺子。皮要擀得中间稍厚,四周稍薄。包饺子要注意馅不能多放,要用劲捏紧饺子边。第四步是煮饺子。水开后下饺子,饺子煮沸腾了再添点凉水。这样反复两三次饺子才能熟透。最后是吃饺子。

### 范例2

#### 走一步,再走一步(原文)

莫顿·亨特

那是费城七月里一个闷热的日子,虽然时隔五十七年,可那种闷热我至今还能感觉得到。当时和我一起的五个小男孩,因为玩弹子游戏玩厌了,都想找些新的花样来玩。

"嗨!"内德说,"我们很久没有爬悬崖了。"

"我们现在就去爬吧!"有个孩子叫道,他们就朝一座悬崖飞跑而去。

我一时拿不定主意,虽然我很希望自己也能像他们那样活泼勇敢,但是自我出世以后,八年来我一直有病,而且我的心里一直牢记着母亲叫我不要冒险的训诫。

"来呀!"我最要好的朋友杰利对我叫喊,"别做胆小鬼!"

"我来了!"我一面应着,一面跟着他们跑。

我们最后来到一处空地。那座悬崖就耸立在空地的另一边,它是一堵垂直的峭壁,壁面有许多凸出来的岩石、崩土和蓬乱的灌木,大约只有二十米高,但在我眼中却是高不可攀的险峰。

其他孩子一个接一个地向上爬,朝着一块离崖顶还有三分之二路程的狭小岩石架进发。我落在最后,全身颤抖,冷汗直冒,也跟着他们向上爬。我的心在瘦骨嶙峋的胸腔里咚咚直跳。

我终于爬上去了,蹲在石架上,心惊肉跳,尽量往里靠。其他的孩子慢慢地向石架边缘移动,我看在眼里,吓得几乎晕倒。接着,他们又开始向崖顶攀爬。他们打算从崖顶沿着一条迂回的小路下山回家。

"嗨,慢着,"我软弱地哀求道,"我没法下去。"

"再见!"其中一个孩子说,其他孩子跟着也都哈哈大笑起来。

他们左折右转地爬上了崖顶,向下凝视着我。"如果你想待在那里,就待着好了,"有个孩子嘲笑道,"不用客气。"杰利看来好像有点不放心,但还是和大家一起走了。

我从石架向下望,感到头晕目眩;我绝对没法爬下去,我会滑倒摔死的。但是,往崖顶的路更难爬,因为它更陡,更险。我听见有人啜泣,正纳罕那是谁,结果发现原来是我自己。

时间一分一秒地过去,暮色开始四合在一片寂静中,我伏在岩石上,恐惧和疲乏使我全身麻木,不能动弹。

暮色苍茫,天上出现了星星,悬崖下面的大地越来越暗。这时,树林里有一道手电光照来照去,我听到了杰利和我父亲的声音!父亲的手电光照着我"下来吧,孩子,"他带着安慰的口气说,"晚饭做好了。"

"我下不去!"我哭着说,"我会掉下去,我会摔死的!"

"听我说吧,"我父亲说,"不要想着距离有多远,你只要想着你是在走一小步。你能办得到的。眼睛看着我电筒的光照着的地方,你能看见石架下面那块岩石吗?"

我慢慢地把身体移过去,"看见了。"我说。

"好,"他对我说,"现在你把左脚踏到那块岩石上,不要担心下一步,听我的话。"

这似乎能办得到。我小心翼翼地伸出左脚去探那块岩石,而且踩到了它,我顿时有了信心。"很好,"我父亲叫道,"现在移动右脚,把它移到右边稍低一点的地方,那里有另外一个落脚点。"我又照着做了,我的信心大增。"我能办得到的。"我想。

我每次只移动一小步,慢慢爬下悬崖。最后,我一脚踩在崖下的岩石上,投入了父亲强壮的手臂中。我先是啜泣了一会儿,然后,我产生了一种巨大的成就感。这是我永远忘不了的经历。

我曾屡次发现,每当我感到前途茫茫而灰心丧气时,只要记起很久以前我在那座小悬崖上所学到的经验,我便能应付一切。我提醒自己,不要想着远在下面的岩石,而要着眼于那最初的一小步,走了这一步再走下一步,直到抵达我所要到的地方。这时,我便可以惊奇而自豪地回头看看,自己所走过的路程是多么漫长。

简要复述上文:《走一步,再走一步》

费城七月里一个闷热的日子,我和五个小男孩,因为玩腻了弹子游戏所以找新花样来玩——爬悬崖。

体弱、胆怯的我因好朋友杰利的"别做胆小鬼"刺激了自尊心、好胜心,于是冒险去爬悬崖。结果我爬到离崖顶还有三分之二路程时,就感到头晕目眩,全身麻木,不能动弹。朋友笑我是胆小鬼,自顾自地走了,我感到无助,焦急,害怕,后悔。

晚上,父亲和杰利来救我,我由于内心的恐惧而不敢往下爬,父亲让我每次只移动一小步。在父亲的鼓舞下,我终于爬下了悬崖。我知道这是父亲想让我在自己下来的过程中学会面对困难,增长勇气和体验如何战胜困难,只有这样,我以后才能面对人生中的种种风雨。

这件事影响了我的一生。

3. 创造性复述

创造性复述是要求在不改变原意的基础上,根据内容的需要加上丰富合理的想象,使内容更生动、更完整的一种表达形式。即要对材料中没有明确叙述的内容有选择地作一些创新,进行合理想象,但必须和原文内容相吻合,不能发生矛盾。创造性复述有一定的难度,需要有较强的理解力和想象力。

例如对《水饺的制作》进行创造性复述,我们可以在复述内容里加上自己的一两句评论,复述时根据内容和感情的需要和变化配以表情、动作等,从而使听者能更深刻理解其中的思想情感。比如以自己喜欢吃的馅为例来教大家如何制馅,想象饺子煮出来的味道,描述饺子在锅里煮开时的样子,适当补充各地吃饺子的不同风俗等等。这些想象、创新的内容可以使原文更加生动。

(三) 复述的基本要求

采用复述的方法,一方面可以进行记忆能力的训练,强化知识;另一方面,可以训练有序、有节、有理的表达能力。针对一些叙事性较强的文章,我们可以采取不同的复述方法,或简要复述,或详细复述,或创造性复述。不论哪种形式的复述,都要注意把握以下几点:

第一,把书面语转换为口头语;

第二,突出重点,准确地体现原材料的中心和重点;

第三,条理清楚,反映各部分内容的内在联系。如果叙述一件事情,复述时一定要交代清楚时间、地点、人物、事情的起因、经过、结果等;

第四,语言力求准确、生动、流畅,与复述内容风格一致;

第五,必要时可以加入合理想象。

(四) 复述的方法

详细复述、简要复述和创造性复述各有特点,但是前两者与创造性复述差别较大,因此我们可以将复述的方法分为两类来掌握。

详细复述和简要复述的方法大致有以下三种:

(1) 编写简明复述提纲,把重点语句组织起来,使之构成一篇概要文章,按提纲复述。

(2) 记住文章的主要内容,按顺序先分段复述,再全篇复述。

(3) 抓住重点词和关联词进行复述。

例如复述《水饺的制作》,我们可以利用填空形式"制作水饺,首先_____,接着_____,第三步_____,第四步_____,最后_____"。抓住文章要点进行有条理的复述。

再如复述《田忌赛马》,我们可以借助下列图表及关键词语进行复述:

| 第一次 | 第二次 |
|---|---|
| 田忌　输　齐威王 | 田忌　赢　齐威王 |
| 上等马→上等马 | 下等马→上等马 |
| 中等马→中等马 | 上等马→中等马 |
| 下等马→下等马 | 中等马→下等马 |
| 扫兴　每个等级都强 | 有点慌 |
| 垂头丧气 | 目瞪口呆 |

《田忌赛马》对两次比赛过程和结果都描写得比较简单，要复述出来并不难。如果我们借助图表及关键词语，就能比较容易地说清楚两场比赛了。

创造性复述要求我们在理解文章内容，掌握中心的基础上，展开合理想象，用不同的方式改组原文，用自己的语言进行表述。这种复述主要有以下方法：

1. 改变人称

这种复述是把原材料的叙述由第一人称改为第三人称，或由第三人称改为第一人称。改换人称后，注意把线索交代清楚，人称要前后一致，不要出现视角混乱。如《走一步再走一步》将第一人称改为第三人称进行复述，不仅要注意文章的内容，更要注意人称变换后的人物语言。

2. 改变顺序

它是把原材料中的顺序改为倒序，或把倒序改为顺序。这样的复述可以培养我们口头表达中合理的组织内容的能力。

3. 改变文本的文体形式

如《邹忌讽齐王纳谏》是将文言文改为白话文进行复述，又如将《石壕吏》这样的诗歌改编为散文形式复述。

4. 除了"改变"之外，还可以通过对文章的"空白"展开合理想象来进行扩充复述

这种复述是增加原材料中所没有的部分内容，对原材料加以充实和加工，既可对原材料某些细节加以补充，也可以对结尾作情节继续发展的叙述。比如莫泊桑的小说《项链》，可以想象小说结尾玛蒂尔德发现项链的真相后的言行，这样的创造性复述对锻炼我们的思维能力和想象能力都大有好处。

## 三、案例分析

回顾"案例导读"，小明将所看到的班级考试信息告诉了同桌小亮，却遭到了小亮的质疑。

小明复述的问题很明显，他不仅说错了英语的考试时间，而且颠倒了英语和数学的考场号。之所以复述错误，小明也许会以"我记错了"一笑而过，可是，如果不吸取这样的教训，也许今后的复述仍将难以正确。复述的内容不正确，或有遗漏，就不能达到有效传输信息的目的，甚至导致以讹传讹。而在我们日常的生活、工作和学习中，复述所见、所闻、所读、所感都

是必不可少的。只有准确复述,人与人之间才能有效地传递信息,良好地进行沟通交流。所以,学会正确地复述是十分重要的。

小明怎样才能准确复述考试信息呢?首先,要认真阅读学校出示的考试信息,比如《英语》考试在下午的13:00～15:00就不能粗心地看成下午3:00～5:00;然后整理提纲,把课目、考试时间、考场依次排列出来,这样可以加深记忆;最后是反复口述练习以达到准确复述。小明对考试信息的复述属于详细复述类型,所以必须与原文的时间、地点及考试课目一致,不能改动,这就要求小明要认真、细心且耐心地练习复述,才能做到实事求是地传递信息。

## 四、拓展阅读

1. 转述的概念

在生活中,人们常常请人把话转告给别人,这就叫"捎话儿",也叫"转述"。转述也就是改造性复述。指在记忆原始信息的基础上,结合已有的知识经验对材料进行创造性的复述的一种复述方法。

2. 转述的要求

转述别人的话,首先要听清、记准人家的话,不能弄错;转述的时候,要把原话说清楚,说明白,尽可能完整地保留原材料内容,不改变内容的顺序。我们在忠实于原材料的同时,可以适当综合内容,把握要点之间的内在联系,做到条理清楚。在变换成自己的语言转述时,还要注意人物的变换。转述语言应力求简洁、清晰、连贯。

### 范例

1. 班主任张老师的姐姐和小莉住在同一个小区,今天张阿姨有急事要出差,让小莉给张老师捎个口信,让张老师下午四点去幼儿园帮忙接她的女儿慧慧。小莉到了学校找到张老师,告诉她:"张老师,您姐姐让我给您捎个口信,她有急事出差去了,让您下午四点去幼儿园接慧慧。"

2. 体育课上,王亮在百米冲刺时扭伤了脚,他被同学小武送到医务室医治,校医建议王亮回家休养两天。因为王亮的脚不方便行走,所以同学小武找到班主任陈老师,说明情况并转告了校医的建议和王亮的请假内容:"陈老师,今天王亮在体育课上跑一百米时扭伤了脚,校医建议他回家休养两天。他现在医务室,因为脚不好走,所以请我来代他向您请假,请您批准他请假两天。"

3. 邻居王大爷想去一趟上海,小强已帮他买好了高铁车票,准备把车票交给王大爷。为了让王大爷准确无误地坐上列车,小强根据车票信息提醒他:"王大爷,我已帮您买好了一张从金华到上海虹桥的G1384次列车的车票,开车时间是6月16日上午10点34分,请您带好身份证,提前半小时到达金华高铁站,从10号北进站口上车,您的座位是14号车厢08C号,祝您旅途愉快!"

## 五、拓展训练

### (一)案例分析

1. 鲁迅先生在浙江绍兴教书的时候,每天晚上总喜欢到一位朋友家去谈天,有时很晚才回家,朋友家离学堂有好几里路,要经过一片坟地。

有一天,鲁迅先生和朋友谈得很晚才回家,这时已是半夜了。鲁迅正快步走,忽然发现不远处有一个白影子蹲在坟墓旁,忽高忽低,一会儿大,一会儿小,真像人们传说的鬼。鲁迅不相信鬼和神,他大步走上前去,用又硬又重的皮鞋向白影子踢去,只听得白影子"哎哟"一声倒了下去,鲁迅弯下腰,细细一看,原来并不是什么鬼,而是一个盗墓的。

简要复述上文:

鲁迅在绍兴乡村教书时,有一天到朋友家谈话很晚才回家。他经过一个坟地时,看见一个白影子在晃动,就用皮鞋踢了一脚,发现是个盗墓的。

上文的复述只要抓住人物、时间、地点、事情起因、经过和结局即可,还要注意抓关键词,如"白影子、晃动、踢"等。

2. 林则徐五十三岁那年,道光皇帝派他到广州担任湖广总督,负责查禁鸦片烟。一些外国人,总想找机会摸摸林则徐的底细。

一次,英国领事查理设宴,邀请林则徐参加。宴会快结束时,送上来的最后一道点心,是甜食冰激凌。那时候,冰激凌还很罕见。林则徐见冰激凌冒着气,以为很烫,送到嘴边时,还用口吹了吹。这一来,在座的外国人便趁机哄笑。林则徐受到侮辱,心里非常生气。但是,他压住怒火,似乎毫不在意地说:"这道点心,外面像在冒热气,其实是冷冰冰的。今天,我算是上了一次当。"

过些天,林则徐在总督府设宴请客,回敬上次参加宴会的那些外国人。宴席上,一道道端上的都是中国名菜。那些外国人,一个个张大了嘴巴狼吞虎咽。他们一边吃喝,一边赞不绝口。酒足饭饱之后,有个外国人说:"中国菜,好吃得没话说,只可惜少了一道甜食。"

"有!"林则徐便吩咐道,"上甜食!"话音刚落,一盆槟榔芋泥端上来了。外国人见是甜食,便举起汤匙,兴冲冲地舀着往嘴里倒。这一下,可够那些外国人尝的了。他们"啊——"、"啊——",嚷成一片,喉咙里比卡着鱼骨还要难受。有的挥起手,想伸进嘴巴去抓;有的按住嘴,泪水直淌。一个个洋相出尽,狼狈不堪。

林则徐不动声色,若无其事地说:"这是我家乡福建的名点,叫槟榔芋泥。这甜食,看上去外面冰冷,内里却滚烫非常,正好和似热实冷的冰激凌相反。吃的时候,性急不得,性急了就要烫了喉咙!"

外国人瞪圆了蓝眼睛,个个呆似猴样。

他们这才感到林则徐不是个好对付的中国官员。

简要复述上文:

林则徐到广州担任湖广总督,负责查禁鸦片烟。一些外国人想摸摸林则徐的底细。英国领事查理设宴,林则徐吃冰激凌受侮辱;林则徐请客,外国人吃槟榔芋泥出洋相。外国人感到林则徐是不好对付的。

这篇文章的复述可以采用写提纲的方法来理清事情的来龙去脉,以此完成简要复述。提纲如下:

开头,事情的起因:一些外国人想摸摸林则徐的底细。

正文,事情的经过:查理设宴,林则徐吃冰激凌受侮辱;林则徐请客,外国人吃槟榔芋泥出洋相。

结尾,事情的结果:外国人感到林则徐是不好对付的。

3. 下面是赵树理小说《李有才板话》的一小段。如果这位老杨同志事后对别人讲述这一段经历,该怎么说呢?

过了阴历八月十五日,正是秋收时候,县农会主席老杨同志,被分配到第六区来检查督促秋收工作。老杨同志叫区农会给他介绍一个比较进步的村,区农会常听章工作员说阎家山是模范村,就把他介绍到阎家山去。

老杨同志吃了早饭起程,天不晌午就到了阎家山。他一进村公所,正遇着广聚跟小元下棋。他两个因为一步棋争起来,就没有看见老杨同志进去。老杨同志等了一会儿,还没有人跟他搭话,他就在这争吵中间道:"哪一位是村长?"广聚跟小元抬头一看,见他头上箍着块白手巾,身上是白小布衫深蓝裤,脚上穿着半旧的硬鞋至少也有二斤半重。从这服装上看,村长广聚以为他是哪村派来的送信的,就懒洋洋地问道:"哪村来的?"老杨同志答道:"县里。"广聚仍问道:"到这里干什么?"小元棋快输了,在一边催道:"快走棋嘛!"老杨同志有些不耐烦,便道:"你们忙得很!等一会儿闲了再说吧!"说了把背包往台阶上一丢,坐在上面休息。广聚见他的话头有点不对,也就停住了棋,凑过来搭话。老杨同志也看出他是村长,却又故意问了一句:"村长哪里去了?"他红着脸答过话,老杨同志才把介绍信给他。

本题是改变人称的创造性复述,我们把原材料的叙述由第三人称改为第一人称,交代清楚线索,人称前后一致,不出现视角混乱即可。复述参考答案如下:

过了八月十五日,正是秋收的时候,我作为县农会主席,被分配到第六区去检查督促秋收工作。我叫区农会给我介绍一个比较进步的村,区农会常听章工作员说阎家山是模范村,就把我介绍到阎家山去。

我吃了早饭动身,天不晌午就到了阎家山。一进村公所,正遇着两个人在下棋。他两个因为一步棋争起来,就没看见我进去。我等了一会儿,还没人跟我搭话,我就在这争吵中问了一句:"哪一位是村长?"那两个人抬起头来,上下打量我。我那天头上箍着块白手巾,身上是白小布衫深蓝裤子,脚上穿着半旧的硬鞋——那鞋至少也有二斤半重。大概是从这打扮上看,其中一个把我当成哪村派去送信的,就懒洋洋地问道:"哪村来的?"我回答说:"县里。"他又问:"到这里干什么?"另外一个人因为棋快输了,在一边催着说:"快走棋嘛!"这时候我真有点不耐烦了,就说:"你们忙得很!等一会儿闲了再说吧!"说完我就把背包往台阶上一扔,坐在上面休息。跟我搭话的那人见我的话头有点不对,也就停住了棋,凑过来跟我搭话我看出他就是村长,但故意问了一句:"村长哪里去了?"他红着脸答过话,我才把介绍信给他。

4. 阅读下面小故事,按要求的角度复述。

齐宣王爱好射箭,喜欢别人夸耀他能够拉开强弓,其实他使的弓只用三百多斤的力气就能够拉开了,他常表演给近臣们看,那班大臣为了讨好宣王,个个装模作样地接过来试一试,大家故意把弓拉开一半,便故作惊讶地说:"哎呀,要拉开这弓的气力不少于一千多斤啊!不是大王又有谁能用这么强的弓呢!"齐宣王听了非常高兴。然而,齐宣王使用的力气不过三百多斤,可是他却一辈子以为是一千多斤。三百多斤是真实的,一千多斤是徒有其名,齐宣王只图虚名却不顾实际。

(1) 从"喜好虚名其实是在害自己"的角度。
(2) 从"阿谀奉承害人不浅"的角度。
(3) 从"上有所好,下必趋焉"的角度。

**参考答案:**

(变角度转述一) 宣王好虚名。他本来只能拉动三石的弓,左右的人为了迎合他的虚荣心,就都说他的弓不下九石。因此他终身蒙在鼓里,还自以为能拉九石呢。喜好虚名其实是在害自己啊。

(变角度转述二) 齐宣王本来只能拉动三石之弓,而他的左右拉他的弓时拉到一半就装作拉不动了,还都说:"这弓不下九石,除了大王您,谁还能用这么强的弓!"结果使得宣王到死都自以为能用九石的弓,受害终身。阿谀奉承实在害人不浅。

(变角度转述三) 齐宣王本来只能拉动三石之弓,可他的手下都说他用的弓不下九石,在试拉他的弓的时候,一个个还都只拉到一半就装作拉不动的样子。为什么会这样呢?原来,宣王"说人之谓己能用强弓也","左右"的装模作样和虚伪赞词,正是为迎合他的需要而产生的。"上有所好,下必趋焉",这就是一个很好的例证。

(二) 情境演练

1. 看一部电影或读一部小说,然后在班上复述故事梗概。

2. 传话游戏:全班10人左右(不少于8人)分为一组,纵向排列。每一组的第一位同学阅读下面一则通知,然后第一位同学把看到的内容告诉第二位同学,依次类推,直到最后一位同学。比较哪一组传话最准确。

口头通知:后天下午2:00在学校报告厅举行本专业毕业论文指导讲座,请各位同学准时到报告厅参加学习。

3. 把某堂语文课的内容转述给家长,再把家长对你的评价在上语文课时转述给老师。

# 第二节 讲解

## 一、学习目标

(一) 认知目标

了解讲解的概念,熟悉讲解的基本要求,掌握讲解的方法。

(二) 能力目标

培养记忆能力、理解能力、想象能力和语言表达能力,能清晰流畅地讲解。

(三) 情感目标

积极学习讲解的知识,愿意在实践中不断训练以提高讲解的能力。进一步提高文化素养和审美情趣,培养自信心。

### 案例导读

1. 今天我们为同学们准备了一个小型的迷宫,它叫作偏光迷宫。这个迷宫有四个入口,需要四个人分别从四个角落的入口出发,然后在桌面玻璃上通过强力磁铁吸附玻璃下橡胶包裹的铁球,让铁球朝着自己判断好的路径前进。看谁可以最快地将铁球引进中央的小洞里。大家在选择道路的时候肯定会遇到一个难题,这些看似墙壁的地方有些是真的墙壁,有些是看起来像墙壁的假墙,这就给我们选择道路造成了一些困难,这些奇妙的假墙是怎么做出来的呢?其实在这些假墙的地方我们放置了两段相互垂直的偏光片。自然光经过偏振片后,改变成为具有一定振动方向的光。这是由于偏振片中存在着某种特征性的方向,叫作偏振化方向,偏振片只允许平行于偏振化方向的振动通过,同时过滤掉垂直于该方向振动的光。当光照射到两段互相垂直的偏光片时,由于无法穿过该区域,所以形成一个暗区,看起来像是形成了一堵虚拟的墙。所以也就有了我们面前这件真假墙相结合的偏光迷宫。

偏振片的应用现在已经越来越广泛,比如汽车前窗玻璃上的那块棕灰色的玻璃也是偏振片,这样可以使太阳光不会直射到司机的眼睛上。其次我们还可以利用偏振片制作3D眼镜,让看到的图像能够更加地立体,照相机的镜头为了减少反光会装一张偏振片。

好了,现在同学们来试一试这个用偏光片做成的偏光迷宫吧,看看谁能最快解决偏光片给我们带来的难题呢?

2. 碟新,顾名思义,就是让你的碟子、碗每天都像新的一样。平时我们用的洗洁精只能去除油污,而碟新含有"三元洗涤系统",不仅能去除油污,还可以去除水果和蔬菜上的农药。

碟新采用纯天然的椰子油衍生物,添加芦荟的成分,有滋润养颜的作用。平时我们用的洗洁精,洗完碗手很粗糙,而用碟新,就不会出现这种情况。

**想一想**:上面两则讲解词在表达上有什么不同?为何有这样的差别呢?

## 二、知识学习

（一）讲解的概念

口语交际所说的讲解,一般是指在教学、操作、演示、陈列、问答等情境下,运用科学的语言和其他辅助表达方式,将知识和技能传递给参观者或传授给学习者的活动,是知识和语言的有机结合。

讲解与介绍的区别:

介绍的作用是让人们了解或熟悉事物的一般特点,说明"这是什么"。

讲解比介绍更深一步,重在说明事物的成因,解释事物的原理,回答"为什么""怎么样"的问题,能使人由表及里地认识事物的本质和规律。

（二）讲解的基本要求

1. 研究讲解内容,掌握事物的原理

讲解要有特定的事先准备好的讲解材料,包括实物、文字、表格、图像或多媒体软件等。有特定的听讲对象,如导游是以游客为对象介绍观光景点,博物馆讲解员是向参观者介绍博物馆陈列内容及相关展品的知识。讲解要取得好的效果,首先必须研究所讲的内容,对所讲解的事物有一个透彻的了解。不仅讲出来的材料要烂熟于心,而且对于不一定讲出来的有关背景材料、备用知识也要有所了解。因为讲解的本质特征是知识和技能的传授。

2. 表述有条不紊,合乎逻辑

讲解要理清思路,要按照事物的客观规律及事物间的关系,渐次解释清楚,形成明确的层次。讲解应安排好先后顺序,一般有时间顺序、空间顺序和逻辑顺序三种,都要清晰、连贯,有条不紊。比如讲解生产技术、产品制作、工作方法等,可以按照事物和事理发展变化过程的先后安排讲解内容;讲解建筑结构一类的静态实体,可以从外到内,或从上到下,或从整体到局部进行讲解;阐述事物事理间的各种关系,可以按照逻辑顺序由个别到一般,或由具体到抽象,或由主要到次要,或由现象到本质,或由原因到结果,或由概括到具体,或由特点到用途,或由整体到局部来进行讲解。

另外,还要确定讲解内容的详略,对听众熟悉和容易理解的内容,讲解得要简略一些;对听众感兴趣的和不容易理解的内容,讲解得要详细。

3. 了解需求,因人施讲

不同的听众,其听讲目的、文化修养、性格兴趣都不尽相同,讲解时就不能"目中无人",要根据听众的情况和反应随时调整讲解的内容和方式,或调动情绪,或激发兴趣,或深入浅出,或变换节奏,或详尽周到,或化繁为简等等。比如在会展中担任讲解员,针对好奇心和求知欲强,但是注意力缺乏持久性,喜欢玩闹、动手的少年儿童,可采用引导式讲解,启发思考,简洁明白,生动活泼,控制时间。若是针对文化素养高,有自己的见解和要求的专家学者,可以采用交谈式讲解,在交谈之际为他们提供相关资料,共同探讨,态度要谦虚友善。

4. 加强语言训练,注重仪表礼节

讲解时,发音要标准,语言要规范,语言组织、表达能力要强,要有亲和力、吸引力和感染力。讲解时,行为举止、手势运用要规范、适时、准确,待人接物符合礼仪。

(三) 讲解方法

1. 直接讲解法

了解对方需求,向对方有重点地讲解内容,会使对方觉得你的工作很有效率。还懂得替对方着想,节省他(她)的时间和精力,这种讲解很容易被人接受。这种讲解方法节省时间,比较符合当代人工作生活的快节奏。

### 范例1

一位顾客走进了苹果体验店,在新上市的iPad面前停住了脚步。一位销售员马上上前问道:"先生,这是我们上周才上市的新款iPad,请问您想了解一下吗?"顾客点点头。这位销售员并没有马上介绍产品,而是继续问道:"您之前了解或者用过iPad吗?"顾客说:"我对旧款iPad了解一些,但不知新款有什么不同?"销售员拿起新款iPad,一边操作一边讲解:"新款iPad的显示屏采用了新技术,这种显示屏比目前市场上的任何高清电视机的分辨率都要高。它的摄像头性能也有明显改善。同时,采用了更好的iOs5.1操作系统。"顾客边听边看,满意地点了点头。

### 范例2

同学们想了解南通蓝印花布的染色,展厅的工作人员讲解:

蓝印花布蓝得清纯,是因为采用了植物染料——蓝草。每年的农历五月初七,南通人收割当地出产的蓝草,作为蓝印花布的染色颜料进行加工。植物染料经特殊配方,制成了印染蓝印花布的染缸水,每口染缸有一人多高,里面盛着千年不死的活水,印花的白布和刷上灰浆的布匹被投入染缸,微生物不断在染缸水中运动,给没有灰浆的部分染上蓝色,有灰浆的部分则保留了原先的白净。

2. 举例说明法

在讲解过程中加以举例说明,可以使听众感到轻松和容易接受。

例如讲解产品时可以举些使用的实例,说明产品所体现的效用、优点及特点。比如"碟新洗含有'三元洗涤系统',不仅可以去除油污,还可以去除水果蔬菜上的农药。我们吃的东西如肉类、鱼、海鲜、水果、蔬菜等都可以用碟新洗一下,保护我们不受农药的伤害"。

也可以利用"光环效应",用一些有名望的人的话来举例说明,比如一位导游讲解喀什在新疆的重要性时说:"著名诗人郭小川曾这样赞美喀什'不进天山,不知新疆如此人强马壮;

不走南疆,不知新疆如此天高地广;不到喀什,不知新疆如此源远流长'。"

还可以借用数据、认证资料,辅助证明材料能使讲解内容更具有说服力。比如产品讲解中常会用"百年老字号""中国驰名商标"等,许多淘宝商店的产品讲解会用相关权威机构的检验数据来增强质量可信度等。

3. 展品示范法

在讲解过程中,边展示展品边解说,必要时还可以操作示范。生动的描述与说明加上展品本身的魅力,就更容易使听众接受。有时还可以请听众参与操作,亲自感受展品,以便听众更直接理解讲解的内容,从而增强讲解的说服力。

有些展品过大(比如建筑、机械设备等)或者较为抽象(比如证券、保险等),在不便于当场展示时,可以采用图文展示法。讲解员可以将展品的特点具体化、形象化,比如以照片、图表等形式展出,这样展品就比较形象直观,讲解也比较生动,给人以真实感。

## 范例

这件展品需要两名观众同时参与,先请第一位观众坐在三个白板之间的座椅上,另一名参观者坐在他的对面。坐在对面的观众通过前面的面罩观看坐在白板之间的人,此时,由于坐在对面的人的一只眼中看到的是坐在白板之间的人,另一只眼睛看到的是镜子反射的白板,两个影像就会重叠在一侧的白板上。现在我们让坐在对面观察的这位观众将手放在白板上去摩擦另一位观众映在白板上的影像,此时,在他的眼中,这位坐在白板中间的同伴的影像竟然真的就消失了,当手停止不动后,影像又出现了,就像是经历了一场惊心动魄的魔术一样,是不是很神奇呢?那这个效果到底是怎样出现的呢?

我们大家都知道,镜子是一种表面光滑具有反射光线能力的物体,双眼从窥视孔中看到的景象是不同的时,一只眼睛看到的是对面的人,另一只眼睛看到的是通过镜子反射的白板和移动的手的影像,大脑此时会试图把双眼看到的景象拼凑成一幅合理的画面,于是就从每只眼所看到的画面中各取全部或者一部分,而运动物体的画面更容易被选取,所以有时就会感觉到朋友消失了。

那有些人会觉得效果非常明显,有些注意力十分集中的人又会觉得不是特别明显,那您到底会看到怎样的画面呢?在您的眼中,对面的人是否会消失呢?那就来试试看吧!

上例是一个科技馆的展品讲解词,由于讲解的是抽象的科学原理,所以请听众参与操作就容易激发听众的兴趣,讲解内容也就容易被理解了。

4. 制造悬念法

如果听众在讲解过程中表现出没有兴致,讲解员不妨提出令人感兴趣的话题,但又故意引而不发,激起听众急于知道答案的欲望,使其产生悬念,俗称"卖关子"。讲述的故事或事物发展的结果应与听众所想有较大反差,但也不要故弄玄虚,哗众取宠,那样反而会让听众索然无味。

### 范例

游览苏州园林的"月到风来亭",亭后装一大镜。导游可提到"每当夜晚,皓月当空,在这里可以看到三个月亮。"这会引起游览者的好奇心:天上一月,池中一月,怎么会有第三个月亮?导游乘机带领游览者去揭晓谜底:第三个月亮在镜中。

5. 类比法

当展品的时间、年代、价值、地位等所处的环境背景与听众的环境背景差异较大,让听众感到陌生抽象时,可采用以熟喻生的讲解方法,即用听众熟悉的事物与眼前陌生的事物相比较,便于他们理解,使他们感到熟悉、亲切,从而留下深刻的印象。讲解员要注意熟悉听众的背景,才能正确、熟练地运用好类比法。

### 范例1

请朋友们来了解一下我们深圳著名的下沙盆菜,这盆菜就像你们北方人团聚时爱吃的火锅一样,只有一大盆,但是里面菜品丰富,美味非常。"大盆菜"通常包括蚝、鸡、鸭、鱼、猪肉、豆腐、萝卜等十几道菜,用煎、炒、煮、焖等多种方法烹制而成,层层叠叠装在大木盆中,一桌一盆,八人一桌,供族人欢聚时围坐享用。

上例是对北方人讲解深圳下沙盆菜,用火锅类比顿时拉近听众的距离,让听众马上明白盆菜的一些特征了。

### 范例2

一位导游向来自北京的游客讲解丽江古城的四方街,"四方街是丽江古城最中央的一个大约500平方米的小广场,如果把丽江比作北京的话,那么四方街就是它的天安门广场"这番话立刻让北京游客倍感亲切,他们一下子明白了四方街在丽江古城的地理位置和重要性了。

6. 问答法

听众感觉疲劳或注意力较分散时,讲解员为避免自己唱独角戏,用先讲后问、问后再答的方法调动听众的积极性,巧妙地抓住听众的注意力,让他们主动参与,以达到活跃气氛、提高注意力的目的。要注意的是不能笑话听众的问题或者嫌弃答案简单幼稚,也不要让自己的提问令听众为难而导致尴尬。同时注意以讲解为主,避免问题太多、太杂的冲击。

### 范例1

讲解员:现在我们看到的这面镜子里显示的人像并不是正的,而是倒立的一面倒镜。这是怎么回事呢?哪位朋友知道?

听众交头接耳,但无人解答。

讲解员:其实我们平时照的镜子多是平面镜,照出来的像都是正立的等大的人像。而我们面前的这面倒镜却是一面凹面镜,所以我们看到的是一个倒立的放大的人像。通过这面用凹面镜制成的倒镜我们可以了解到凹面镜成像的原理……

### 范例2

在讲解颐和园的谐趣园时,讲解员可以提问:谐趣园中有几趣?这个问题一般听众回答不上来,为避免冷场,讲解员可以自问自答地点出八处:时趣、水趣、桥趣、书趣、楼趣、划趣、廊趣、仿趣。这样,听众对谐趣园的印象就会生动、直观多了。

## 三、案例分析

回顾"案例导读",案例1是通过讲解偏光迷宫使观众了解偏光片的原理及应用,案例2是讲解碟新洗洁精的功效。

案例1面向的听众是学生,讲解的内容是比较抽象的科学知识,因此讲解员没有直接讲解偏光片的原理及应用,而是用偏光迷宫制造悬念,激发学生们的好奇心和探知科学奥秘的兴趣,再讲解知识点就比较容易被学生们接受。同时采用展品示范法,让学生们动手参与解决问题,这不仅能燃起学习热情,也便于他们理解讲解内容。讲解针对学生的特点,形象生动,通俗易懂。

案例2面向的是购买洗洁精的成人,讲解重点是产品的功效和安全性。讲解员针对客人的需要,有的放矢,直接讲解客人感兴趣的内容。同时,为了突出产品的特点和优势,讲解员采用对比方法,把碟新与市场同类产品相比,更加符合客人"货比三家"的购物心理,也以独特的优势激发客人的购买欲望。

## 四、拓展阅读

(一)讲解的口语表达技巧

讲解是在自然语言基础上进行加工后的一种口头语言艺术。讲解娓娓动听、声声入耳,就能够使听众更深刻、形象地领会讲解者丰富的思想感情。那么口语表达都有哪些技巧呢?

1. 发声技巧

(1)吐字准确清晰

吐字准确清晰是最基本的要求,这就要求讲解者在讲解时必须用普通话,运用普通话并且吐字清晰会避免因汉字一字多音现象而造成的听众对讲解内容的误解。

(2)声音要圆润响亮

一般嗓音没有问题的讲解者都可以做到声音响亮,但是圆润就要求比较高了,圆润的声音让人感觉优雅有磁性,有的讲解者的声音先天条件优越,但是条件不足的也可以通过后天训练加以改善。

(3) 声音要富于变化

讲解应感情饱满地面对听众,这就要求讲解者的声音要富有变化,只有这样才能表达出讲解感情的变化,讲解内容的轻重缓急。

(4) 讲解声音持久有力

讲解不是一句半句就能表达完毕的事情,是一个持续的语言活动,所以要求讲解者的声音需要有持久的穿透力,不能虎头蛇尾。

2. 节奏技巧

(1) 重音

重音旨在表达思想重点、抒发感情、加重听众印象。重音又分为语法重音和感情重音。

### 范例1

从这里我们可以看到<u>沈阳故宫</u>与<u>北京故宫</u>另一区别,即殿低宫高,后宫建在约4米的<u>高台</u>之上。凤凰楼是歇山三滴水建筑,共三层,是当年盛京城内的最高建筑,登楼可饱览盛京全貌,并观日出,"凤楼晓日"为著名的<u>盛京八景</u>之一。

### 范例2

从这里我们可以看到沈阳故宫与北京故宫另一区别,即殿低宫高,后宫建在约<u>4米</u>的高台之上。凤凰楼是<u>歇山三滴水</u>建筑,<u>共三层</u>,是当年盛京城内的<u>最高</u>建筑,<u>登楼</u>可饱览盛京全貌,并观日出,"<u>凤楼晓日</u>"为著名的盛京八景之一。

上面两例的重音处理不同,范例1强调沈阳故宫和北京故宫的区别;范例2则强调建筑特点。

(2) 停顿

停顿既是换气时的生理需要,也是一种标点符号,也是讲解者情感表达的技巧工具。停顿分为:语法停顿、逻辑停顿、感情停顿、回味停顿四种。

语法停顿一般是指句号、问号、感叹号停顿的时间稍长,分号、破折号、冒号停顿的时间稍短,逗号、顿号停顿的时间更短。句与句之间的停顿长些,段与段之间的停顿更长。成分复杂的长句,通常在主语之后略作停顿。继续往下说,也要注意句子成分之间的语义停顿。

逻辑停顿一般为显示语义,突出停顿前后词语,而不受标点约束的停顿。

感情停顿是依据讲解者的心理和情绪所做的一种特别的停顿。它是为了渲染某种思想情绪,或者是情绪转化自然,有意识地、突然地做停顿处理。

回味停顿是在句尾或段末所做的特意停顿,为回味停顿,目的在于留给听众一个思考、体会、揣摩的余地。

### 范例

中华民族/向来自称龙的传人/,那么/这种说法的源头在哪里呢//? 河南濮阳/西水坡

45号墓/的龙虎蚌塑/无疑是著名的例证之一//,但在辽阔悠久的中华大地上/,龙崇拜还有一处/著名/而且在今天/更为常见的起源//,请大家回忆一下华夏银行的标志/,再对照一下/我们面前的这件绿色C形玉雕/,诸位可能看出他们之间的联系//?这就是著名的/内蒙古红山玉猪龙/,红山文化的/代表性器物之一//。

讲解中还会出现特殊停顿。

比如,在讲解中如出现观众交头接耳,议论纷纷,会场秩序不好时,讲解者可适当地停顿一下,让听众自觉不自觉地安静下来,以达到"控场"的目的。

又如,讲解者在议论说理之后,往往要给观众说一个事例或讲一个故事和情节来加深听众的印象和了解,如果在举例之前稍稍停顿一下,就能引起听众的注意和好奇,抓住听众的心。

再如,讲解者讲完一个动人的故事,介绍某种精辟的见解,赞扬一种高尚的精神和行为,或发表一番高谈阔论后,都应该稍微停顿一下,以便给听众一个思考、回味的空间,让听众产生共鸣和联想。

另外,会场气氛热烈,听众席中出现掌声和笑声时。当讲解者讲到精彩之处,全场笑语满堂,掌声大作,议论之声不断时,讲解者该稍作停顿;如果听众的掌声、议论声较长,讲解者还应用双手朝下,轻轻地按一按,待掌声、笑声、议论声结束之后,再作讲解。这样,可以给听众提供留有余味、吐露情感、双向交流、良性互动的机会,同时也是尊重听众的表现。

特殊停顿,虽然在讲解中不是很常用,但讲解当中若能恰到好处地运用特殊停顿,不仅可以给听众提供思索的机会和回味的余地;还可以使听众去掉局促感,为听众留下必要的悬念;而对讲解者来说,也赢得了一个休息、调整和转换情绪的机会。

(3) 速度

速度主要指讲解中的语速。讲解中的快慢对于表情达意是十分重要的,凡是兴奋、激动时,语速加快;而沉思、平静时,语速就变慢。讲解的语速是介乎播音与报告之间,每分钟发出200个左右的音节。在这个基础上再根据不同的讲解风格酌情增减,此外,每篇讲解的开头、高潮、结尾等各部分语速也应有所不同,否则就会呆板而缺乏变化。

(4) 抑扬

抑扬是指句子高低升降的变化,这种升降变化能表达不同的语气。讲解中常用的语调有三种:

上扬调。声音由低而高,一般用来表示惊讶、反问、号召、鼓动,或意犹未尽等,以此来引起人们的注意。

下扬调。声音由高至低渐次下降,一般用来表示自然、肯定、祈使和话语结束等。

平直调。声音从头到尾比较平稳,变化不大。一般用来叙述、说明、解释,表达庄重、严肃、悲痛等情绪。

语调运用时必须投入真情实感,否则给人一种矫揉造作的感觉,会适得其反。

(5) 节奏类型

因为重音、停顿、速度和抑扬的排列组合不同,讲解中便出现了三种不同类型的节奏。

一是明快型:感情脉络平稳,语调变化小,语气平和,中速或稍慢,重音和停顿较少,多用于叙述一件事,说明一个理。

二是凝重型:抒发沉思、悲伤、激愤的情感所使用的一种节奏,多用于抒情性讲解。

三是激昂型:抒发激昂、喜悦、愤怒、紧张等多种感情时所使用的一种节奏。语调高扬,大起大落,语速快,节奏流畅,音色明亮,重音与停顿较多。

这三种类型的节奏,既可作为整篇讲解的基调,又可交替使用,灵活多变,但必须以讲解者的情感为依托。

(二) 展览讲解词的编写

讲解词是讲解员在陈列、展览时用来讲解的文字依据,是连接展览与观众的桥梁,是单位对外宣传的工具。

1. 掌握讲解词的编写原则

(1) 确定主题

一个陈列或展览都相应有一篇讲解词,而每篇讲解词都应有明确的主题,所以,编写时应有所侧重。一个完整的展览一般由多个展品、多个部分组成,在各个部分的展品组合中,不同的展品应该从不同的角度来反映主题。对那些意义重要、内容丰富的展品,讲解词应该重点写,并且要写得详细一些。所谓详细,并不是说写得越详尽、细致越好,而是要把展品中与展览主题有密切关系的内涵充分揭示出来。对那些次要的、一般性的展品进行简单介绍即可。此外,在展览中,有时为了突出反映展览内容的一个要点或某一方面的内容,往往会连续应用几件意义相近或有较密切联系的展品,这时讲解词的写作必须有主次之分,不能一视同仁。而这种主次之分,是由展品充当的角色决定的,内涵重要、最适合表现主题的展品自然就是"主角",其讲解词应该写得详细一些;反之就是"配角",其讲解词应该写得简略一些。当然,有的展品从内涵上看并不重要,但它充当的角色比较重要,往往起着承上启下的作用,对于这样的展品,讲解词的详略要根据具体需要灵活处理。事实上,许多展览中的展品是一环套一环,相互间有着密切联系。因此,在编写展览讲解词时还要"瞻前顾后",不能一味"自言自语"。

(2) 注意材料的取舍

一个展览既然由多个展品组成,那么它的材料应该很多,所以,必须对所有展品的材料进行取舍。俗话说:"有所舍才能有所取。"一篇展览讲解词不需要面面俱到,将整个展览的所有材料都一一罗列出来,这样显得毫无重点、过于烦琐。在现场讲解中,也不需要每件展品都讲。就是每件展品都讲,观众也未必能记住那么多的内容。所以,编写展览讲解词时内容应该向展览中重要的几件展品倾斜,从这几件展品着手,努力将整个展览的重点内容写好、讲好。

(3) 根据展览内容定风格

不同的展览,其讲解词的编写风格也有一定差别,展览讲解词采用什么样的风格,需要根据主题,特别是整个展览的内容来决定。一般来说,内容比较庄重严肃的展览,其讲解词应写得严谨朴实一些；展览内容如果气势恢宏、激动人心，展览讲解词则可以写得大气、富有感染力一些；介绍艺术品的展览讲解词往往是鉴赏性的，其风格应当华美绚丽；内容比较通俗的展览，其讲解词可以适当写得轻松活泼一些。总之，不管是编写哪一类风格的展览讲解词，都应该雅俗共赏、简明顺畅。

2. 掌握展览讲解词的编写技巧

(1) 处理好开头和结尾

展览讲解词的开头非常重要，好的开头能一开始就抓住人，对观众产生强大的吸引力；反之，就会使观众迟迟进入不了状态，甚至产生厌烦心理。所以，编写展览讲解词时要处理好开头，先来几句轻松活泼的开头语，再转入正题，切勿拖得太长。展览讲解词结尾是巩固讲解效果的最后时机，是对前面所有讲解效果的一种巩固、提升，好的结尾效果是画龙点睛、锦上添花，反之就成为败笔，甚至功亏一篑。结尾需做总结，但是要避免与前面的内容重复；结尾不等于高潮，不一定用语气比较夸张的语句，它既可以是一个独立的段落，又可以是带很多省略号或是一个问号的语句，让观众产生意犹未尽、依依不舍的感觉。

(2) 确定讲解的基准线

首先，确定展览讲解的水平基准线。在展览讲解词下笔之前，有必要对展览的参观对象进行充分考虑，要考虑展览主要的参观对象是什么人，然后以此来确定讲解词的水平基准线。这一定位如果不准，编写的讲解词可能就会使观众感到太深或太浅，从而影响讲解效果。对不同年龄、不同身份、不同层次的观众，编写的讲解词应有所侧重。如对于学生群体，编写的讲解词就应该活泼生动、通俗易懂；对于专家学者来说，编写的讲解词就应该向纵深发展，向专业型发展。确定讲解的水平基准线，并不是说每次都要按这个水平来讲解，而是能够以此为基准，在这个基准线上下浮动，讲解时针对不同的观众灵活施讲，既可以提高也可以降低难度。

其次，确定讲解的时间基准线。确定讲解的时间基准线，首先要估计完成一场讲解大概需要多少时间，这样才能考虑本篇讲解词要准备的内容量。时间基准线的确定也要考虑展览内容的多少、各层次观众的身体承受能力、知识水平和理解能力等因素。所以，编写讲解词必须考虑时间基准线。同讲解的水平基准线一样，讲解时可以以此为基准，针对不同层次、不同范围的参观群体，适当延长或缩短讲解时间，使不同层次的观众在适合自己的时间里充分、全面地了解展览内容。

(3) 将讲解引向高潮

一场讲解的精彩之处，就是高潮出现之时。可在一篇讲解词中呈现几个亮点，由此引发高潮。讲解的高潮出现在什么地方，应采用何种手法去达到，预计会产生什么效果，在编写展览讲解词时应该考虑好，不能放在开头，也不一定要放在结尾，它可以在段落中出现，但是一个段落中高潮不能太多，最多两次。而在高潮结束后应该有一个平缓的过渡，不要在达到高潮在戛然而止，给人一种突然跌落的感觉。

(4) 灵活运用多种方法

展览讲解词要写得好,还应该运用多种方法。比较常用的有以下几种方法:其一,对比法。在讲解中灵活运用对比法,可以取得良好的效果。一般来说,经过对比的讲解观众记得最清楚,同时也是印象最深刻的。对比可以在相邻的两件展品之间进行,也可以在相隔很远的地方进行。其二,递进法。递进在讲解中经常使用,大的递进是指整个讲解词的结构,一段比一段强,最后达到高潮,给人的总体印象是世界在不断进步,历史在前进,能起到振奋人心的作用。小的递进是一种句法,一句话包括几个层次,步步推进,逐渐升高,产生加强效果。其三,转折法。转折手法最常用的词汇就是"但是",一个"但是"就可以把问题引向另外一个方向,这个词用得非常灵活,有时是问题真的转变,有时并不是真的要转折,只是用这个方法加强语气而已。其四,设问法。在讲解中可根据情况对观众进行提问,提问的目的不是一定要观众回答,只是通过这种方法加强观众的参与感,提高观众的参观兴趣。在提问式中,讲解员主动提问,更能调动观众的积极性。讲解过程中适时提出问题,不仅能增加讲解员与观众之间的互动感,而且还能引起观众共鸣,增强观众的参观印象,让观众从中找到观看展览的乐趣,获取知识。但是需要注意的是,所提的问题必须是在观众的能力范围内,否则将会自讨没趣。

(5) 编写展览讲解词要与实际相结合

编写展览讲解词之前,应先到展厅去熟悉展览内容,了解每件展品的名称、特征等,就是一件细小的展品,也要充分了解其质地、来源、特点等。如果不到现场了解情况,只是坐在屋里想当然地编写展览讲解词,不管讲解词写得多漂亮、多精彩,现场讲解的效果也会大打折扣。所以,与实际相结合,也是写好讲解词的重要环节之一。

## 五、拓展训练

(一) 案例分析

比较下面几例的讲解词,分析它们在表达上有什么不同?为何有这样的差别呢?

(1) 南通市濠河风景区,位于国家历史文化名城南通的中心,是国内保存最为完整的古护城河之一,史载后周显德五年(公元958年)"筑城即有河",全长10公里,水面1040亩,最宽处215米,最窄处仅10米。整个濠河曲曲折折,迂回激荡,呈倒置的葫芦形状环抱老城区,形成了"水抱城、城拥水、城水一体"的独特风格,素有"江城翡翠项链"之称。

(2) "南通脆饼十八层,层层分明能照人,上风吃来下风闻,香甜酥脆爱煞人"。朋友你吃过这香喷喷的南通脆饼吗?它可是江苏南通著名的地方小吃喔!南通脆饼为什么这么香脆呢?因为它工艺考究,是经过二十八道工序,用微火烘烤,纯手工制成的!南通脆饼有两种吃法:干吃和用开水泡了吃。干吃,松脆香酥,因为面上沾有芝麻,所以越嚼越香!用开水泡了吃,鲜甜适口,特别适合老年人的胃口。

(3) 同学们,你们知道为什么我们大街上的下水井盖都是圆的呢?有些人要说了,你不说还真没发现,下水井盖竟然都是圆的,怎么不变换花样,弄几个方形的三角形的下水井盖试一试呢？不一样的图形不是更加美观、更加有艺术感吗？其实我们城市中的下水井盖都设计成圆的是有它特殊的原因的。首先大家都知道，在同样的面积和体积下，圆形要比方形、三角形更加节省材料。其次，圆形井盖的受压程度要好过其他形状的井盖。圆形只有一条边，它的边长是一个圆，并且它每一条直径的长度都是相同的，而方形和三角形的边都是一条条的直线，这样当下水井盖被车辆轧起时，圆形会因为它特殊存在的直径而卡在井口，不会掉落到下水井内，方形和三角形移动时卡在井口的长度会变化就比较容易落入其中。再次，下水井出入口因为要留出足够一个人通过的空间，而一个顺着梯子爬下去的人的横截面基本是圆的。因为以上的这些原因，所以才将下水井盖统一制作成圆形，现在大家懂了吗？那我们就一起来试一试我们这边的展品吧，我们这边特意为大家设置了几组不同形状的下水井盖模型，我们来试一试，看看是不是会出现我们刚才所说的情形呢？是不是真的是圆形的比较好呢？大家还能说出采用圆形井盖的哪些好处呢？

（二）情境演练

1. 请模仿下例"哑铃肩上推举"的讲解，向你的同学们讲解"俯卧撑"。

哑铃肩上推举：保持坐姿或立姿，两腿分开，踏于地面，躯干保持挺直。两手各握一个哑铃，掌心向前，肘部弯曲成90度。发力将哑铃举至头顶。控制哑铃慢慢还原至初始位置。

2. 请以"这是一个金点子"为题，讲解一个小发明、小创造或小技巧，与你的同学们分享。

3. 外地朋友对你家乡的土特产很感兴趣，请你向他（她）讲解一下某种土特产。你该如何讲解呢？

4. 导游王林带着一个"夕阳红"老年旅游团来到你的城市参观游览，可是，刚到某个景点，天空就飘起了雨，本来游兴高涨的游客顿时情绪低落。面对这样的情景，如果你是王林，你会怎样给客人讲解？

# 第六章 劝说与协商

## 第一节 劝说

### 一、学习目标

(一) 认知目标

认识劝说的意义,了解劝说的概念,熟悉劝说的基本条件和技巧。

(二) 能力目标

学会运用劝说技巧对他人进行有效劝说,并养成良好的言语习惯。

(三) 情感目标

感悟劝说成功案例的智慧美,积极学习劝说知识,在实践中不断训练以提高劝说水平。

### 案例导读

在小说《致我们终将逝去的青春》里,土木工程专业毕业的大学本科生郑微刚刚结束了某大型建筑集团的实习,就被通知到该建筑集团的二分公司担任经理秘书。

郑微非常惊讶:"我是学土木的,我怎么能做秘书呢?"她立刻向人事部主任回绝了这个岗位。"不行的,不行的,拜托你再考虑考虑,我胜任不了这个岗位,什么呀,让我去做秘书,太荒谬了,简直搞笑嘛,我一不耐心细致,二不善于写文章,而且专业不对口,我四年的土木白学了?"

人事部主任说:"这不是我的安排,而是上面的决定,除非你不打算留在中建,否则就要服从工作分配。"

"经理难道以前没有秘书吗,为什么要我这样一个什么都不懂的新人去做他的秘书?"郑微百思不得其解。

人事部主任告诉郑微:她是新上任的二分公司经理点名要的秘书。

郑微很担心是不是自己被某个色狼经理看中了，心想要是去做了色狼的秘书，岂不是羊入虎口？

好像是看出了郑微的想法，人事部主任说道，"你不要小看了秘书这个岗位，我们二分历届的秘书都是极其能干的角色，不是什么人都可以胜任的，你前任的前任，叫作施洁，现在是公司总经理秘书，年纪轻轻，副处级，级别是一回事，施洁一说话，总部的部门主任哪个不让她三分；你的前任，刚刚结婚，丈夫是总部总工程师的儿子，现在她是总部外事办副主任。我们二分不同于一般的分公司，这是出人才的地方，你的岗位如果把工作做好了，就是一个极好的跳板。而且你不要误会，办公室秘书绝对不像你想象中那样不堪，看你是个小姑娘才跟你说句题外话，真正做到二分经理这一步的人，也算得上成功人士，越是精明的人，越是不可能对自己的秘书有任何想法，你要做的，只是干好自己分内的工作。"

可是郑微依旧没有办法接受这个事实，打死她都没想过自己会做文职，她玉面小飞龙应该在工地上挥斥方遒，怎么能做领导的跟屁虫？

于是她继续跟人事部主任顽抗，"我没有经过这方面的培训，一直以为我将来会是个工程师，文秘方面什么都不懂。为什么偏偏是我？"

"因为我需要一个土木毕业，有一定专业知识的秘书，而不是一个外行的花瓶。"二分公司经理周渠答道，他不知何时站在了人事部的门口。"任何大学生在新工作面前都是一张白纸，不懂就要从头学，我做事一向认真，所以我的秘书也不好当。这样吧，我给你一天时间考虑，不做也不要紧，我可以给你另外的工作安排。希望你认真想清楚，我的办公室在六楼。"

郑微在矛盾中挣扎了一天，她从来没有想过要从事秘书这一行，其实倒不是说有多排斥这个岗位，她只是没有心理准备，压根就没往那个方向想过。

她后来给大学好友阮阮打了电话。听了郑微的话，阮阮也想了很久，"你们人事部主任说得也对，真正事业上成功的男人，一般不会蠢到对身边的人动脑筋，做秘书确实是跟我们的专业不一样，但也没人规定工作必须跟专业对口，况且这是个最接近领导的职务，在人情世故方面可以学到很多东西，对于你以后的提拔也是有好处的，只要别彻底地丢了专业知识，锻炼几年，你会更全面，发展也会更好。这是我的看法，关键是要你自己决定。"

郑微挂了电话，在床上翻来覆去很久。她想起实习中周渠说的话，觉得那是有道理的，她的专业知识在同学里并不拔尖，以后顶多就是个勉强够格的小技术员，既然如此，何不另寻出路？秘书，周渠的秘书，小飞龙版的超级秘书，好像听起来也不算太坏。

第二天一早，神清气爽的郑微出现在六楼的经理办公室，正式报到做经理秘书了。

**想一想**：对于担任经理秘书一职，为什么郑微从开始强烈拒绝到后来同意？是谁用什么办法劝说她转变态度的？

## 二、知识学习

（一）劝说的概念

劝说是运用交际技巧促使对方放弃原有的想法或意见，认同劝说者的观点，使对方改变思想或行为的口语交际形式。

（二）劝说的意义

现代社会经常需要与他人合作，不同地域、不同文化背景、不同教育层次的人常会组成一个团队，要让这样一个群体统一思想和行为，高效的劝说就显得格外重要。

劝说是一种口语交际形式，也是一门使别人公正地考虑并接受自己观点的艺术。人们无论是处理国家大事，还是从事商务活动、社会交往，都离不开劝说这门艺术。让上司采纳你的建议需要劝说；要下属服从你的安排需要劝说；让客户购买你的商品需要劝说；要对手转变对你的态度需要劝说；要家人或恋人认同你的行为也需要劝说。至于求人办事，让交情不深的人为你出力，就更需要你的劝说艺术。可以说，劝说无处不在、无时不有，它渗透社会生活的各个方面。学习劝说这门艺术，不断提高口语表达能力，会助力我们的生活工作更顺利舒心。

（三）劝说的基本条件

若想取得良好的劝说效果，需要具备以下条件。

1. 劝说者具有权威性、信赖价值和吸引力

亚里士多德说："与其他人比较，人们更容易和更坚定地相信完美的人。无论在什么问题上都是这样，而且为一个问题意见分歧又不能确切断定时更是这样。"亚里士多德讲的"完美的人"虽然不存在，但权威人士最接近"完美"的人，人们对权威人士往往具有崇拜心理。劝说者的年龄、职业、文化程度、专业技能、社会资历、社会背景等构成的权力、地位、声望就是权威性，一个人的权威性越大，对别人的影响力就越大。因此，劝说者具有权威性，那么他说服对方改变态度或行为的可能性就较大。

信赖价值是与劝说者的学识、权力、地位、声望无关的一些个人品质因素，即劝说者能否给人公正无私的印象。如果劝说者的劝说并非出于私利，他就具有信赖价值，他的说服力就会提升。

吸引力是指劝说者应具有讨人喜欢的内外特质，即劝说者和被劝说者具有相似的性格特征、生活经历和价值观念，劝说者的言谈举止、穿着打扮、气质甚至口音等与被劝说者相似或相近，劝说者就会对被劝说者产生吸引力。具有吸引力的劝说者的说服效果会较好。

2. 了解劝说对象

林肯说："在预备说服一个人的时候，我会花三分之一时间思考自己以及要说的话，花三分之二时间思考对方以及他会说什么话。"林肯的话与中国成语"知己知彼百战不殆"的内涵是一致的。要劝说一个人，先要了解劝说对象的性格、智能和他的信念强度。

（1）性格

据研究，缺乏判断力、依赖性强、容易相信权威的人，很容易接受他人的劝告而改变自己的态度；而自我防卫机制强烈的人，其态度难以改变，他会尽力保护自己已有的态度以增强自尊。

(2) 智能

智能水平高的人理解能力强,决定了他的态度难以改变,如果他的态度改变,也往往是主动的;而智能水平低的人缺乏判断力,易受团体态度的压力,经过劝说就会被动地改变自己的态度。

(3) 信念强度

被劝说者的信念强度与以下四个主要因素有关:

一是既成事实。如果你已经买了一只喜爱的手机,尽管有人说这手机性价比不高,劝你别买,但是也无济于事。

二是公开声明。如果你已经在全班同学面前公开表示要竞选班长,即使有人说班长担子很重,劝你不要去竞选,你也不会轻易打消竞选班长的想法。因为变更公开声明,就意味着否定自我。

三是自由选择。自由选择的信念比被迫选择建立的信念更难改变,改变自由选择的态度,也意味着自我否定。比如你正在听一首喜欢的歌,有人说你怎么还在听这么过时的歌,劝你别听,要听某某某的很红的歌。爱听什么音乐本来是你的自由选择,现在要听从劝说,要放弃这种自由,估计你不愿意接受。

四是涉及程度。指某个人在某种观念中涉足的深浅,对某种观念涉足越深,就越难被说服。

3. 把握劝说时机

若想劝说成功,往往需要注意审时度势,把握时机。同样的道理,彼时说不如此时说,现在说不如以后说,时机把握得好,对方才会愿意听。当对方情绪冲动恼怒的时候,劝说就难以达到目的;反之,选择对方头脑冷静心情愉快的时候进行劝说,就容易取得好的效果。同时,还要注意劝说过程中的火候,做到适可而止。当劝说目的基本达到后,就应该适时结束谈话。

4. 营造劝说氛围

劝说氛围应包括环境氛围和语言氛围。环境氛围主要指由空间设计装饰营造出来的感受。一个宽松、温和、优雅的环境较之肃穆、压抑、逼人的环境,其劝说效果会较好;劝说者在自己熟悉的地点环境劝说,较之于陌生的环境,也会有利得多。劝说者和颜悦色、语言委婉动人并有说服力,较之于盛气凌人的命令式说服,其劝说效果就会好得多。

(四) 劝说的技巧

1. 引数据摆事实,使人信服

事实胜于雄辩,我们在劝说别人时,如果善于摆事实,用事实说话,就能使我们的劝说言之有物、言之凿凿,使对方在事实面前心服口服地接受劝说。反之,如果我们在劝说中只会干巴巴讲道理,不能用恰当的事例证明我们的观点,就容易让对方产生假大空的感觉,劝说就难以达到目的。

在讲事实中,我们还可以巧妙引用数据,以增强说服力。心理学家的研究表明,数字可帮助人们形成可信度,所以,根据人们对数字的这种"迷信"心理,我们在摆事实中引用准确的数据,必要时还可作数据对比,就能更有效地劝说对方。

● 范例

寒假来临,灵珊(18岁)的母亲想邀全家出游海南,灵珊的奶奶(68岁)却顾虑重重,一则担心自己外出可能生病,二则恐惧乘坐飞机。

灵珊想从健康和飞行安全入手说服奶奶。她先去问妈妈:有无考虑到奶奶出游海南的健康问题,妈妈说上个月刚给奶奶体检过,没什么问题。于是,灵珊又去查阅飞行安全的相关资料。

一切准备妥当之后,她找了个机会,把奶奶请到自己的房间,跟奶奶说起了出游海南的事。

她这样说道:"奶奶,您的身体很好,上个月的体检结果不是一切正常吗?所以不要担心健康问题。我们旅游会带些常用药以防万一,比如感冒药、肠胃药之类的,所以就算有点不舒服也有药救急,我们肯定会照顾好您的身体的!还有,您不用害怕坐飞机。坐飞机是非常安全的!现在飞机出事率连十亿分之一都不到,我们国家的民航从2011年到现在,都没有发生过一起空难!您就放心地和我们坐飞机去海南玩吧!邻居王奶奶去年就玩了海南,她跟您年纪差不多,身体还没您好,但她坐飞机玩海南一点事都没有,回来还老夸海南漂亮,值得一游呢!您就放心地和我们去海南玩吧!"

听完灵珊这番有理有据又有情的话,奶奶动摇了。不久,她就同意去海南旅游了。

这个例子告诉我们,劝说前做好充分准备,让准确的事实和数据说话,劝说会更令人信服,劝说会达到良好的效果。

2. 换位思考,权衡利弊

劝说别人改变想法或行为,容易使对方产生抵触情绪。我们若能换位思考,与对方推心置腹,充分考虑到对方的切身利益,就容易使对方信任你。在劝说中晓之以理动之以情,为其权衡利弊,讲明利害关系,就能令对方心悦诚服。反之,如果在劝说中不顾及对方的感受和利益,只讲自己的事情,哪怕讲得很有道理,可能也打动不了对方的心,接受不了你的劝说。

比如劝说别人不要在电梯里抽烟,如果跟对方讲烟味难闻,强迫别人吸二手烟不道德等等,对方未必听得进去;但是如果从关心其健康角度,和颜悦色地劝说:"抽一根烟,会减少您宝贵的六分钟的生命,为了您的健康长寿,请不要吸烟。"对方容易受到情绪感染,接受劝说。

● 范例

小明(17岁)的父母非常关心小明,他们怕小明结交不好的朋友。为了了解小明的心事,他们偷偷地翻看小明的手机,还偷看了小明的日记。小明发现后很生气,将这件事告诉了好朋友小亮(18岁)。怎么解决这件事呢?两人商量了好一阵后,小明决定亲自去说服父母改变行为。

于是，这个周六的晚饭后，在家中的客厅里，小明和父母说："爸妈，学校布置了一个调查作业要你们跟我一起做。"小明的父母问："怎么做？"小明继续说道："就是我提出调查问题，你们来回答，最后我写一个调查情况说明交给老师。现在，请爸妈回答第一个问题：家人之间是否就应该毫无秘密，不能有个人的隐私呢？"小明的父亲答道："一家人感情深，应该坦诚相待。毫无秘密……不可能吧。"小明点头赞同："爸说得好！接下去回答：假如孩子发现父母偷看他的手机和日记，这时候孩子应该怎么做合适呢？"小明父母沉默了。小明继续说道："爸妈，我知道你们很关心我，很爱我，但是你们用偷看手机和日记的方式来关心爱护我，我很难接受，因为这就像让我做个完全透明毫无秘密的人，爸你也说这是不可能的。每个人都有隐私，都需要得到别人的尊重，特别是家人的尊重。假如我偷看你们的手机或者日记，我想你们也不开心，不管我有多么美好的初衷，你们都会认为我这样做是不尊重你们。爸爸刚才说家人应该坦诚相待，那么你们可以跟我聊聊，有什么担心的可以说嘛。家人互相猜疑，背后做小动作，感情肯定会疏远；我们坦诚相待，彼此尊重，才是相亲相爱的一家人。"

小明妈妈问道："那你能跟我们聊聊你的同学朋友吗？以前问你这些，你都不愿说。我们就是担心你交友不慎。"小明语气肯定地回答："只要你们不再偷看我的东西，只要你们尊重我的隐私，我一定会坦诚地让你们了解我的朋友。"小明的父母听到这里，也不好意思地说道："没经过你同意就看你的手机和日记，是我们不对，向你道歉！以后咱们像今天这样坦诚相待，好好聊天。"

在这个事例中，小明非常冷静明智地采用了巧设问题、引导父母换位思考的策略，劝说既讲明道理又饱含亲情，效果很好。小明这种与父母沟通的方法值得年轻人借鉴。

3. 委婉隐喻，含蓄批评

法国作家拉封丹曾讲过一则寓言：北风和南风比试，看谁能把一位行人身上的大衣脱掉。北风以"恨"为武器，首先施展威力，行人为了抵御北风的侵袭，把大衣裹得紧紧的；南风则以"爱"感化，徐徐吹动，顿时，风和日暖，行人只觉春温上身，始而解开纽扣，继而脱掉了大衣。

在劝说中有时难免要批评纠正对方错误的思想行为，此时若用委婉隐喻进行含蓄批评，就像寓言中的春风一般，让对方易于接受。精巧生动的比喻会比大段的枯燥说理更容易让对方理解，更能达到说服对方的目的。

### 范例

邻居一对夫妇每天和人打麻将到深夜，影响了正在准备大专升本科考试的小乐（19岁）的学习和休息。小乐跟父母商量怎么办，本来父母要出面劝说，但是小乐认为这件事对他的影响最大，况且自己已经是成年人，不能事事都让父母替他处理，还是他自己去说比较好。于是，在和父母商量了如何劝说邻居又不影响邻里关系之后的第二天早上，小乐将一封信塞进了邻居家的门缝。下午，小乐刚进家门，妈妈就笑眯眯地说："邻居上午就来打招呼了，说小乐你的信写得很好、很有道理,他们家打麻将吵到你学习,他们向你道歉。从今天开始,他们晚上不会在家打麻将了,这样你就可以安静地学习了。"小乐在信里说了什么让邻居改变思想行为的呢?小乐的信是这样写的:

叔叔阿姨:

你们好!我是你们的隔壁邻居小乐。我是一名大专学生,最近正在紧张地准备大专升本科考试。可是,近几天晚上,总是从你家方向传来一些声音让我无法静心学习。有时是哗啦哗啦的清脆声,有时是"咚"的沉闷的撞击声,有人欢喜喊"发财",有人笑语叫"宽张"……我猜你们是在打麻将吧。

麻将是中国的国粹。很多国人喜欢在空余时间和亲朋好友打打麻将,消遣消遣,也是趣事。老年人适度打麻将有益健康,因为可以通过活动手指头和脑子防止老年痴呆。可见麻将确实有它的价值。可是,这件有益又有趣的事情能不能不在家中的晚上发生呢?因为,这实在影响了我们学生晚上的学习和休息!

常言道:邻居好赛金宝。我相信友善的邻居一定愿意持续发展我们良好的邻里关系,我也希望尽自己的微薄力量增进彼此的友情,叔叔阿姨以后有什么需要我帮忙的,只要我力所能及就会尽力而为。希望我的这封信是赠人玫瑰,给予芬芳。

最后,献上我写的四句诗:

方城之戏颇有趣,适可而止益身心。

月上家居勿筑城,夜来人静好温书。

祝

安好

小乐

××年×月×日

小乐在信中先形象地描写了邻居夜晚打麻将带来的各种干扰他学习和休息的声音,说明了写信缘由。然后,小乐肯定了麻将的价值,用商量的口吻"这件有益又有趣的事情能不能不在家中的晚上发生呢?"委婉地提出自己的要求,同时直接指出晚上打麻将"实在影响了我们学生晚上的学习和休息!"小乐如此先扬后抑的原因是让邻居更容易接受和理解小乐,这种含蓄的劝说是比较符合不伤害邻里关系这个要求的。最后,小乐连用几个生动的比喻来打动邻居,比如"邻居好赛金宝""赠人玫瑰,给予芬芳""月上家居勿筑城,夜来人静好温书",不仅避免了枯燥冗长的说理,而且饱含温情,这应该是劝说成功的一个关键原因。

4. 以退为进,美言相劝

以退为进,就是用退一步的方法,避开正面,迂回出击,先消除了对方的对抗情绪和排斥心理,然后再使对方接受自己的意见。这种方法常常可以收到意想不到的效果。

美言相劝不同于直言不讳。直言劝说常常不被对方接受,而应验了"忠言逆耳"。美言相劝是在劝说中给对方一些赞美和鼓励,让对方对你产生好感,再恰当地指出对方的不足之处,对方就会容易接受劝说了。

在劝说中,以退为进与美言相劝往往结合使用,因为这两种方法都是要使对方放下抗拒心理来接受劝说,所以结合使用能增强说服力。下面两个例子很好地证明了以退为进、美言相劝的良好效果。

### 范例1

楚庄王十分钟爱他的一匹马,但这匹马因过于养尊处优,太肥胖而死。楚庄王命令全体大臣为死马致哀,并要用一棺一椁装殓,按大夫的礼节举行葬礼。百官纷纷劝阻,庄王大动肝火,下令谁再劝阻,定判死罪。宫中有个叫优孟的人,进宫号啕大哭。庄王问他哭什么,优孟说:"这匹马是大王最心爱的马,以楚国之大,什么东西弄不到! 现在却只以大夫的葬礼来办丧事,实在太轻慢了! 我请求用君王的礼仪来埋葬。"楚庄王一听甚为高兴,便问:"依你之见,怎么个埋葬法呢?"优孟说:"最好以雕琢的白玉做棺材,以精美的梓木做外椁。还要建造一座祠庙,放上牌位,追封它为万户侯。这样天下的人就知道,大王是轻贱人而贵重马了。"楚庄王一听,如梦方醒,说:"我的过错竟到了这种地步!"

### 范例2

天热了,在街头巷尾随处可见赤膊上阵的市民,其中就有小强(男,17岁)的爷爷(70岁)。一天傍晚,小强和同学小林、小芳一起放学回家,又看见爷爷和几位年龄相仿的邻居们在马路边打着赤膊下棋,小芳皱着眉,轻声说:"大马路上打赤膊,真不文明。"这话让小强下定决心要好好劝劝爷爷。可是爷爷是个倔性子,怎么劝才好呢?

过了两天天气更热了,小强跟爷爷抱怨:"今天太热了,穿什么都要被汗湿透,不如赤膊凉快。我干脆赤膊上学去!"爷爷乐了:"学校不会允许你打赤膊的!"小强说:"学校不允许做,我就不能做?那街道宣传马路上打赤膊不文明,爷爷你们不也赤膊上阵吗?再说怎么穿衣吃饭都是公民的个人自由,我怎么不能赤膊上学?"爷爷说:"我年纪大了老习惯改不了了,你别跟我学,你还是按照学校规矩做。"小强说:"我倒是觉得赤膊好,根本不要改。有些人看了打赤膊的说不文明,那是他们不懂打赤膊的好处! 不穿衣服打赤膊,既凉快又省钱省力。这不是节俭美德吗? 咱们可以再节俭点,像非洲原始部落的男人就只用块布遮住裆部,那更凉快更省钱! 那样更好! 那些部落的女人也跟男人一样,全身上下就一块遮羞布,这不是男女平等了吗? 我们有些女的看了男人打赤膊说什么不文明不懂尊重女性,我倒是觉得她们也可以像非洲部落女人学习全民赤膊。""胡说!"还没等小强说完,爷爷就教训起他来:"非洲原始部落全民赤膊是落后贫穷,怎么能学习他们?! 女人赤膊,亏你想得出,什么思想意识! 文明社会就要文明穿衣,要尊重女性,我从今天起不再打赤膊出门了,你也给我穿好衣服上学去!"

上面两例都是劝说者采用以退为进说理,而退一步说理是站在对方的观点立场上,美言对方正确,将对方的观点论述到荒诞可笑的程度,从而让对方醍醐灌顶,幡然醒悟。

5. 诱其说"是",改否定为肯定

诱其说"是",就是用征询的口气引导对方多说"是",尽量避免让对方说"不"。心理学研究表明,多说"是",能使整个身心趋向于肯定方面,身体组织呈开放状态;而说"不"时,全身组织都聚集在一起,呈拒绝状态。"不"字出口之后,人格尊严就会驱使他坚持到底,即使他自觉错了。因此,和一个人谈话时,开头就让他不要反对。这种做法却被很多人忽略了,一开口就让人反感,交谈自然难以进行下去。所以,要劝说别人,就要冷静理性地思考:怎样让对方多说"是",让对方的否定意见改为肯定意见,这样的劝说没有争辩时的针尖对麦芒,在轻松平和的氛围里使对方接受你的意见。

### 范例

小王和小孙都是同一所大学的学生会外联部成员。小王请计算机专业的小孙为学生会活动做一个网页宣传,小孙设计的网页是红色的,小王看过后却说想要蓝色的。小孙认为自己的设计更合理,于是他这样劝说小王:

小孙:亲,你为什么不要红色的设计?

小王:红色的太扎眼,不好看。

小孙:你想用这个网页宣传我们学生会活动是不是?

小王:是啊。

小孙:那你是想让别人过目不忘这个网页是不是?

小王:当然啦。

小孙:请问人在看东西时是兴奋的时候容易记住,还是平静的时候容易记住?

小王:兴奋的时候容易记住吧。

小孙:请问红色是不是给人兴奋的感觉?

小王:是的。

小孙:所以红色网页更能达到宣传效果,是不是?

小王:嗯,好像是的。

### 三、案例分析

回顾"案例导读",在小说《致我们终将逝去的青春》里,土木工程专业毕业的大学本科生郑微刚刚结束了某大型建筑集团的实习,就被通知到该建筑集团的二分公司担任经理秘书。对于经理秘书这个岗位,郑微从开始强烈拒绝到后来同意,其间态度发生了180度大转弯,是谁用什么办法劝说她转变态度的?

人事部主任、二分公司经理周渠、大学好友阮阮以及郑微自己,都在不同程度上成功地劝说郑微转变了态度。

人事部主任、二分公司经理周渠和大学好友阮阮首先具备了劝说成功的几个基本条件。

第一,人事部主任和二分公司经理周渠都是说话有分量的领导,具备权威性,所以人事部主任的话获得阮阮认可,并且被阮阮用来劝说郑微,而阮阮是郑微十分要好的朋友,所以阮阮和人事部主任的话比较容易得到郑微的信任。二分公司经理周渠的劝说虽然没有起到立竿见影的效果,但是也有效地影响了郑微,他的话在郑微自我劝说中成为重要论据,有力地论证了郑微应该做经理秘书这个观点。

第二,人事部主任、二分公司经理周渠和大学好友阮阮都不同程度地了解郑微。人事部主任在劝说中及时、准确地觉察到郑微的担心,二分公司经理周渠在实习中对郑微的专业能力判断精准,阮阮对郑微性格了解深入,这些都帮助三人对症下药进行劝说。

第三,三人都把握住了劝说时机。人事部主任及时、准确地觉察到郑微的担心,立刻有理有据地消除她的顾虑;在郑微还有疑虑时,二分公司经理周渠恰好出现,进一步答疑解惑;郑微向好友阮阮求助时,阮阮给出了逻辑清晰的意见。这三位劝说者都及时把握住劝说良机,没有躲闪拖延,没有火上浇油,没有含糊其词,表达明确具体,又适可而止。

第四,三人都营造了劝说氛围。虽然郑微强烈抗拒做经理秘书,人事部主任和二分公司经理周渠还是威严有度地劝说,并没有居高临下盛气凌人地命令,周渠的态度就更温和些;阮阮更是温婉体贴,这样宽松怡人的劝说氛围比较容易让情绪激动的郑微冷静下来,进行理性思考。

人事部主任、二分公司经理周渠、大学好友阮阮以及郑微自己,都恰当地运用了一些劝说技巧。

人事部主任举出历届秘书任职经历,用事实消除郑微的顾虑。二分公司经理周渠用"不是一个外行的花瓶""任何大学生在新工作面前都是一张白纸,不懂就要从头学"这些生动的比喻,既解释清楚选择郑微做秘书的理由,又鼓励了郑微。同时给郑微考虑的时间和择业的自由,做到了换位思考、替对方着想。阮阮更是从好友利益出发,为郑微权衡利弊。郑微的自我劝说也是站在有利于被劝说者"我"的立场,从自身专业能力、个人发展及个性特点等方面综合分析,在人事部主任、二分公司经理周渠、好友阮阮的建议下,从善如流,最终选择担任经理秘书。

## 四、拓展阅读

### (一) 特殊的劝说——劝慰

劝慰是一种特殊的劝说,它是说服处于逆境中的人坚强起来,是给不幸者送去温暖、光明和力量。

当一个人遭受挫折和不幸时,劝慰者应给与真挚的同情,给其精神和道义上的支持,要使不幸者痛苦、懊丧的消极情绪得以正常宣泄,要安抚他、开导他、鼓励他,给予战胜困难的信心和勇气。

根据劝慰对象的类型,可以采用不同的劝慰方法。

1. 劝慰病人

**范例**

一位年老的胃癌早期患者因害怕剖开腹腔而拒绝手术,虽然家人一再劝说,他都固执己见。一位做过胃切除手术的老朋友前来探望,这样劝慰他:"和以前相比,现代医疗条件和手段都先进了很多,你怕什么。你看,我做了手术后恢复得多好!何况你还是早期,手术后更容易恢复。所以,你不用害怕。"通过朋友的劝说,这位患者终于接受了手术。

上例告诉我们:劝慰病人主要是疏导对方精神顾虑和压力,交谈中多讲安慰、鼓励的话,振奋对方的精神,增强其康复信心,从而积极配合医院的治疗。如果能现身说法,给予病人真诚和符合客观事实的鼓励,说服力会更强,劝慰效果会更好。

2. 劝慰被歧视者

如果劝慰的是因生理缺陷或其他原因被歧视的人,交谈前要注意分析对方的自卑心理,交谈中要用恰当的励志事例,比如英雄模范事迹来鼓励对方,唤醒对方的自信心,点燃其生活工作热情,激励对方昂扬斗志,使其主动积极地去争取人生幸福,实现人生价值。

**范例**

小李(18岁)是个身高不足1米7的男生,他因中学时期被人嘲笑小矮子而自卑,虽然唱歌好听却羞于登台表演。一次,了解他歌唱得不错的同学鼓励他报名学校才艺大赛,小李犹豫不决。那位同学好像看出了小李的担忧,劝他:"你看潘长江不高吧?何炅不高吧?郭敬明也不高吧?他们的身高并没有阻碍他们获得成功,你要相信:是金子总会发光!你歌唱得那么好,参赛的话一定拿名次。我看好你!走,报名去!"小李被同学说得热血沸腾,高高兴兴地和同学报名才艺大赛了。

3. 劝慰学业事业遭挫者

**范例**

在学校宿舍里,小俞愤怒地把书本摔在地上,舍友小潘奇怪地问他:"你干嘛啊?!"小俞烦躁地大叫起来:"不学了,回家!我每天起得最早,睡得最晚。苦巴巴地学了一年,这研究生怎么就考不上呢!不学了,回家!"舍友大桥安慰他:"你就英语差5分,再奋斗一年,明年肯定能考上!"小潘也说:"大桥说的没错!小俞你别泄气,冷静冷静,咱们再搏一年!"小俞(沮丧地):"你看看你们都找到了好工作,小潘当老师,大桥进杂志社,再看看我!"大桥说:"小俞,你别总妄自菲薄啊!考研也需要勇气,坚持下来,本身就是一种胜利。"小潘接着大桥的话说:"对,奋斗一年,明年再战!小俞,你是我们几个当中学得最踏实的,是研究型人才,读研一直是你的奋斗目标,不要因为一次失败就放弃。"大桥也说:"小俞你可不是轻言放弃的弱者,你看你坚持了一年的早起晚睡的艰苦学习,就因为英语差5分就放弃所有的努力?你肯定不甘心的,我和小潘也为你不甘心!"小潘鼓励小俞:"打起精神来哥们,再奋斗一年,明年再战!"小俞沉默了一会儿,说:"让我一个人想一想。"过了两天,小俞告诉小潘和大桥:他决定为考研再奋斗一年。

对于胸怀大志而又在学业事业上遭受挫折失败的人,最需要的是对其追求的充分理解与支持,所以,在劝慰时不必劝说对方忘掉忧愁痛苦,也不能劝其随波逐流,放弃理想、追求。

劝慰者最好是了解对方的人,能在劝说中帮助对方总结经验教训,分析有利与不利因素,帮助对方克服灰心沮丧的情绪,树立必胜的信念,从失败中重新站起来,再次踏上追求理想的征途。

4. 劝慰丧亲者

亲人或好友离世,丧亲者必然悲痛不已。此时劝慰,应当倾听对方的哭诉,让其宣泄、释放强烈的悲痛,这样有利于对方较快恢复心理平衡。同时,劝说些"节哀顺变""逝者安息,生者奋进"等话语。还可以与丧亲者谈谈死者生前的优点、贡献,以及对他的敬仰与怀念,让丧亲者在共同的追忆中感到安慰,痛苦的心情趋于平静。

(二) 销售劝说

销售就是介绍商品提供的利益,以满足客户需求的过程。销售其实也是在实施一种劝说行为,目的是为了说服消费者购买某种商品或服务。

销售劝说需要掌握两条原则:第一是诚信原则。诚信原则指的是销售语言内容应真实确切,对商品的介绍实事求是。第二是利他原则,利他原则指的是销售劝说行为是为消费者着想的,是有利于消费者的。这个"利"既包括物质上的,比如推销的适合消费者的商品,也包括精神上的,比如消费者在推销劝说中感受到的尊重,感受到的物有所值。这两条原则,违背了其中任何一条都会导致销售劝说行为的失败。

销售劝说一般有以下几个技巧:

1. 投其所好

著名营销大师菲利普·科特勒说过:"营销的宗旨是发现并满足要求"。我们在销售劝说中要善于观察,善于从与顾客的交谈中发现顾客的喜好,从顾客的角度为其着想,投其所好。比如说"这件衣服很适合你,显得年轻,气质清纯。""你的皮肤是油性的,用这款产品比较好。""这个产品的厂家正在促销,你现在买比较划算。""这款商品看上去贵一些,但是每次用量少,效果好,所以性价比还是较高的。如果买了便宜的,但是使用效果不好,那损失不是更大吗?"这些体贴客户的销售劝说很容易获得顾客的认可和信任,会促使顾客做出购买决定。

2. 适度赞美

在销售劝说中,适度的赞美不但可以拉近与顾客的距离,而且更能打开顾客的心扉,博得顾客的欢心,刺激其购买欲望。比如说:"小伙子你真有眼光,你看中的这一款是我们这里卖得最好的。""姑娘你的身材真好,穿上这条裙子显得你更苗条漂亮了。""奶奶你的精气神真足,吃吃我们的这个麦片,不仅美味,还会让你的身体和精神更好。"在赞美顾客的同时,别忘了称赞自己的商品。比如"这个牌子的家具好,它的原料是领先国内市场的环保材料。""这衣服是名牌,质量可靠""格力是空调领域的权威品牌,顾客反映它的质量很好的。"自然的赞美、具体真实的赞美在销售劝说中适度运用,使顾客在愉悦的心情下能较快接受商品。

3. 比较策略

比较是一个十分重要和有效的销售劝说策略。俗话说:"不怕不识货,就怕货比货。"采用比较策略常常能凸显商品特有的价值,激发顾客的购买欲望。这种比较是多方面的,既有不同品牌商品的比较,也有同种同质商品的比较,也有使用者层面、使用效果的比较。比如说"这个牌子你要是在其他店买,至少要200多块钱,我们这里是薄利多销。""这款原价280元,现在有优惠活动打6折,才168元,非常划算。""这款用的是百分百的棉,那几款除了棉还有其他成分,如果你的皮肤过敏,最好选择百分百的全棉产品。"

采用比较策略的销售劝说,首先要以事实为依据,不能言过其实。其次,不要攻击同类商品的弱点,这会让顾客对销售员甚至所属公司反感。在比较中实事求是地评价自己的商品,宣传自己的商品在同类商品中的优点,这才能赢得顾客的信任,引导顾客考虑清楚利益后购买。

4. 催促策略

为了促使顾客马上作出购买决定,销售劝说需要采取催促策略。比如说"这款很好卖,你喜欢的这种颜色就剩这一个了。""我们这个牌子很少有促销的,这次是国庆节才有优惠打6折,过了节又恢复原价了,你最好尽快购买。""这鞋很适合你啊,可是这个尺码的就只剩这一双了,那边一个人也想试这双鞋,你要买我现在就给你开票去。"诸如此类的销售劝说都能帮助顾客走出犹豫,激发其购买欲望,促其迅速做出决断。

## 五、拓展训练

### (一)案例分析

1. 分析下面例子中卡耐基劝说成功的原因。

卡耐基是美国著名演说家、教育家。他常租用某家大旅馆的礼堂,定期举办社交培训班。

一次,卡耐基突然接到这家旅馆增加租金的通知。更改地点和日期已经不可能了,他决定亲自出面与旅馆经理交涉。下面是二人对话的内容。

卡耐基:"我接到你们的通知时有点震惊。不过,这不怪你,假如我处在你的地位,或许也会做出同样的决定。作为这家旅馆的经理,你的责任是让你的旅馆尽可能多的盈利。你不这么做的话,你的经理职位就难以保住,对吗?"

经理:"是的。"

卡耐基:"假如你坚持要增加租金,那么让我们来合计合计,看这样对你有利还是不利。先讲有利的一面。大礼堂不租给我们讲课,而出租给别人办舞会、晚会,那么你获利就可以更多,因为举行这类活动时间不会太长。他们能一次付出很高的租金,比我们的租金当然要高出很多,租给我们你显然感到吃亏了。现在我们再分析一下不利的一面,你增加我的租金从长远看,你其实降低了收入,因为你实际上是把我撵跑了,我付不起你的租金,势必再找别的地方办培训班。还有,这个培训班将要吸引成千的中上层管理人员到你的旅馆里来听课,对你来说,这难道不是起到了不花钱的活广告作用吗?事实上,你花5 000元钱在报纸上做广告,也不可能邀请这么多人来你旅馆参观,可我的训练课却给你邀请来了,这难道不划算吗?"

经理:"的确如此,不过……"

卡耐基:"请仔细考虑后再回答我好吗?"

结果经理最终同意不加租金。

2. 分析下面例子中推销员的劝说技巧。

一天,一位保险推销员敲开了一位棒球运动员的家门。棒球运动员之所以对他开门,是因为实在无聊,想找个人聊天。当得知推销员的职业身份时,棒球运动员暗下决心,无论对方怎么说,自己都坚决不买什么保险。

可是聊了一会儿,棒球手发现这个推销员居然没提一句保险的事,而是以一位相当在行的热心球迷的身份听自己大谈棒球。他的倾听、他的插话、他的问题和那些简短的议论,都给棒球手留下了深刻的印象——他几乎要把这个推销员当成知心朋友了。在一个恰当的时机,推销员提出一个问题:"你对贵队的另一位投手安德森的评价如何?"

"安德森?正是有了他,我才能放手投球的,因为他是我的坚强后盾,万一我不在状态,他同样要站出来,帮助球队,战胜对手。"

"请原谅我打个比方,"这个推销员开始引入正题,"你想过没有,如果把你的家庭比作一个球队,你家里也要有个安德森。"

"我不明白,谁是我家里的安德森?"

"就是你,"推销员完全进入了状态,侃侃而谈,"你想想,你的太太和两个孩子之所以能'放手投球',换句话说,能无忧无虑地生活,就是因为有了你,你是他们坚强的后盾和幸福的保证。所以你就是他们的安德森。"

"你的意思是……"

"请你原谅我的直率,职业体育充满了危险和不确定性,更何况人有旦夕祸福,万一你有个不测,我们就可以帮助你、帮你的太太和孩子。诚然,你很富有,但是你的钱足够你的太太将孩子们养育成人并且幸福地过完下半生吗?恐怕不够。如果你买下这份保险,你就可以更放心地驰骋球场,绝无后顾之忧。所以,从这种意义上说,我们也是你的安德森。这份保险可以给你一家人今后的生活带来很大的保障,而你,只需付出你财产的一部分而已。"

至此,棒球手才想起他的对话者的身份。然而,他已经被推销员的话打动了,他当场买下了保险,并且还和这位精通棒球的推销员成为好朋友。

(二) 情境演练

1. 小伟和好友小飞考入了同一所大学,小飞入学后就完全放松了自己,整天沉迷于手机游戏、吃喝玩乐,课堂上经常打瞌睡,作业也是能拖就拖,能不交就不交,很少及时认真地完成过作业。当小飞的期末考试成绩出现2门不及格后,他有些灰心,却还是没有改变学习态度。小伟想劝好友抓紧时间好好学习,如果你是小伟,你该怎么劝说小飞呢?

2. 一位初三学生(15岁)的家长不允许孩子在家里用电脑,尤其是上网。虽然这位学生向家长请求了多次,但家长仍执意不肯,原因是家长认为初三学业紧张,怕孩子用电脑上网玩,浪费时间。这位学生请你帮他去劝说家长,你想如何劝说才有可能成功呢?

3. 一次公务宴请活动中,总经理王强因为成功签订了一笔很大的业务合同,心情大好,喝了一瓶红酒。宴会后,总经理还兴致勃勃,觉得自己清醒得很,准备自己开汽车回家。这时候作为他的秘书,你该怎么劝说总经理放弃酒后驾车呢?

# 第二节　协商

## 一、学习目标

(一) 认知目标

认识协商的意义,了解协商的概念、特点和原则,熟悉协商的要求和技巧。

(二) 能力目标

学会运用协商技巧与他人进行有效协商,并养成良好的言语习惯。

(三) 情感目标

感悟协商成功案例的智慧美,积极学习协商知识,愿意在实践中不断训练以提高协商水平。

### ● 案例导读

有一个人早晨路过一个报摊,他想买一份报纸却找不到零钱(当时的一份报纸是0.5元)。这时他在报摊上拿起一份报纸,扔下一张百元钞票,漫不经心地说:"找钱吧!"报摊上的老人很生气地说:"我可没工夫给你找钱。"从他手中拿回了报纸。

这时另一位顾客也遇到类似的情况,然而他却聪明多了。只见他和颜悦色地走到报摊前对老人笑着说:"你好,朋友!你看,我碰到难题了,能不能帮帮我?我这儿只有一张百元钞票,可我真想买您的报纸,怎么办呢?"老人笑了,拿过刚才那份报纸塞到他手里:"拿去吧,什么时候有了零钱再给我。"

想一想:第二位顾客成功在哪儿?

## 二、知识学习

(一) 协商的概念

协商是指当事人对某一问题或者事件产生意见分歧时,本着平等、真诚、互动、妥协的原则,进行协调商量,以达成一致的口语交际活动。

## (二) 协商的意义

当今社会发展加快,文明程度不断提高,社会成员之间的交往需求逐渐加强,沟通愈加频繁和重要。在日常生活和工作中,人们为了调节彼此之间的关系,满足各自的需要,常通过协商来处理双方的差异,取得一致意见并达到一致的目标。

### 范例

某企业举办创意设计大赛,大学生小云经过反复酝酿,确定了创意主题和设计方案,并邀请小宏、小腾两位同学参与相关事务。最终,小云领衔设计的参赛作品荣获了特等奖,获得 3 万元高额奖金。

某报记者就奖金分配问题采访了他们。小云认为荣誉是三人集体合作的结果,表示要一起协商,合理分配奖金;小宏已决定把自己的那部分奖金让给小腾,帮助小腾缓解家庭的经济压力;而小腾则建议大家把奖金都拿出来,设立创新驱动基金,以便鼓励更多同学参与创新活动。

对于三人的不同想法,你倾向于哪一种呢?下文是一位企业老总的看法。

有一种分配叫合作协商
——给三位同学的一封信

三位同学:

展信佳!

作为创意设计大赛的组织者,对于你们能获取此次设计大赛的特等奖表示衷心祝贺;对于你们表现出的才华由衷赞叹;至于对这笔奖金的处理,我比较倾向于小云的提议。

毫不怀疑,小宏提议中所展现的爱心,那份对同学的关心与爱值得所有人的尊重。然而,这种做法有些不妥。当小宏决定把奖金让给小腾的那一刻,深深感到是对小云进行了道德绑架。或许小宏会说"只是把他的给了小腾,并没有要求小云也给",但问题的症结也恰恰在于此——这件事众所周知,当众人对小宏表示赞赏时,当小宏没有刻意却无意置身于道德高地时,有没有想过小云的感受?

也毫不怀疑,小腾提议设立创新驱动基金的美好,从企业的角度赞赏这样的提议。无论是个人、企业还是国家都需要创新。从这个意义上讲,小腾的提议最有价值。然而,区区 3 万元作为创新驱动基金,实在微不足道。我们企业每年花大量的资金用于产品的创新设计,但成果寥寥,所以,这个建议虽值得赞赏但可行性不够。如果你们真的有这种想法,诚挚邀请你们毕业后加盟我们公司,相信一定能给你们提供一个良好的施展才华的平台。

而小云则认为荣誉是三人集体合作的结果,表示要一起协商,合理分配奖金。虽然看起来没那么高大上却合乎情理。

首先,来看看小云提议中"合理分配奖金"中的"合理"二字,所谓"合理"分配并非是平均分配,而是根据贡献的大小进行公平分配。其本质是各尽所能,按劳分配。这正是我们社会核心价值观所在。就这件事而言,作为确定了创意主题和设计方案的小云,于情于理应分配到更多的奖金。

其次,小云认为荣誉是三人集体合作的结果,这说明他极其看重集体协作。在这个信息瞬息万变的时代,一个人独自奋斗而走向成功的概率会越来越小,集体的合作协商相比个人更容易获得成功。有哪一个做大做强的企业缺乏集体合作协商的精神与合理的分配奖金方案呢?

如果没有集体合作协商的精神,俞敏洪的新东方不可能在纽约成功上市;如果没有合理的奖金分配方案,马云的阿里巴巴不可能成为商业的巨无霸……

个人集体如此,国家亦然。

美国之所以挡不住英、德、法等铁杆盟友加盟"亚投行","一带一路"倡议之所以应者云集并很快实施,是因为我们在恪守集体合作协商精神同时拥有完善的利益分配方案。

三位同学,你们认为呢?

祝:学业进步!

某公司总经理×××<br>2016年5月16日

这位企业总经理首先肯定了小宏做法的善意,但同时指出这种做法可能会造成对小云同学的道德绑架。接着肯定了小腾初衷的美好,但同时也针对现实指出这种做法可行性较小。然后对小云的提议进行深入细致的分析,并以新东方和阿里巴巴的事例揭示小云提议的协商分配的合理性与普适性。最后由个人集体层面上升到国家层面,以"亚投行"与"一带一路"的事例进一步强化小云提议的协商分配的合理性与普适性。这封具有较强说服力的书信十分生动形象地告诉我们:协商合作在现实生活工作中具有重要意义,协商有助于多方互赢和平发展,有利于公正合理地处理问题。

### (三) 协商的特点与原则

协商具有以下特点:

1. 协商主体的独立性

协商各方在身份和地位上都是独立的。

2. 主体权利的对等性

协商各方权利平等,任何一方都不能凌驾于对方之上。

3. 协商过程的民主性

在协商过程中各方要充分展开积极友好的对话和商讨。

4. 协商目的的合作性

协商各方都应以达成共识、形成合作关系、实现利益共赢为目的,绝不能只强调自身的利益。

协商必须遵循平等、真诚、互动、妥协的原则。

协商主体应平等对待、诚心诚意,既要主动了解对方的期望与需求,同时也要让对方明白自己的期待与要求。协商主体可根据诉求目的进行必要的妥协,使协商结果更具有包容性和互惠性。

### (四) 协商的要求

1. 准确传递信息

协商之前,首先要明确自己的想法、感受及行为,明确自己的条件和目标。在分析协商各方的情况基础上,寻找各方条件与利益的共同点以及实现最佳结合的可能性。

其次,在协商过程中,要言简意赅地表达清楚自己的想法和用意。表达时要突出中心,条理清晰,语言简洁、通俗易懂,少用缩略语或专业术语,不用双关语或容易引起歧义的语言。可配以图文来辅助口语交流,让对方更清楚自己传达的信息。

另外,要注意协商的语速、语气和表情,语速勿急,宜平稳,为了突出重点,可适当停顿;语气和表情勿乞求,宜镇定,为营造轻松气氛,可面带微笑,语气温和。

2. 认真倾听与观察

协商是双向交流,因此为了明白对方的想法,我们要认真倾听对方的意见,观察对方的表情、姿态,并对这些内容进行分析、综合,判断对方的用意,才能获得比较可靠的信息,准确无误地把握协商话题,抓住机会,不断调整自己,从而达到协商目的。

**范例**

一位酒店老板准备买20台冰箱。他和两位朋友一起去商场挑选,售货员讲了没几分钟,一位朋友对这位老板说:"这种冰箱不错,很适合你的需要。"在一番讨价还价之后,另一位朋友也表示赞同,酒店老板也点点头。可惜售货员没有认真倾听与观察到这些,还在继续介绍其他款式的冰箱。当酒店老板又表现出其他购买意向时,这位蹩脚的售货员还是没有领会对方的意思,仍然在夸夸其谈。最后,酒店老板和他的两位朋友离开了这个柜台到别处选购去了。

3. 灵活应变、创造条件达成一致

我们在协商过程中经常会与对方产生分歧难以达成一致,这时的双方如果依然坚持己见,那么困难就会像冰山一样难以越过;相反,如果我们能顺势而为、善于变通,僵局就可能被打破。因此,协商需要我们灵活应对时刻变化的情况,要适度且不断地改变自己的观点与行为,这样才有协商成功的可能。

**范例**

小王去跟客户洽谈生意,客户坚决不肯接受小王提出的价格。如果小王按照他老板要求的价格不变来取得谈判成功,就必须想办法为客户提供其他优惠,如良好的售后服务、赠送物品等,让客户明白自己已经得到对方的让步和优惠,那么客户的心理会平衡一些,就很有可能协商成功、实现双赢。这样的灵活变通是在不危及公司利益的前提下进行的,小王虽然提供给客户一些优惠,但是老板也不会为了这点儿利益而责怪小王,因为老板更不愿意失去一位客户。

（五）协商的技巧

1. 调节气氛的技巧

协商要注意双方的情绪，所以我们要想方设法调节协商时的气氛。进入协商正题之前，要留出时间对一些非业务性的轻松的话题进行交流，缓和气氛，缩短双方在心理上的距离。在协商过程中要尊重对方，以诚挚的方式陈述，提出要求的一方既不需屈膝乞求，也不能盛气凌人，应和颜悦色，营造友好和谐的气氛，方能顺利协商。

### 范例

小李向顾客推介钢化玻璃杯。他先向顾客进行商品介绍，接着为了证明杯子经久耐用质量好，他把一只钢化玻璃杯扔在地上。本来钢化玻璃杯不会碎的，可是他碰巧拿了一只质量没过关的杯子，猛地一摔，杯子"砰"的一声碎了。面对如此尴尬的场面，他压住心中的惊慌，对顾客笑笑，用沉着而富于幽默的语气说："你们看，像这样的杯子我是不会卖给你们的。"大家一听，都轻松地笑了起来，场内的气氛变得活跃了，顾客与小李之间开始积极互动起来。

2. 争取认同的技巧

在协商过程中，应不断争取对方理解认同自己的诉求，以达到协商一致的目的。因此，我们首先要试着了解对方，在明白对方的需求和实际情况后，再清楚表达自己合理的诉求，这样比较容易得到对方的理解。我们还应解释提出诉求的原因，解释中需要融入一定的感情，让对方感受到我们协商的诚意，体谅我们的难处，协商空间自然就开拓出来了，协商就会顺畅起来。如果我们不管对方的想法而态度坚决强硬地提出自己的诉求，对方很可能认为我们毫无商量的余地，这样就无法开展协商了。

### 范例1

小明的工作室在18层，她有时在休息日需要上去加班，但大多数休息日电梯工不上班，电梯就停开。望楼兴叹之余她很恼火，不免发起牢骚来："这纯粹是不让人好好干活儿嘛！干吗不开电梯？谁规定的？"没人回答，她又冲传达室老同志开火："我要抗议！"传达室老头儿淡淡一笑："好啊！老板规定的，你给老板提抗议去！"

碰了几次钉子之后小明学聪明了，一个休息日早上她拎着食物、水瓶和一包资料又去了大楼。在传达室站下一言不发，老头儿有些奇怪，问道："大休息天还不在家歇着，来大楼干吗？"小明告诉他，任务如何之多，时间如何之紧，自己为责任感所驱使不得不来。老头儿唇边掠过一丝笑意："今天没电梯你也上去？"小明望了望他："您要是不帮我，我也只能去爬18层天堂啊！"没有一句牢骚，没有引起争执，老伯伯打开抽屉拿出钥匙把小明送到了18层楼。

按照规定公事公办是不开电梯的，但小明的解释让老头儿产生了体谅之情、同情之心，所以老头儿愿意为小明公事私办，打开了电梯。这就是争取对方理解认同后取得了协商的成功。

● 范例2

　　一对夫妇带着孩子到商场挑选自行车。营业员小丽热情地接待了他们,她推荐了几种款式的自行车后,夫妇俩还是没有决定购买。于是小丽就继续让他们慢慢看,自己则在一边观察。最后,夫妇俩选中了一款车子,但是他们嫌这辆车比其他品质接近的车贵了100元。小丽了解到这个情况后,就耐心地解释:"你们的这种感觉我也有,只是以后你们就会发现,这100元是你们花得最值的部分。因为,这辆车有一个很好的刹车器,经久耐用,方便简单,最重要的是它安全可靠。"

　　当看到夫妇俩点头认同后,小丽就继续说:"我们家长最担心孩子骑自行车时的安全吧。您看,多花100元买多一些安全多一些放心,不是很值吗?而且这辆车可以让您的孩子至少骑5年,5年多花100元,每天多了不到2分钱,你们还有顾虑吗?"

　　这对夫妇听后,便买下了那辆自行车。

　　3. 据理力争的技巧

　　有时候,我们的合理要求得不到协商对方的积极回应,此时我们可以充分阐述理由,给对方造成适度的压力,促使对方参与协商,承担相应的责任。因为我们提出的仅仅是对方职责内合情合理的要求,所以就不必顾虑我们的话会给他什么样的感觉,或许正需要一点"架子"的感觉才能据理力争。

● 范例

　　在一次集体活动中,大家风尘仆仆地赶到事先预订的旅馆中时,却被告知当晚因工作失误,原来订好的套房(有单独浴室)中竟没有热水。为了此事,领队约见旅店经理,进行了以下的协商:

　　**领队**:对不起,这么晚还把您从家里请来。但大家满身是汗,不洗澡怎么行呢?何况我们预订时说好供应热水的呀!这事只有请您来解决了。

　　**经理**:这事我也没有办法,锅炉工回家去了,他忘了放水。我已叫他们开了集体浴室,你们可以去洗。

　　**领队**:是的,我可以让大家到集体浴室去洗澡。但不是每个人都愿意的,到时候有人提出反对意见,我就不好办了。再者说,一分价钱一分货,原定的套房一人150元一晚是有单独浴室的。现在到集体浴室洗澡,那就等于降低到统铺水平,我们只能照统铺标准,降到一人60元了。

　　**经理**:那不行,那不行的!

　　**领队**:那只有供应套房浴室热水。

　　**经理**:我没有办法!

　　**领队**:您有办法!

　　**经理**:你说有什么办法?

**领队**：您有两个办法：一是把失职的锅炉工召回来。二是您可以给每个房间拎两捅热水。当然我会配合您去劝大家耐心等待。

这次协商的结果是经理派人找回了锅炉工，40分钟之后每间套房的浴室都有了热水。

这个协商案例成功的关键在于领队抓住"对等"原则进行据理力争。旅店经理管理不善，对属下的失职一味姑息，还安排旅客去集体浴室。而领队先表示同意，然后运用"对等"原则提出享受统铺待遇，付统铺钱。这时经理才悟到自己在损害旅客利益的同时也必然损害自己的利益，于是才下决心去纠正属下的失职。

4. 消除防范的技巧

当协商双方在相互接触时，彼此都会有一点"防范"心理。要使协商在和谐气氛中进行，就要消除这种"防范"心理。

如何消除防范心理呢？从潜意识来说，防范心理的产生是一种自卫，也就是当人们把对方作为假想敌时所产生的。那么消除防范心理最有效的方法就是反复给予暗示，表示自己是朋友而不是敌人。这种暗示可以用种种方法来进行：嘘寒问暖、给予关心、表示愿意帮助等等。有时，一方急于进入正题。越是在这种情形下，另一方越要从容镇定，想方设法把话题引开。因为"急于进入正题"本身也就是一种紧张的临战心理。如果在这样的心理状态下立即进行协商，势必一开始就造成"剑拔弩张"的紧张气氛，所以应运用"转移法"来缓解。

比如有两位小朋友发生了冲突，为此两位家长决定要面谈此事。下面是家长见面时的对话：

● **范例1**

主：欢迎您，有机会见面真高兴！

客：是很高兴！可昨天两个孩子不愉快了。

主：不急不急，坐下慢慢谈，请坐，喝茶！最近忙吧！

客：是忙，太忙了，可孩子的事，再忙也得管啊。

主：是啊是啊！看您那么忙，还耽误功夫让您来，真不好意思啊！

有这么几个来回，火气再大的人也消下去一半了。不过有一点要特别注意，在每一句开头时要对对方所说的话题作适当的应和。如果不应和，给人的感觉就不一样了。试看下边抽掉应和的对话：

● **范例2**

主：欢迎您，有机会见面真高兴！

客：是很高兴！可昨天两个孩子不愉快了。

主：请坐，喝茶！最近忙吧！

客：是忙，太忙了，可孩子的事再忙也得管啊！

主：看您那么忙，真不好意思啊！

缺少应和对方的对话就给人"顾左右而言他"的感觉,让对方捉摸不透你的用意,防范心理就不会消除,协商自然不可能轻松和谐。

5. 寻求一致的技巧

协商的最终目的就是寻求一致,但在协商过程中免不了会有分歧。在协商时应该尽可能创造"一致",尽量避免有可能不一致的提法。

例如一开始就说:"我们是否就程序问题讨论一下,你们同意吗?"其实一开始讨论程序是不言而喻的,对方自然会回答:"好。"这时可以再强调一下:"那我们双方同意先讨论程序!"

在这一议程结束之后,又提出:

"下面我们是否各自作些介绍,行不行?"

"行!"这时又可以强调一下:

"刚才我们双方在程序方面已经达成一致意见,而且双方一致认为有必要先行各自介绍情况。"然后问对方:

"那么,可以让我先来介绍吗?"

谁先介绍是无关紧要的,所以对方必然很爽快地答应"好!"或者"可以。"

而这一连串的"可以!""同意!""行!""好!"恰恰是问话人所需要的,这些表示一致的词反复、成串地出现会使协商的气氛变得轻松,人与人之间的关系变得融洽起来,双方的合作精神也容易体现出来。千方百计强调"一致"是使协商容易成功的法宝。

## 三、案例分析

回顾导读案例,两位顾客都是带百元大钞买报纸,卖报老人却只卖给了第二位顾客。为什么呢?

首先我们看一下第二位顾客买报的言行:

他和颜悦色地走到报摊前对老人笑着说:"你好,朋友!(出口的问候和称呼就透着尊重。)你看,我碰到难题了,(降低自己的位置,以求助者的身份出现)能不能帮帮我?(请求帮助,是承认别人比自己优越,因而也就意味着一份尊重)我这儿只有一张百元钞票,可我真想买您的报纸,(希望买,也是友好的表示)怎么办呢?"

第二位顾客之所以能成功,是因为他付出了一份尊重,所以打动了人心,尽管他没付一分钱,却得到了报纸(当然,有了零钱还是要付的),这是因为人与人之间的关系并不仅仅用金钱来衡量。第二位顾客的礼貌和尊重使气氛变得十分友好,协商也就很顺利地完成了。

第一位顾客为什么遭到卖报老人的拒绝呢?因为他的言行缺少礼貌和对对方的尊重。

他在报摊上拿起一份报纸,扔下(瞧这动作)一张百元钞票。(算你有钱,吓唬谁呢?)漫不经心地说:'找钱吧!'报摊上的老人很生气地说:"我可没工夫给你找钱。"从他手中拿回了报纸。

平心而论,第一位顾客也是打算付钱的,但是他没有注意到自己没带零钱会给售报的老人带来找零钱的额外麻烦,也就是说在报纸的价值之外老人要给他提供额外的服务。而第二位顾客意识到了这一点,他特别为这一点向老人表示道歉和感激,并且对老人很有礼貌。因而老人拒绝了第一位顾客,而将报纸送给了第二位顾客。

## 四、拓展阅读

销售商谈是商品推销的关键环节,销售人员要对顾客在察看商品过程中提出的异议进行处理,因势利导地逐步提高顾客兴趣,帮助顾客进行合理的分析,坚定顾客的购买信念,达到促成销售的目的。

异议,可能是由于没有被销售人员本身说服,或是没有被产品说服。对产品价格和效用的异议最为常见。销售人员最常见的就是对价格的异议,实际上无论你的产品价格是多少,总有人说价格太高。这需要你来证明产品定价是合理的,可以从产品的原料、给顾客带来的价值、售后服务、单次使用成本等方面来打消顾客对价格高的顾虑。"这种产品真像宣传的那么有效吗",诸如这样的产品效用异议也是许多顾客存在的疑虑。如果销售人员能够通过实际演示、销售经历或口碑效应等方式进行说服,往往会取得很好的效果。

### 范例1

一销售员向顾客介绍一款新型洗涤灵产品,但顾客嫌价格贵。

销售员说:"这其实是适合普通家庭使用的家庭清洁类产品。它的价格之所以高于市场上其他同类产品,是因为它是高浓缩性的。它的安全性、易溶性、健康环保性是其他产品比不上的,它在这些方面非常具有优势。而且普通的洗涤灵用完一瓶就把空瓶子扔了,对环境造成了污染,而我们这种高浓缩的洗涤灵很耐用,很久才会用完。而且有人计算过,我们这一瓶洗涤灵可以节省将近60吨的水,这就远远不止一瓶的钱了。"

顾客听完,打消了疑虑,很快就买了一瓶回家了。

### 范例2

一位顾客买了一瓶某品牌洗涤灵,自己用了之后认为质量不好,然后走进商店嚷着要退产品。

营业员首先耐心地听她说完,然后问她:"请问您是怎么用这洗涤灵的?"

顾客说:"就用布沾了掺有洗涤灵的水去擦啊,这洗涤灵放多少我可是按照说明书去做的!"

营业员又问她:"请问用的是什么布呢?"

顾客不耐烦地说:"就用一般的布啊。"

营业员微笑着解释:"如果用了非纯棉的布就会影响清洁效果,如果用了一些带毛的布去擦拭,那结果就更糟了。"

然后营业员用一块纯棉布演示,果然擦拭的效果很好。她又用非纯棉的布擦拭,效果就差了许多。经过这番对话与演示,顾客心悦诚服地接受了营业员的建议,回去按照营业员的说法使用了洗涤灵,效果非常好。后来,她还向朋友推荐买这家商店的这款洗涤灵。

## 五、拓展训练

### (一) 案例分析

郑某是某锯木厂的掌柜。一次一位顾客王某说好了要 600 根 3.2 cm×3.2 cm×80 cm 的木条,每根价钱 3 元。谁知道锯木师傅一时大意,把木材全部锯成了 3 cm×3 cm×80 cm,掌柜的只好与顾客协商事情的解决方案。

**郑掌柜(以下简称"郑")**:王兄弟啊,你要的木条已经全部据完了,只是我有个问题想弄清楚一下。你当初定的木条的规格是多少啊?

**王顾客(以下简称"王")**:3.2 cm×3.2 cm×80 cm 啊,怎么了,你当初不是写在账本上了吗? 我还看了一眼,没错啊。

郑:喔,那小一点的能用得上吗?

王:小多少?

郑:3 cm×3 cm×80 cm 呢?

王:是这样的,我故意定得大一点。那些木条运回去后还要加工,四面刨一下横截面就变成了 3 cm×3 cm 的了,现在改小了,再刨一下,就更小了,肯定不能用了啊。

郑:那横截面 3 cm×3.2 cm 能用吗?

王:这个?我也是帮别人加工的。这个我得问问。(打电话询问,10 分钟后)顾客说可以用,但两面小了一点,价钱得下降一点。同理,你的这批木条也得下调一下价钱。我算了一下,每根 2 块刚好平本,你看可以吗?

郑:王老板啊,现在的木材价格贵了,相思木要 450 元一吨,加上损失的,能用的不剩多少了,本来我卖这批木条的价格给你已经够低了,我图的就是能赚个加工费。现在一下子降了一块钱,我成本都收不上来了。还有啊,加工的师傅和机器也是要钱的啊。算我亏本了,2.5 元每根怎么样?

征得王顾客的同意后,郑掌柜赶紧从仓库调出 200 根 3 cm×3.2 cm×80 cm 的木条,以 2.5 元每根的价格卖给了王顾客;又赶制了 400 根符合规格的木条,以原价 3 元每根的价格卖给王顾客。那些不符合规格的 3 cm×3 cm×80 cm 木条留下,下一次以 3 元的价格卖给了另一个包工头。因为他知道现在正是建筑的旺季,建筑材料很缺,那批不合格的木条虽然王顾客用不上,但可以做木签,肯定会有人来买。这样算下来,自己不赔反赚。

从这个案例中,我们看到郑掌柜运用了"争取同情""据理力争""消除防范""寻求一致"的原则,有效地维护了自己的利益。虽然是他的管理失误,但能想尽办法挽救,把损失降到最低。

(二)情境演练

1. 同宿舍同学因生活习惯问题产生了矛盾,甲带麻辣烫回宿舍吃,乙非常不喜欢麻辣烫的那种味道。如果你是乙同学,请问如何与甲协商解决这件事?

2. 一次,一个贵妇打扮的女人牵着一条狗登上公共汽车,她问售票员,"我可以给狗买一张票,让它也和人一样坐个座位吗?"售票员没有否定答复,而是提出一个附加条件,让对方知难而退。如果你是售票员,你会怎么说?

3. 如果你是推销员,遇到的客户认为自己不需要推销品,如表现为"我从来不化妆""我身体很好,不需要营养品""这种产品对我没用"等,请问你将如何进行销售商谈呢?

# 第七章 拜访与接待

## 第一节 拜访

### 一、学习目标

(一) 认知目标

了解拜访的概念,熟悉拜访的过程、言语技巧和注意事项。

(二) 能力目标

学会运用所学对他人进行拜访,做到拜访有礼,并养成良好的言语习惯。

(三) 情感目标

积极学习拜访的知识,愿意在实践中不断训练以提高拜访的能力。通过拜访,学习为人处世,构建和谐人际关系。

● 案例导读

台风过后,秘书小张跟总经理一起去拜访一位客户。这位客户准备跟小张所在的公司长期合作,现在要将一套先进设备投放到公司以提高生产效率。双方刚一见面,客户就问起台风的情况。没等总经理开口,小张就说:"前几天,我们公司几乎被洪水淹没了,有的地方洪水差不多都没到膝盖了。"他接着又说:"那两天,我想如果出去的时候只小船该多好。对了,隔壁的小刘那天还抓了好多条鱼呢!"说到这里,小张才发现总经理的脸色已经非常难看。

想一想:什么是拜访?小张跟客户聊起台风的话为什么让总经理的脸色变得难看?

### 二、知识学习

(一) 拜访的概念

拜访从词义来理解,"拜"表示敬意,"访"是有目的的看望与交流。拜访是指为了礼仪或某种特定目的而进行的访问、访晤。

拜访是社会交往中最常见的交往形式之一,通过拜访,人们可以联络感情,交流信息,互相帮助,增进友谊。拜访是个人和单位都要运用的一种交际方式。

(二)拜访的类型

拜访的类型按目的可以分为:政治拜访、商业拜访、情感拜访和礼节性拜访。

拜访按公私性质可以分为:公务拜访、私人拜访。

按拜访的方式可以分为:应邀拜访、主动拜访。

(三)拜访的过程

1. 拜访前

做好拜访对象的调查,了解拜访对象的个人信息,如性别、年龄、学历、职业、兴趣爱好、家庭成员等。若是商务拜访,比如为推销产品而拜访客户,还需了解客户的消费需求、购买力等;需要制订商务拜访计划,要设计好商务拜访的目标任务、拟提出的问题及沟通策略;要备齐商务拜访的资料工具,如公司的宣传资料、个人名片、合同文本、产品报价单等。无论公务拜访还是私人拜访,一般都要提前10～20分钟到达拜访地点,以熟悉环境、缓解紧张情绪。另外,拜访者要保持仪容仪表简洁干净、大方自然。

2. 拜访过程

(1)预约拜访对象,说明拜访事由,与对方协商约定访问的时间和地点。

(2)接近拜访对象,通过进门语和寒暄语,给对方留下良好的第一印象,迅速融洽双方关系。

(3)晤谈交流,用简短的语言说明来意,迅速切入拜访事项。

(4)告别拜访对象,告别时应态度恭敬,殷勤有礼。

(四)拜访的语言技巧

日常拜访语结构包括进门语、寒暄语、晤谈语和辞别语四个部分。

1. 进门语

进门语就是同主人见面后的打招呼,具体要根据拜访的形式和内容而定。

我们登门拜访首先需要征得主人同意后再进门。到了被拜访者的家门口,我们要先轻轻地敲门,或者短促地按一下门铃。即使门开着,也应很有礼貌地问一声,听到回答后再进入,不要贸然闯入。例如:

"请问,×××在家吗?"

"请问,屋里有人吗?"

当我们同主人见面后,应立即打招呼。如果是初访,往往比较慎重,打招呼要注意礼节,例如:

"一直想来拜访您,今天如愿以偿了!"

"初次登门,就劳驾您久等,真不好意思!"

"真对不起,给您添麻烦来了。"

重访时,关系趋向密切,打招呼就不必多礼。一般只需简单地说一句:"好久没有来看您了。"或者说"我们又见面了,真高兴。"关系密切者,不妨以玩笑的口吻说:"我又来了,不招您讨厌吧!"

回访体现的是"来而不往非礼也"的传统民俗,目的多出于礼仪或答谢。打招呼可以这样说:

"上次劳驾您跑了一趟,我今天登门拜谢来了。"

"上次托您办事,一定给您添了不少麻烦,今天特地登门拜谢。"

此外,礼节性拜访大多与唁慰、祝贺、酬谢等有关,进门语要与有关的唁慰、祝贺、酬谢的内容联系起来。例如:

"听说您生病住院,今天特地来看望您。"

"好久不见,借您走马上任的东风,给老朋友贺喜来了。"

"听说您的儿子已被××大学录取,特地赶来祝贺!"

事务性的拜访,进门语要和拜访目的紧密相关。例如:

"无事不登三宝殿,今天求您帮忙来了!"

"王经理,您好,我可以进来吗?我是电话里和您预约的××公司的小王。一直想来拜访您,今天终于如愿以偿了!"

"王经理,您好。我是得胜公司的销售员小孟,这是我的名片,请多多指教。"

2. 寒暄语

在社交活动中,寒暄是双方见面叙谈家常的应酬语言。拜访他人,特别是有求于人的拜访,一般不直奔主题,不开口就提问,不张嘴就求人,而应该寒暄一番以融洽气氛,以引起被拜访人的好感和兴趣,然后再将话题引到自己拜访的目的上来。

寒暄语技巧:

(1) 话题应自然引出,要诚恳、坦率,紧跟现场,体现对被访者的关注。寒暄的内容很广,诸如天气冷暖、小孩的学习情况、老人的健康状况以及最近发生的新闻趣事等都可以作为寒暄的话题。例如:

"最近天气热,多注意休息。"

"好久不见,最近在忙些什么?"

"老先生的气色不错,身体好些了吧?"

(2) 寒暄内容一定要符合情境、习惯,可以从房间布置、衣着打扮、言谈举止入手,或从饮食起居、社会关系等切入,或从赞美对方获得好感开始。例如:

"王总,您这房子的大厅设计得真别致。"

"林经理,我听华美服装厂的张总说,跟您做生意最痛快不过了,他夸赞您是一位热心爽快的人。"

"这是您的孩子呀,都长这么高了,还挺机灵!"

寒暄语不可以随心所欲,信口开河,避免犯禁忌。例如西方人交往中有"七不问",即不问年龄、不问婚姻、不问收入、不问住址、不问经历、不问工作、不问信仰。我们当代中国人的交往中,对于比较生疏者的年龄、婚姻、收入、工作也是不随便问的,以免引起尴尬。

● 范例1

王女士在一次商务拜访中遇到一位老年客户,不经意间他问王女士:"小王,你多大了?"王女士真是不愿意说,女人的年龄是秘密嘛。无奈出于尊重,小王只得答道:"37。"一会他又忘了,又追问了一句,一连3遍。为此王女士好一会儿心情不爽。

● 范例2

一天,小李的好朋友通知她:"今天我请几位同学吃饭,都是夫妇前往,带先生来。"

小李:"好,我有事晚到一会。"

小李到了,见有一对男女她不认识。有同学指着那位男子向她介绍:"这是咱们高中同学杨东。"

于是小李冲邻座的杨东笑笑,小声问道:"你爱人在什么单位工作?"

"对不起,我离婚了,她是我的一位同事。"杨东答道。

一时间小李显得很难堪。

● 范例3

学生:"老师,你一个月收入多少?"

老师:"3 000多一点。"

学生:"不会这么少吧?我说的是收入总额。"

老师:"我说的也是收入总额。确实3 000多点儿嘛!"

这时,另一女同学对那位发问的学生小声嘀咕着:"打探别人秘密,讨厌!"

● 范例4

"呀,请坐,来看老师了,你们都在哪工作啊?"

"我在天一贸易公司。"

"新雨股份公司。"

"贸易学校当老师。"

"我还没工作呢,最没出息了。"

遇到上述这些情景,寒暄就会令人不自在了。所以,我们的寒暄语要避免提及令他人不悦的话题。比如一群人在一起谈话,你问:"你们都是什么大学毕业的?""南开大学。""同济大学。""对不起,我不是大学毕业。"这是不是很令人尴尬?

(3)寻找共同点,建立认同心理。所谓建立认同心理,就是主人和客人都要善于挑选双方都有兴趣或都有共同感受的话题,以求得心理上的接近或趋同。这样便于沟通感情,为双方进一步交谈创造一个融洽、和谐的气氛。

### 范例1

**客**:这副对联是你自己写的吗?写得真不错!
**主**:你过奖了。我不过是跟××老师学过一段时间。
**客**:你也是××老师的学生,我也曾跟他学过。
**主**:太好了。看来我们应该称师兄弟了。

这段寒暄语,话虽不多,贵在求同,一下子缩短了双方的心理距离,使双方在感情上靠拢,为进一步交谈营造了一个和谐的气氛。

### 范例2

小马去拜访朋友,看见朋友家中有几根钓鱼竿,于是灵机一动问朋友:"你最近迷上钓鱼啦?"朋友一听很惊讶:"你怎么知道?"小马笑笑,指了指钓鱼竿,说:"我也会一点钓鱼,我看你的鱼竿真不错,用它们钓到不少鱼吧?"朋友点点头,高兴地介绍起最近的钓鱼收获,并邀请小马下次一起钓鱼。

小马在寒暄中观察敏锐,机智地挑选了双方都感兴趣的话题,话匣打开,感情就容易沟通,双方的交谈就融洽了。

3. 晤谈语

寒暄后要迅速切入拜访事项,用简短的语言说明来意,然后开始交谈。交谈时,要紧紧围绕拜访目的,话语要尽量浓缩,少用修饰性语言,只要将事情说清楚即可。交谈要条理清晰,如果谈话内容较多,就要分成若干部分逐层展开,使表达完整有层次。

拜访晤谈技巧:

(1)节制内容。主客寒暄之后,客人应选择适当的时机,言简意赅地说明自己的来意,以免耽误主人过多的时间。一般说来,交谈时间以半小时为宜(朋友之间的随意性拜访除外)。谈得太多,既可能影响拜访主旨的表达,又可能出现"言多必失"的情况,最终会影响拜访目的的实现。

(2)节制音量。登门拜访时,无所顾忌,高谈阔论,会搅乱主人及其家属安静的生活,引起主人的反感。因此,客人谈话应降低音量,保持适度,千万不要敞开嗓门高声说话。

(3)注意体态语。人们常说,听其言还须观其行。主人对客人的印象来自听觉和视觉两个方面。作为客人应举止文明,避免如得意时手舞足蹈,不安时频繁走动,痛苦时捶胸顿足、号啕大哭,或说话时指手画脚等不雅动作。

### 范例1

几位学者一起去拜访计算机专家詹姆斯先生,其中一位年轻学者小王问道:"请问挑战号航天飞机究竟是因为什么原因坠毁的?"岂料詹姆斯先生支吾良久才说:"很抱歉,我不太清楚……"小王得意地说:"据我了解,是由于右侧固体火箭推进器尾部一个密封接缝的O形环失效,导致加压的热气和火焰从紧邻的外加燃料舱的密封处喷出,造成结构损坏……"同伴多次给他暗示,可他依旧口若悬河。詹姆斯是计算机专家,他对非专业的问题毫不关心,可是小王却让詹姆斯无话可说,导致场面极为尴尬。

上例中的小王拜访的是计算机专家詹姆斯先生,可他在拜访中却围绕詹姆斯并不熟悉的话题口若悬河,导致拜访对象詹姆斯无话可说。这样脱离拜访主旨的高谈阔论不但对拜访无益,而且会令人莫名其妙,相当不快。

● 范例2

库尔曼是一位寿险推销员。一次,他来到一家食品店拜访那里的老板斯科特。他先跟斯科特寒暄了一阵,接着说:"斯科特先生,您能否给我一点时间,为您讲讲人寿保险?"

斯科特:"我很忙,跟我谈寿险是浪费时间。你看,我已经63岁,早几年我就不买保险了。儿女已经成人,能够好好照顾自己,只有妻子和一个女儿和我一起住,即使我有什么不测,她们也有钱过舒适的日子。"

库尔曼:"斯科特先生,像您这样成功的人,在事业或家庭之外,肯定还有些别的兴趣,比如对医院、宗教、慈善事业的资助。您是否想过,您百年之后,它们可能就无法正常运转?"

见斯科特没有说话,库尔曼意识到自己的提问问到了点子上,于是趁热打铁地说下去:"斯科特先生,购买我们的寿险,不论您是否健在,您资助的事业都会持续下去。7年之后,您应该还在世,您每月将收到5 000美元的支票,直到您去世。如果您用不着,您可以用来完成您的慈善事业。"

听完这番话,斯科特的眼睛变得炯炯有神,他说:"不错,我资助了3名尼加拉瓜的传教士,这件事对我很重要。你刚才说如果我买了保险,那3名传教士在我死后仍能得到资助,那么,我总共要花多少钱?"

库尔曼:"6 672美元。"

最终,斯科特先生购买了这份寿险。

上例中的库尔曼在拜访寒暄后很快切入推销寿险这个主题,虽然一开始遭到拜访对象斯科特先生的拒绝,但是库尔曼并不灰心,在有条不紊地提问之后,帮助斯科特发现了自己都没意识到的强烈需要——慈善事业。接着库尔曼告诉斯科特用买寿险来持续慈善事业的办法,使斯科特主动购买了寿险。这个例子非常好地展示了拜访晤谈的条理性、层次性,以及围绕主题的随机应变。

4. 辞别语

辞别语即拜访结束后的告别语。辞别语的使用有以下几种:

(1) 同进门语相呼应

比如礼仪性拜访,如果进门语是"上次托您办事,一定给您添了不少麻烦,今天特地前来拜谢。"那么在辞别时可以这样说:"再见,再次感谢您的帮忙。"

如果进门语是"初次登门,就劳驾您久等,真不好意思。"那么,辞别语可以说:"今天初次拜访,十分感谢您为我花了这么多时间。"

(2) 表示感谢,请主人留步

客人在辞别时,应对主人的热情款待表示谢意,并请主人留步。这时的辞别语可以说:

"十分感谢您的盛情款待,再见!"

"就送到这里,请回吧。"

"这件事就拜托您了,谢谢!"

(3) 邀请对方来自己家做客

客人告辞时,除对主人表示感谢外,还可邀请主人及家属来自己家做客。这时的辞别语可以说:

"老同学,告辞了。您什么时候也到我家坐坐!"

"也请你们一家人来寒舍聊聊。"

无论何种类型的拜访,当你要结束拜访准备离开时,都要真心诚意地跟被访者说"感谢你们!感谢你们今天的招待!耽误你们的时间了!"这些礼貌用语要在日常生活当中不断地去演练,当习惯成自然后,别人就会觉得跟你在一起非常地舒适。感谢对方时,切忌使用过于夸张的语言动作,否则就会适得其反。

(五) 拜访的注意事项

(1) 选择拜访时间。首先,要选择对方心情好的时候,例如拜访对象的公司营运很好,今年的利润可观或者是刚出一批货的时候;其次,要选择对方不忙碌的时间,若你明明知道对方最近忙成一团,可你还是选那个时段登门拜访,恐怕就不会有多少收获;还要避免在刚上班的时间、午休或下班前去拜访客户,尤其不要在下班前去拜访客户,因为你的这种莽撞行为可能会耽误客户需要办理的私事;客户工作告一段落的时间是你前去拜访的一个最佳时段,因为在这个时段客户比较放松,往往能够和你坐下来好好交谈。如果万不得已做了不速之客,一见面就要说:"真抱歉,没打招呼就这么跑来了。"

(2) 拜访时交谈的用语和口气,要顾及对方的辈分、地位等,还要看相互间的关系。如果登门拜访时有对方家属在,不要忽略,应适当同家属交谈。如果是多人拜访,不要一个人抢着说话,要让大家都有机会说话。

(3) 如果对方敬茶、敬烟,拜访者应表示感谢。如果自己要抽烟,应征得对方的同意说:"对不起,我可以抽烟吗?"

(4) 若遇到另有来客,应前客让后客,说:"对不起,我有点事。你们谈吧,我先走一步了。"或"对不起,我有点事,失陪了。"

## 三、案例分析

回顾"案例导读",秘书小张跟总经理一起去拜访一位准备长期合作的客户,在跟客户聊起台风时,小张说:"前几天,我们公司几乎被洪水淹没了,有的地方洪水差不多都没到膝盖了。""那两天,我想如果出去的时候有只小船该多好。对了,隔壁的小刘那天还抓了好多条鱼呢!"这些话让总经理的脸色变得非常难看。

在这个案例中,小张忽视了自己的拜访者身份和拜访目的,而说了一些冒失的话,这些话不仅对拜访不利,还可能对双方的合作产生不良影响。作为秘书,小张应协助总经理促成这次拜访的顺利开展,让客户乐意与小张所在的公司长期合作,并将客户的一套先进设备放进公司以提高生产效率。因此,在拜访中的言语都不应背离这个目的。客户问起台风的情况,看似是无心的寒暄,实际上是担心公司应对台风的能力,因为他不愿自己先进的设备放进公司后遭遇横祸。可是小张秘书没有领会客户的这层意思,而且失礼地抢了总经理的话,兴致勃勃地讲起公司在台风中的狼狈情形。也许小张还会为自己形象有趣的话语而暗暗得意,但是,他这些随意的话会让客户在心里质疑公司的硬件设施和工作能力,会使客户犹豫甚至放弃合作。这就是小张的话让总经理脸色变得非常难看的原因。

这个案例启发我们:拜访交谈时,要紧紧围绕拜访目的,哪怕是寒暄都不能忘记拜访主旨,话语要尽量浓缩,做到条理清晰。说话不能随意,不要讲得过多,以免言多必失。在拜访中还要注意一些礼仪,比如要顾及同行者与对方的辈分、地位等。

## 四、拓展阅读

### (一)客套话与敬辞

对初次见面的人说"久仰"。

对长时间未见面的人说"久违";宾客到来时说"光临"。

向别人祝贺时用"恭贺";看望别人用"拜访""拜望";等候别人说"恭候"。

中途先行一步说"失陪"。

请人勿送时说"留步"。

麻烦别人时说"打扰""有劳""烦请"。

央人帮助时说"劳驾""请费心"。

求人给予方便时说"借光"。

求人原谅说"包涵""海涵""谅解"。

请人指点指教时用"赐教""请教"。

求人解答用"请问"。

赞人见解高明用"高见"。

归还原物时用"奉还"。

自己的作品请人看用"斧正"。

询问别人年龄用"贵庚""高寿""高龄"。

询问别人姓名时用"贵姓""大名"。

### (二) 拜访礼仪

**1. 先约后访**

不论因公还是因私而访,都要事前与被访者进行电话联系。询问被访者是否在单位(家),是否有时间或何时有时间。电话中要提出访问的内容,使对方有所准备,在对方同意的情况下定下具体的时间、地点。

**2. 准时赴约**

拜访者一般应提前到达,准时会见。万一因故不能准时抵达,务必要及时通知对方,必要的话,还可将拜访另行改期。在这种情况下,一定要向对方道歉。

**3. 讲究敲门的艺术**

敲门的力度要适中,间隔有序敲三下,等待回音,如无应声,可再稍加力度,再敲三下。

**4. 会面应"彬彬有礼"**

(1) 在商务拜访中,首先应告知前台人员自己的来意,进行登记,等待通报。如果接待者因故不能马上接待,可以在接待人员的安排下在会客厅、会议室或前台,安静地等候。一般准时赴约而等候了20分钟以上,则可以礼貌地询问对方是否有空。如果拜访对象无法与己见面,而自己又无法等候下去时,可以留下名片。

递送名片时要用双手的拇指和食指拿住名片的上端两角,名片的正面正对着对方。若是外宾,应将印有英文的那一面对着对方。由尊而卑或者由近而远依次递送。若在圆桌上,要从主位开始按顺时针方向依次发放。递送名片时一般会说"初次见面,请多多关照""非常高兴认识您""常联系"等。

(2) 拜访时,要记住非礼勿听、非礼勿视、非礼勿动。千万不要一看到被访者与其他人交谈,耳朵就竖起来;如果接待人员没有说"请随便参观"之类的话,而随便地东张西望,甚至伸着脖子好奇地往房间里"窥探",这些行为都是非常失礼的。如果未经对方允许,就私自翻阅其资料,这种行为会令对方对你产生厌恶的情绪。不要触动被访者的任何东西,包括电子用品,尤其是电脑,因为电脑中可能会存有机密性的资料,而且你的触动很可能会将其中的档案和程序弄乱。

**男性坐姿**

(3) 保持正确坐姿。拜访时,我们一定要保持正确的坐姿才合乎礼仪。男性和女性有不同的坐姿要求。当男性在与被访者谈话的时候,应使两膝平整;膝顶部分开1~2个拳头的距离;两脚垂直向下;两手轻轻放在膝上,使脚尖与脚跟齐平一致。

当女性在与被访者谈话时,背不要靠紧座背,要保持一个拳头的距离,挺起脊背,两手在膝上轻轻地重叠;脚要使之成为同一方向;把靠内侧的腿稍微向后略偏,看起来会显得很漂亮。

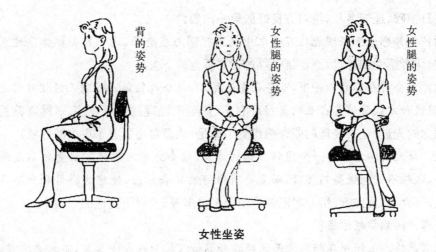

**女性坐姿**

#### 5. 拜访时间勿太长

拜访时还要注意控制拜访时间,不宜在被访者那里逗留太久。一般性的拜访最好控制在15分钟左右。如果拜访时间过长,很可能会耽误对方的其他事情,所以要适可而止。

### (三)馈赠礼仪

礼尚往来也是国际上通行的社交活动形式之一,是向对方表达心意的物质表现。在拜访活动中,为了向对方表示恭贺、感谢或慰问,常常需要赠送礼物,以增进友谊与合作。

中外送礼有别,我们要注意一些基本的约定俗成的"规则":

(1) 中国人在送礼时习惯说"礼不好,请笑纳",但外国人认为这有遭贬之感,外国人在送礼及收礼时,很少有谦卑之词。

(2) 中国人习惯在收礼时说"受之有愧"等自谦语,而外国人认为这是无礼的行为,会使送礼者不愉快甚至难堪。所以,当接受宾朋的礼品时,绝大多数国家的人是用双手接过礼品,并向对方致谢。

(3) 送礼花费不大,礼品不必太贵重。太贵重的礼物送人不妥当,易引起"重礼之下,必有所求"的猜测。一般可送点纪念品、鲜花或给对方儿童买件称心的小玩具。外国人的礼物一般讲究外包装,所以若送礼给外国人需要精美的包装。

(4) 送礼一定要公开大方。把礼品不声不响地丢在某个角落然后离开是不恰当的。西方人大都喜欢在收到礼品后立即打开,并说出感谢的话,以示对送礼人尊重,你不用介意他是否真正喜欢。

## 五、拓展训练

### (一)案例分析

1. 下面是销售员小孟拜访客户王经理的对话,括号内是对小孟拜访言行的评价。

**小孟:**"王经理,您好!我是得胜公司的销售员小孟,这是我的名片,请多多指教。"(进门后礼节性打招呼、递交名片,给对方良好的第一印象。)

小孟:"非常感谢王经理能在百忙之中抽出时间与我会面,我一定会把握住这么好的机会。"(让被访者感受到尊重,愿意接受拜访者并听他讲下去)

小孟:"贵公司在您的领导下,业务领先业界,真是令人钦佩。知道王经理非常重视网络营销,使用这种方式营销您在业内是榜样啊!"(赞美王经理的销售业绩、对网络营销的重视及经营理念的先进,让王经理的荣誉感得到了满足,从而对小孟有了更多的好感)

小孟:"今天我向您推荐一个网站推销的方案,这个方案可以使客户更容易发现您的产品和服务,这样不仅能提高销售额,而且也有很好的广告效应,使您的公司和产品具备更大的知名度。"(介绍自己的推销方案能够给他带来更多好处,以引起他的兴趣)

王经理:"网站推销方案?"

小孟:"是的。王经理在销售方面的经验和成绩深得业内人士尊重,在我来之前,已经听到不少关于您的辉煌销售业绩和卓越管理能力的赞扬话语。其实,网站的目的不仅仅是为了让客户从网上查看产品功能和了解公司,更重要的是能让客户有产品需求时能随时随地发现您,继而登录到您的网站去查看他们所需要的信息。"

王经理(沉吟片刻):"说说你的方案吧!"

小孟:"这是我们的网站推销方案,请您审阅。现在我能向您具体介绍一下这个方案吗?"

王经理:"好吧。"

(不断的、适当的赞美,成功让客户接受自己的目标,为接下来的谈话打好基础)

小孟:"我们的推销方案是这样的……"

王经理:"听起来,你们的推销方案不错,但是,我对你们方案的技术细节、产品价格、售后服务等方面还有些疑问……"

小孟针对王经理的疑问一一进行解释和说明。

王经理:"嗯,我看这种方案还不错。"

小孟:"谢谢您的信任,我们一定会为贵公司提供周到的推广服务。不知贵公司打算什么时候实行这种方案?"(小孟对王经理的系列问题进行了有针对性的解答,消除了疑问,在得到客户肯定评价后及时提出了销售意向)

王经理(迟疑一下):"这个? 我还要与相关部门商量一下再定。"

小孟:"谢谢您,感谢您对我们方案的肯定,非常希望为贵公司发展提供全力服务。"

王经理:"不客气,我也希望我们合作愉快。"

小孟:"今天不打扰您了,非常感谢您的接待,如您还有不清楚的问题,您可以随时打电话给我。"

王经理:"好的,我会尽快答复你的。"

小孟:"谢谢您,再见!"

王经理:"再见!"

（当经理提出需集体研究才能确定时，小孟并没有急于求成、步步紧逼，而是给客户留有一定余地，加深客户对自己的良好印象，为下一步继续洽谈、促成交易打下良好基础）

2. 下面是一个推销员拜访客户的语言，括号内是其拜访语言的评价。

"陈总，您好！看您这么忙还抽出宝贵的时间来接待我，真是非常感谢啊！"

（进门语：让被访者感受到尊重，给对方良好的第一印象）

"陈总，办公室装修得虽然简洁却很有品位，可以想象到您应该是一个有审美眼光的人。"

（寒暄语：从被访者的办公室装修切入，赞美对方是个有品位、有眼光的人。这样容易让对方在愉快当中与你交谈）

"陈总以前接触过我们公司吗？（停顿片刻）我们公司是国内最大的为客户提供个性化办公方案服务的公司。您作为企业的负责人，肯定关注如何最合理配置您的办公设备，节省成本。"

（晤谈语：介绍自己的公司是为客户提供个性化办公方案的服务，可以帮助他合理配置办公设备，以节省公司管理成本，引起对方兴趣）

"贵公司目前正在使用哪个品牌的办公设备？"

（采用提问的方式引导对方展开洽谈）

3. 分析下面案例中张林的拜访言行。

张林是市外办的一名干事。有一次，领导让他负责与来本市参观访问的某国代表团进行联络。为了表示对对方的敬意，张林决定专程前往对方下榻的饭店拜访对方。

为了避免出现得仓促，他先用电话与对方约好了见面的时间，并且告之自己将停留的时间长度。随后，他对自己的仪容、仪表进行了修饰，并准备了一些本市的风光明信片作为礼物。

届时，张林如约而至，进门后，他主动向对方问好并与对方握手为礼，随后做了简要的自我介绍，并双手递上自己的名片与礼品。简单寒暄后，他便直奔主题，表明自己的来意，详谈完后便握手告辞。

4. 下面是一份商务拜访计划书，请根据拜访的相关知识进行点评。

## 拜访计划书

一、拜访前的准备工作

（一）制订拜访周、天计划

根据下月工作计划、下周工作计划，制订本阶段对应的分销商拜访计划。

合理设计路线，避免时间浪费，合理处理临时有事的计划。

（二）明确拜访目的

分销商拜访工作有终端梳理、新品推广、店招争夺、活动组织、网点开发、售后服务、卖手培训、应收催付、关系拓展、异议处理、合同谈判、市场了解等14个项目，明确拜访目的，以便做好相应的资料、样本、报价单及相关手续等准备。

（三）提前进行预约

对于需要拜访的分销商，提前两天进行电话预约，并电话明确到达时间。

（四）查看历史记录

拜访人员需提前一天查看拜访记录，了解前次拜访情况，对于前次拜访及近期承诺解决的事宜必须在拜访时予以回复。

（五）状态及装备准备

1. 专业状态准备

(1) 精神面貌：精神抖擞，斗志昂扬，掌握自信之度；

(2) 仪态外表：头发整齐、胡须刮净，保持清洁程度；

(3) 着装要求：干净整洁、穿着得体、色彩搭配有度；

(4) 言谈举止：尊重别人、举止大方，拥有翩翩风度。

2. 业务装备准备

(1) 基础工具：名片、业务包、签字笔、笔记本、计算器、终端走访手册、可向客户公开的公司流程类文件；

(2) 销售工具：促销活动方案、存登记表、订单；

(3) 推广工具：产品目录、产品手册、企业宣传资料、公司政策文件；

(4) 终端工具：机贴、单页、立牌、海报、终端展示规范；

(5) 售后工具：服务宣传卡片、售后服务咨询手册等。

拜访前自我检查准备工作，充分准备是成功拜访的第一步。

二、拜访时的执行工作

（一）拜访路线记录

记录拜访路线、交通工具（类型/班次等）及费用、拜访及乘坐交通工具起始时间，为下一次拜访做准备。

（二）登记客户信息

对客户的电话、姓名，地址、传真等基础信息进行登记及完善。

（三）执行常规工作

1. 新品推广：针对公司发布的新品进行着重介绍，从产品外观、功能到价格政策、出样政策、推广方案等进行一一沟通。

2. 活动组织：在重大节假日前主动向客户沟通，并策划相应的促销活动。同时，对已经策划的现场促销活动予以实施。

3. 客户开发：与有意向但尚未进行沟通并达成合作意向或订单的客户及时建立关系。

4. 政策宣传：对公司发展策略、市场策略、推广策略、服务举措等政策性文件进行宣传及沟通。

5. 售后服务跟踪：

(1) 处理已发生的问题：对客户之前反映的售后问题进行处理，包括与客户协调、确定沟通处理方式、处理结果；

（2）处理现在出现的问题：对客户提出的售后问题进行了解,记录,并在3日内回复处理方案及跟进,直至处理完毕。

6. 应收催付：对客户已到期欠款进行催付,对未到期欠款进行适当提示。

7. 关系拓展：与客户进行情感交流,建立联系,记录客户家庭情况、生日信息、个人爱好等,便于关系维护。

8. 异议处理：了解客户的意见和建议,并进行记录,对于客户提出的异议在1个工作日内做出响应,3个工作日内回复处理方案。

9. 市场了解：除对本公司产品销售情况进行了解外,还需要了解其他品牌产品销售情况(包括价格、出样、活动、政策等),并及时对搜集的信息进行记录、分析、应用。

（四）见面拜访的基本步骤

1. 向客户打招呼,问候客户,寒暄沟通客户关系。

2. 向客户介绍自己公司的产品,并将适合该客户的产品介绍给他,看是否可以选择我们公司的产品。

3. 对客户新的要求进行记录,看是否可以满足。

4. 结束拜访工作时,拜访人员需要请分销商对拜访信息进行确认。

5. 向客户微笑道别。

三、拜访后的工作

（一）信息整理

拜访结束的当天对拜访工作进行总结,分类整理以下信息：

1. 销售信息：对客户订单或意向订单信息、出样信息进行整理。

2. 推广信息：店招资源信息、终端照片、终端规范情况反馈、当地节假日信息(含赶集、庙会、乡镇特色节日、分销卖场纪念日、活动日信息)、分销卖场附近的户外发布信息、竞争对手或其他品牌特色促销信息等。

3. 人员信息：客户或客户关系拓展信息。

4. 市场信息：竞争产品及其他客户信息。

5. 客户意见及建议：包括客户对产品质量、分销政策、售后服务、合同规范、品牌宣传等。

（二）信息分析及应用

把整理好的信息,分别进行分析,并采取以下措施：

1. 完善客户资料：将拜访时获得的客户基础类信息完善到客户信息登记表中。

2. 快速实现销售：根据客户信息进行汇总分析,对于当次已完成销售订单在3日内跟进确认；对于当次未完成订单,则根据拜访信息,结合市场情况及公司政策制订相应的短期销售策略。

3. 组织促销活动：根据当地节假日分布(把握销售节奏)、消费特点、竞争对手态势,结合分公司及代理平台资源情况,主动出击,组织策划活动。

4. 及时处理异议:对于客户提出的意见,不能给予现场回复的,要根据意见内容,向公司职能部门及分公司经理汇报,并确保在1个工作日内回复客户,3个工作日内回复处理方案,特别是售后信息的处理,拜访人员必须跟进直到解决为止。

5. 为下次做准备:下次拜访时要注意,对于客户上次提出的问题、自己现场发现的问题是否已经解决,如未解决要考虑如何沟通及处理,如已解决要思考如何强化效果。

(二) 情境演练

1. 在下列场景中,你该怎么办?

(1) 当你如约到同事家登门拜访时,刚到门口就听见里面在争吵……

(2) 你去拜访朋友,好客的主人给你端上一杯茶,正当你端起要喝时,却发现杯子里面有根头发……

(3) 有位朋友到你家串门,天很晚了,你也很困,他(她)却没有离去的意思……

2. 几名关系非常要好的中学同学,现在不同的学校读书,这几位同学准备在春节来临前去中学班主任家拜访。请设计拜访场景,由班上几位学生扮演不同角色来练习这个拜访。

3. 假如你是旅行社的销售人员,要向某公司推销海南游的线路,请你设计如何进行拜访。

# 第二节 接待

## 一、学习目标

(一) 认知目标

了解接待的概念,熟悉接待的要求、语言技巧和注意事项。

(二) 能力目标

学会运用所学对他人进行接待,做到接待有礼,并养成良好的语言习惯。

(三) 情感目标

积极学习接待的知识,愿意在实践中不断训练以提高接待的能力。通过接待,学习为人处世,构建和谐人际关系。

**案例导读**

来访客人走进某药业集团有限公司经理办公室时,李秘书正在办公桌前打印一份文件,他向客人点点头,并伸手示意客人先坐下。10分钟后,他起身端茶水给客人,电话联系好客人要找的部门,在办公桌前起身向客人道别,并目送其走出办公室。因为此事,李秘书受到了办公室主任的批评。

**想一想**:办公室主任为什么要批评李秘书?

## 二、知识学习

### (一) 接待的概念

接待,是指对宾客或顾客表示欢迎并给予应有的服务。它是人们日常生活和工作中经常涉及的礼仪活动和迎接、招待来访者的一种口语交际形式,也是现代服务行业日常工作的一项重要内容。

### (二) 接待的原则

不论是单位还是个人在接待来访者时,都希望客人能乘兴而来,满意而归。为达到这一目的,在接待过程中,一定要遵循平等、热情、礼貌、友善的原则。不论朋友远近,地位高低,都应一视同仁,以礼相待,这样才能赢得来访者的尊敬,达到沟通信息、交流感情、增进友谊的目的。

### (三) 接待的要求

1. 迎客时,要亲切问候

任何人登门拜访或者做客时,最不愿遭受冷遇。因此,我们接待来访客人,应该对他们热情迎接,亲切地问候一声:

"您好!您有什么事需要我帮忙吗?"

"您好吗?很久未见了。"

"一路辛苦了!我们一直期待着您的光临。"

"见到您很高兴!欢迎您到×××来。"

作为主人,首先应对来访者的进门语做礼貌周全、热情的应答,可以表示慰问或感谢。比如:

"我也想在家里同你聊聊。快请进!"

"哎呀!上次已经打搅了,还让你再跑一趟,叫我怎样感谢你呢。"

"稀客,稀客,非常欢迎,快请进!"

2. 接受赠品时,要多加赞赏

有些来客带着礼物登门拜访,接待者应该双手相接,以示尊重。这份礼物是来访者的一片心意,所以无论是否喜欢或者需要,接待者都要在接受礼物时说一些感谢的话,比如:"不好意思,让您破费了,谢谢!"同时,要对礼物多加赞赏,夸奖客人的欣赏水平和审美能力,在愉快的氛围中接待客人。比如:

"这手工真精致!"

"多漂亮的颜色!"

"这可是你们当地闻名的土特产,独一无二啊!"

"您想得真周到,送的礼品刚好适合这个季节用。"

"您真是细心,还给我们秘书带了这么好的礼物。"

诸如此类的赞赏话语会让送礼的客人感到自己的心意得到了回报,从而特别开心。

3. 待客时,要言辞得体

**范例**

从前,有个人想请4个朋友来吃饭。结果时间到了,只来了3个人,另外一个人还没到。于是他就站在门口一边踱步一边念念叨叨,"怎么该来的还不来?"这话被其中的一个人听到了,他心里犯嘀咕,原来我们不该来,于是他找个借口走掉了。于是这个主人就又说,"你看看他,多多心,我又不是说他,他就走了。"这话被另一个客人听到了,心想,"原来是说我。"于是他也走了。主人又说,"你看不该走的又走了。"剩下的一个客人也坐不住,这次接待工作就不欢而散了。

这个故事说明,言辞得体的接待非常重要。

如果是没有预约的商务来访,秘书首先要了解客人的需求。这时的询问要亲切得体,比如:"请问,有什么需要帮忙的吗?""有什么可以为您效劳的吗?""请问,我能为您做些什么?"即使是回绝客人的要求,用词也要委婉客气,比如"这件事我需要去和领导商量一下""我帮你联系一下"等。

如果是没有预约的私访,作为主人也应尽快弄清来访者的意图,以便迅速确定谈话的话题,顺应客人的心愿,给客人以愉快的感受。相反,不了解来访者的意图,谈话就可能出现"话不投机"的尴尬局面。

当主人陪同客人谈话时,首先要紧扣主题。如果是朋友之间的交流,要找双方都感兴趣的话题来谈,不要只谈自己的事情或自己关心的事情,不顾对方是否愿听或是否冷落对方。其次要注意谈话的态度和语气。谈话时要尊重他人,不要盛气凌人或强词夺理。第三要全神贯注聆听别人的谈话,并适时地点头或微笑回应。不要随便插话,要等别人谈完之后再谈自己的观点,也不可只听不谈。不要东张西望,不要频频看表、打哈欠或看其他东西,以免对方误会你在逐客。第四,不要当着客人的面批评自己的孩子或家人。

谈话方式还要因人而异。来访的客人在年龄、性别、文化层次、职业以及来访的目的等方面都各不相同,这就要求主人要具备与各种不同的来访者侃侃而谈的本领。要做到这一点,就要在语速、音量、用语等方面因人而异。比如与老年人交谈时语音应稍大、语速应稍慢;与小朋友交谈则轻言细语;与文化层次较高的来访者交谈注意使用文雅语言。

**范例**

**来宾**:小姐,你好,能不能麻烦你为我引见一下你们的总经理?

秘书：请问您有没有预约？

来宾：哦，是这样的，我是他一位很要好的朋友，大家都很熟了，今天有重要的事情要见一下他。

秘书：不好意思，麻烦您先告诉我一下您的姓名，我去通传一下好吗？

来宾：你放心好了，我们真的是很多年的老朋友了，我今天真是有点急事要见到他，麻烦你通告一下。

秘书：不好意思，您如果没有预约的话，我真的很难帮到您。是这样的，我们老板现在正在开一个很重要的会议，一时走不开，要不您留下联系方式，等我老板有空的时候，让他回电话给您。

来宾：这样啊？……好吧，是这样的，我是中华公司的业务经理李平。我们之前有很多年的业务伙伴关系，今天是特地想来拜访一下他的。

秘书：是这样啊，可是他现在正在开一个很重要的会议，走不开？您看？

来宾：要不这样，麻烦你告诉他一声我已来拜访过他，下次我会主动给他电话，好吧？

秘书：中华公司李平经理是吧？好的，我记住了。

来宾：谢谢你。

秘书：不客气。

上述例子中的秘书待客很有礼貌，在不明对方来意时，没有随便答应对方引见给总经理。用总经理正在开一个重要会议的理由来回绝客人，显得委婉得体，同时记下对方的联系方式，这也表现出待客之道。

但是，这位秘书也有需要改进的地方，他（她）应该弄清楚客人要找的是哪位总经理。这样做的目的一是为了探清对方来意，有些时候如果是业务员，并不见得能说清楚总经理的全名；二是跟总经理传达时也好找准人；三是避免客人真的是总经理的朋友而被拒之门外，那样就会让总经理和客人都不愉快。

4. 送客时，要礼貌周到

送客是接待的最后一个环节。当客人准备告辞时，接待者要想想是否有遗漏的事情还未告知客人。确定没有后，再送客。接待者应当等客人起身后，再起身相送。送客时需主动与客人握手道别，并送出门外或楼下。

送客重在送出一份友情，中国古代就有"折柳送客"这一礼俗。当客人告辞时，一般应婉言相留，虽是客套辞令，但也必不可少。另外，一般还会用热情友好的语言欢迎客人下次再来。有时还应向客人所在单位或家庭成员表达问候，以示尊重与友好。即使对待不受欢迎的客人，也要礼貌送别，以表待客之礼，避免失礼引发矛盾。

常见的送客语言有：

"您才来一会儿就要走，请再多坐会儿嘛！"

"我们很高兴您来做客，真希望您能留下来小住几天。"

"请向您父母问好！以后多联系。"

"您请慢走,路上注意安全。"

"再见,欢迎下次再来!"

"请向贵公司全体同仁问好!祝贵公司生意兴隆,蒸蒸日上!"

### (四)接待的言辞技巧

#### 1. 善于对不同的人用不同的称呼

如果我们在接待中能恰如其分地称呼客人,则可以让关系亲密的人感到更为亲切,让关系疏远的人感受到尊重。正确称呼客人,要区分场合,考虑对方的年龄、辈分、职业、地位等,并按约定俗成的规矩而定。比如,一般情况下多称男性为"先生",多称女性为"小姐"或"女士"。长辈对晚辈,领导对下属,同辈之间可以直呼其名。晚辈对长辈,下属对领导,应采用"姓加辈分"的称呼,如李大爷、张叔叔。或者"姓加职位"的称呼,如王局长、赵科长、程主任等。对于那些德高望重的人,还应尊称为"王老""张老"等,以示尊敬。对于专业技术人员,往往用职称和学位进行称呼,如"李教授""陈博士"等。有些特殊的职业,如医生、教师、律师等,也可以职业为称呼,如"蔡老师""赵医生""钱律师"等。

在接待应酬中,主人要能够一见面就主动叫出来访者的姓名,这样可以迅速缩短主客之间的距离,建立友好关系。如果在接待中,一时叫不出客人的名字,就需要用巧妙的语言加以掩饰。例如:

"对不起,上次没听清你的名字。"

"哇!你今天穿得这么漂亮,我一时认不出你了。"

"你和×××太像了,你的名字叫……"

#### 2. 善于营造融洽的氛围

为了避免在接待客人时冷场,我们可以就对方感兴趣的事情恰当寒暄,营造出和谐融洽的氛围。可以适当交流一下天气、交通、运动、娱乐等的看法,使双方情绪放松,增强熟悉感。如果是对方提问,不要回答得过于简单,以免让别人误会你缺乏热情,不愿理会他。在这种寒暄中,要避免触及对方的短处,避免以反问来迫使对方同意,也要避免个人隐私或攻击性的问题,以免引起客人的不快。

### 范例1

一次,小林应邀到某酒店参加某公司的一个活动,在酒店的大堂遇到接待人员小叶,很巧的是小林与小叶曾是中学同班同学。小叶喊了一声小林的名字后就不作声了,只是笑。小林也笑,说:"好久不见啊!"小叶点点头,还是不作声,还是笑。双方沉默了一会儿,彼此有点尴尬。小林又说了两三句"最近忙啊""天好热啊",小叶还是以笑和点头作答。小林只好假称活动现场有朋友在等他而赶紧脱身了。

上例中的小叶虽然是小林的中学同班同学,但也是客人小林的接待人员,他的不善言辞造成了接待工作中的尴尬。关心客人应该是一种很好的拉近双方关系的方式,没有人会拒绝别人真诚的关心。小叶在沟通的时候不妨利用天气、公司活动等对客户表达关心,如"听天气预报说这几天气温还要上升,出门要注意防暑呀。我们活动现场有饮料水果,你先进去吃一点解解暑,我这边忙完再进去招待你。"

## 范例2

上海某公司的秘书小王接待了两位来自广州的客户,在等待总经理见面的间隙,小王与客户亲切地交谈起来:"你们广州天气真好,去年冬天我去广州,上海当时雨夹雪,广州却温暖如春,生活在广州真幸福。"客人很开心:"是呀,广州的冬天特别舒服,从来没有冰天雪地的寒冷。而且夏天也不是很热,因为近海,风很大,挺凉爽的。"小王又说:"广州人也很好,我在广州问路时从没有遇到冷面孔,都很热心地指路。我过马路时,很多汽车司机都会减速让我们行人先过街。"客人笑着连连点头。虽然客人等了约20分钟,但是他们在跟小王愉快的交谈中一点也没感到无聊。后来,这两位客户还邀请总经理以后带小王秘书一起去广州做客。

3. 善于选择安全的话题

言辞得体是接待的要求之一。要做到言辞得体,就要注意选择合适的话题与客人交谈。有些话题要避免提及,比如对方的年龄(特别是女士的年龄)、收入、健康状况等涉及隐私的话题。有些话题在交谈中出现争议时,避免深究,否则容易引起客人的不满。秘书在商务接待中遇到客户询问生产经营的问题时,一般仅需笼统回答,不要将这个话题具体深入地展开。还应特别注意的是,切勿在商务接待中乱说有关上司的事情。

## 范例

邵女士去丹尼斯买表,当她看到一款标价为1 750元的手表时,觉得价格很合适,就毫不犹豫地刷卡付钱买下了。可是就在她要出门的时候,这位营业员气喘吁吁地跑过来说,"对不起,您刚才的那款表应当是1 780元,那个价格标签是老的,我们没有及时更换,应当再加30元。"邵女士一听,很不高兴,当时就回应她,"不管你说的是真的还是假的,我是按照价格牌上的标价来付钱的,如果真是没有更换价格牌,那也是你的错,你也应该为此承担30元的损失。"营业员一时不知道该说什么好,邵女士要求商店负责人来处理此事。

商店负责人来了之后,她首先打发营业员去为邵女士倒了一杯水。趁营业员去倒水的时机,她认真地听取了邵女士的倾诉。

"哦,我听明白了,这件事情主要责任在我们这位店员。我先替她向您赔不是。"说完,她鞠了90度日式躬。

"我来解释一下,这位小张,是刚来这里工作的新人,前天刚到岗。换标签牌的事应该是上任营业员没有及时告知她。要不是旁边的人提醒她,她还不知道。这是我们管理层面的疏忽。但是这块表的价格确实应该是1 780元。您别看这里只有30元的差价,可是我们这里全是电脑对账,如果对不上账的话,小张不只是要补上30元的问题,她还要扣发当月工资的一半。这个损失对一个新人来说,是相当大的。我们都从职场新人过来的,请我们彼此互相理解一下。再次向您表示抱歉。这样吧,您买的这块表本来的保修期是一年,在我的权限范围内给您延长至一年半,您看如何?"话说到这里,邵女士的气完全消了,补上了30元。

这是一个接待投诉客人的范例。商店负责人的接待首先做到了耐心倾听。心理学家说,抱怨都是一个倒垃圾的过程,你不让抱怨者讲完,他是不能吸收新鲜事物的。所以我们接待投诉一定要耐心倾听对方的话。再者,这位负责人没有让对方烦躁、气愤的情绪感染到她,自始至终都以礼相待,无论是给客人倒水喝还是与之交谈,都表现得非常温和而冷静。虽然手表价格存在争议,但是这位负责人并没有对此深究下去。因为在这个话题上争个孰对孰错,埋怨对方,只会给本就生气的客人火上浇油,就会导致矛盾激化,接待失败。所以负责人本着解决问题的原则,选择了安全的话题以理晓人,先承认是商店的疏忽,再明确价格,又以情动人来赢得邵女士的理解,最终成功完成了接待,解决了问题。

## 三、案例分析

回顾"案例导读",某公司经理办公室的李秘书正在打印一份文件时接待了一位客人,他向客人点点头,并伸手示意客人先坐下。10分钟后,他起身端茶水给客人,电话联系好客人要找的部门,在办公桌前起身向客人道别,并目送其走出办公室。因为此事,李秘书受到了办公室主任的批评。

在这个案例中,办公室主任之所以批评李秘书,是因为李秘书在这次接待工作中没有做到亲切迎客、热忱待客、礼貌送客,甚至忽略了"出迎三步,身送七步"这一迎送宾客的最基本的商务礼仪。

秘书在接待来客时,首先应起身迎客,问明来意。即使手上正在忙,也应暂时放下,先亲切迎客。接着秘书应伸手示意客人请坐,若不能立刻满足客人面见拜访对象的需求,应说明缘由,请客人稍候。然后秘书要尽快联系好客人要去的部门,并具体说明如何去该部门。最后将客人送出门口,握手道别。

可是李秘书先忙自己的打印工作,并没有起身迎客,仅仅跟客人点头问候,让客人干坐了10分钟之后才端茶给客人,这样做实在失礼。送客时仅仅站在办公桌前目送,也欠缺礼貌。

这个案例启发我们:不能因为工作忙碌而疏忽待客之道。秘书的接待工作是单位的门面、喉舌,是单位形象的缩影。秘书在接待来访客人时,一定要热情周到,因为对方视你为公司的代表,友好的接待将为今后双方的合作交往打下良好的基础。

## 四、拓展阅读

### (一)大方合度的握手礼仪

国际礼仪主要以握手为主,当你与访客握手时,一定要做好度的把握:握手时要保持手的卫生,要充分尊重女性和长辈,握手的力度要恰到好处。

标准握手姿势:

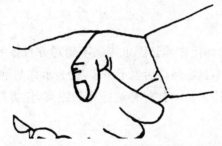

握手时力度要适当　　　　长辈先伸手晚辈后伸手
勿用力紧握弄痛别人的手　女性先伸手男性后伸手

握手应注意的事项:
(1) 女士与男士握手,不宜柔弱无力,否则会令对方不舒服。
(2) 女性接待人员要会应对客户握手时的无礼行为,这样既能保护自己又会给客户以稳重的感觉。
(3) 与女性握手不宜太过用力,否则会令女性对这位男性产生厌恶的感觉。
(4) 男士与男士握手,要在虎口交叉处互握,切忌在手指处握手。在手指处握手会令对方感到手指疼痛,在虎口交叉处互握,会令彼此没有压力。
(5) 初次见面勿用双手紧握着对方的手,这样会令访客产生不安的感觉。
(6) 握着访客的手时,不宜左顾右盼与他人交谈,这会让客户觉得自己没有受到尊重。
(7) 不要做喧宾夺主的行为,这会令领导对你产生不满的情绪。
(8) 容易冒手汗的人,应先擦拭再伸出手,令客户充分地感觉到被尊重。
(9) 要保持安全的距离,否则会让客户对你留下不好的印象。
(10) 握手时可适当鞠躬(我国应用的是国际通用的轻轻的点头示意),同时要带着亲切的笑容,这样可以充分表示出对客户的尊重。
(11) 不要过于用力摇晃对方的手,会令对方感到头昏脑涨。
(12) 女士先伸出手,男士才可伸手;长辈先伸出手,晚辈才可伸手。
(13) 男性主动握手女性应还礼,才会形成良好的互动。
(14) 以右手与访客握手,左手自然下垂在左大腿侧,会给客户留下一个很稳重的印象。

(二) 视线服务礼仪

1. 交谈时视线要看着对方

接待人员在回答客户的咨询时,眼睛一定要看着客户,这是尊重客户的最基本的礼节。对于刚出校门或者是社会经验不足的女性服务员来说,如果看着客户的眼睛令你不自在,你可以看着客户的额头、脸或者嘴角,并且要做到听声辨形,同时,眼神一定要带着表情。

2. 视线要保持在社交范围内

所谓社交范围指从腰际到头部之间的部分。男性服务员如果和女性顾客站在一起,眼睛最好不要停留在对方的胸部,否则有不尊重对方之嫌。所以,在与客户交谈的时候最好将视线停留在对方腰到头部的地方,保持一定的范围,这样才不会让客户跟你相处的时候感到浑身不自在。

3. 视线要保持安全距离

所谓视线安全距离是指即使你伸长手也接触不到对方身体的距离,这就是最安全的距离。异性之间交谈,若女性不自主地往后退了一步,就表示你与她的距离不是安全距离。与其让客户有这样的反应,接待人员不如保持最适当的距离,让客户感觉不到压力,只有这样才能让客户安心与你交谈。

4. 眼神应充满亲切感

接待人员看客户的眼神一定要柔和,要充满亲切的感觉,让客户感应到你的友好。不要对客户说出类似"你要干什么?找谁?能不能稍等一下!等一下!"等生硬的话语,因为在与客户说此类话的时候,接待者的眼神一定不会透露出亲切友好,反而会让客户感到对方防备或者厌烦的眼神。

(三) 引导访客的礼仪

1. 引导手势要优雅

接待人员在引导访客的时候要注意引导的手势。

男性引导人员应该是当访客进来的时候行礼鞠躬,引导人员的手伸出的时候,眼睛要随着手动,手的位置在哪里眼睛就跟着去哪里。如果访客问你"对不起,请问经理室怎么走",千万不要口中说着"那里走",手却指着不同的方向。

女性接待人员在做指引时,手要从腰边顺上来,视线随之过去,很明确地告诉访客正确的方位;当开始走动时,手就要放下来,否则会碰到其他过路的人,等到必须转弯的时候,需要再次打个手势告诉访客"对不起,我们这边要右转"。打手势时切忌五指张开或表现出软绵绵的无力感。

2. 注意危机提醒

在引导过程中要注意对访客进行危机提醒。比如,在引导访客转弯的时候,熟悉地形的你知道在转弯处有一根柱子,这时就要提前对访客进行危机提醒;如果拐弯处有斜坡,你就要提前对访客说"请您注意,拐弯处有个斜坡"。

对访客进行危机提醒,让其高高兴兴地进来、平平安安地离开,这是每一位接待人员的职责。

3. 与客户擦身而过时的礼仪

在行进中,如果跟客户即将擦身而过的时候,你应该往旁边靠一下,并轻松有礼地向他鞠个躬,同时说声"您好"。不要无视客户的存在,装作没看到客户,头一扬就高傲地走开。如果你能够在行进中向与你擦身而过的客户打个亲切招呼,客户会带着良好的心情与你所在的公司合作,你就给公司间接地带来了利益。

4. 上下楼梯的引导方式

爬楼梯引导客户时,如果你是女性,穿的是短裙,那么你千万不要在引导客人上楼时自告奋勇"请跟我来",因为差两个阶梯客户视线就会投射在你的臀部跟大腿之间。此时,你要尽量真心诚意地跟对方讲"对不起,我今天服装比较不方便,麻烦您先上楼,上了楼右转",很明确地将正确方位告诉客户就可以了。

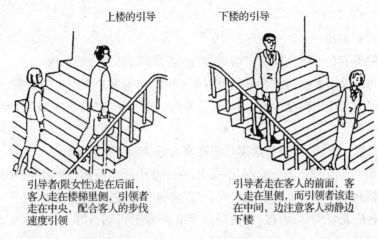

上楼的引导  
引导者(限女性)走在后面,客人走在楼梯里侧,引领者走在中央,配合客人的步伐速度引领

下楼的引导  
引导者走在客人的前面,客人走在里侧,而引领者该走在中间,边注意客人动静边下楼

搭乘电梯也有礼仪,接待人员掌握了这些礼仪,就能够带给来访者一段愉快的电梯经历。接待人员引导客户进电梯时要控制电梯门,让客户安全进入。如电梯内客满,应先出来几位同仁,让访客先进入。如电梯内有同仁,应让他帮忙按开关,让访客先进入。在狭小的电梯内,不要背对访客站立,也不要面对面,最好与客户保持45度的斜角,用余光观察客户。电梯抵达目的地时,接待人员应控制电梯门,让访客先离开,并清楚示意访客应该往哪个方向去。

引导客户搭乘电梯的礼仪主要强调的是以客为尊,先客后己。为了避免发生踩脚、夹门等不幸事件,接待人员要时时刻刻想着为客户控制好电梯开关,在确保没有任何危险的情况下再让客户出入。

5. 会客室大门的开启

会客室的门分为内开的和外开的,接待人员在打开内开的门时不要急着把手放开,这样会令后面的客户受伤;如果要开外开的门,就更要注意安全,一旦没有控制好门,很容易伤及客户的后脑勺。所以,开外开门时,你千万要用身体扣住门板,并做一个请的动作,当客户进去之后再随后将门轻轻地扣住,这是为了维护客人的安全,接待人员一定要注意。

6. 会客室的安排

一般会客室离门口最远的地方是主宾的位子。假设某会议室对着门口有一个一字形的座位席,这些位子就是主管们的位子,而与门口成斜角线的位子就是主宾的位子,旁边是主宾的随从或者直属人员的位子,离门口最近的位子安排给年龄辈分比较低的员工。

会客室座位的安排除了遵照一般的情况,也要兼顾特殊。有些人位居高职,却不喜欢坐在主位,如果他坚持一定要坐在靠近门口的位子时,你要顺着他的意思,让客户自己去挑选他喜欢的位置,接下来你只要做好其他位子的顺应调整就好。

### (四) 奉茶与接待

饮茶是我国的一项传统，小小一杯茶包含着博大精深的中国文化。一名优秀的接待人员，一定要学会用合宜的方法为客户奉茶，通过奉茶的礼仪展现你个人乃至公司良好的专业素养。

奉茶与接待的方法：

(1) 不同的季节有不同的饮茶习惯，因此要依季节选择适合的茶饮。

(2) 杯缘勿以手指拿捏，否则手指会将杯口弄脏，会给客户不卫生的感觉。

(3) 两杯以上要使用托盘端茶，用托盘递茶可以避免引起"右尊左辅"的传统说法，从而避免不必要的误会。

(4) 托盘勿置于前胸，因为托盘离呼吸器官太近，容易造成污染。

(5) 在杯子下半段二分之一处，右手在上，左手在下托着茶杯，避免手将杯口弄脏。

(6) 将茶杯搁置在客人方便拿取之处，可以避免茶水被打翻。

(7) 咖啡杯应先将汤匙、糖包、奶油球放置在杯碟上再端给客人，这样可以避免客人来回索取所需物品。

(8) 女性要注意奉茶仪态，若不注意，会无意将自己的某些隐秘部位暴露给客户，给自己带来不良影响。

(9) 要先给主宾和他的同事奉茶，最后给本公司的人员奉茶，这样可以充分表现出公司对客户的尊重。

(10) 空间不便时的奉茶法即依照顺时针的方向把茶水端给客户，最后是自己单位的人员。当不知道哪位是主宾的时候，用这种方法奉茶不会得罪客户。

(11) 加水动作即先将茶杯拿到桌子的拐角处后再加水，万一水溢出杯外可以避免将桌上的资料弄湿。

(12) 搁茶杯方法即先将小拇指压在杯底再放杯，可以将干扰源降到最低极限的范围之内。

(13) 在托盘内准备一张湿纸巾或干净的小毛巾，万一茶水溢出来你就可以尽快将其处理掉，不会让它弄湿客户的资料。

### (五) 特殊的拜访与接待——接打电话

1. 拨打电话的技巧

(1) 做好打电话前的准备，免得打电话时语无伦次，让人不得要领。准备的内容包括对方的电话号码、姓名、性别、年龄、打电话的目的、打电话的内容、公司与对方的关系状况，还要准备好电话记录的纸笔。

(2) 选择恰当的打电话时间。不宜过早、过晚或是私人休息时间(节假日、午休、用餐时间)打对方电话，否则会影响对方的生活，进而一定程度上影响通话效果。除非有要紧事相告和约定外，有三个时段不宜打电话给别人：工作日早上 7 点以前、节假日 9 点以前、晚上 10 点以后。办公电话宜在上班时间 10 分钟以后和下班时间 10 分钟以前拨打。打国际电话还应考虑时差。

（3）接通电话要礼貌有节。电话接通后，先问候、确定对方的身份或名称后，再自报家门，然后再告知自己找的通话对象以及相关事宜。对方应允后应致谢。

"您好，我是某某公司的某某，请帮我找某某先生（小姐）接电话好吗？谢谢！"

或询问"这里是某某吗？""请问您是某某吗？"对方确认后可继续报出自己打电话的目的和要办的事。

当受话人陈述某一问题时，尽量不要打断。

如果自己所拨的电话需总机接转，应向接线员说："您好，请转某某号。"

拨号后如无人接听，应待电话声响六七声后再挂断。

给领导打电话若是秘书或他人代接，应先向对方问好，然后自报姓名、单位、职务，说出自己的目的。若领导不在，可询问秘书或与秘书商议再打电话的时间。

万一拨错电话，需要表示歉意，不能立即挂掉电话。

（4）通话应简洁明了。通话宜短不宜长，一般三至五分钟为宜。若需要说的内容很多，可列个提纲。同时明确对方的处境，可以先询问一下，如"请问方便吗？"若对方回答不方便，应以商量的口吻再约时间。要求对方记录时，主动复述一遍，以免记错。若通话中途中断，无论怎样，都应重拨一次并表示歉意。

（5）结束电话要尊重对方。通话完毕，应该礼貌地说声"再见"，迅速放下听筒。动作要轻，不应发出声音，否则失礼。假如身边有急事需要挂断电话，应先简短道歉或解释一下，再说"再见"或者"过一会儿再打给你"。如果答应对方过一会儿再打过去，就尽快再打电话，不要让对方一直等。

2. 接听电话的技巧

（1）接听电话应及时。一般应在电话铃响两至三次接听并立即问候、报名："您好，这里是××公司，请问您有什么事吗？"或"您好！这里是宇翔宾馆总服务台。很高兴为您服务。"如果因为特殊原因响铃多次才接听，接电话时先做解释并道歉："对不起，让您久等了，因为××原因我刚才没有及时接听您的电话。"

如果有人打错了电话，可以告诉对方"对不起，您打错了，请再拨一次。"不可因为对方打扰了自己而大发脾气，甚至在电话中辱骂别人。

（2）通话回应要积极谨慎。通话时应认真仔细地聆听，忌吃东西、忌和他人讲话、忌不耐烦。为了表示已经明白对方的话，要及时地用"是的""对""嗯"等语言给对方积极的反馈。如果没有听清楚对方的话，应礼貌地打断对方，请他再讲一遍，"对不起，我刚才没听清楚，麻烦您再讲一遍，行吗？"接听公务电话时，应左手持电话，右手执笔，边打电话边做记录。对所记内容最好再重复一遍，确认无误后再结束通话。

如果自己不是受话人，应负起代为传呼的责任。用手捂住话筒，再呼喊受话人。若受话人在远处，应对对方说"请稍等一下"，将听筒轻轻放在桌上，再去找人。如受话人不在，询问对方是否需要留言"有事需要我转告吗？""能告诉我您的电话，让他回来给您回电话吗？"若对方表示可以，自己应将内容记录下来，待受话人回来后立即转交，以免误事。

（3）礼貌地结束通话。一般由打电话者先放电话或长者先放电话。通话结束要礼貌与对方道别"再见""谢谢"，并等对方先结束通话再挂断。切不可没有道别就急于挂断电话。

## 五、拓展训练

### （一）案例分析

1. 分析下例中的接待技巧

一天，南京某四星级酒店前厅部预订员小夏接到一位美国客人霍曼从上海打来的长途电话，想预订每天收费180美元左右的标准双人客房两间，住店时间6天，3天以后来酒店住。小夏马上翻阅预订记录，回答客人说3天以后酒店要接待一个大型会议的几百名代表，标准间已全部预订完，小夏讲到这里用商量的口吻继续说道："霍曼先生，您是否可以推迟3天来店？"霍曼先生回答说："我们日程已经安排好，南京是我们在中国的最后一个日程安排，还是请你给想想办法。"小夏想了想说："霍曼先生，感谢你对我的信任，我很乐意为您效劳。我想，您可否先住3天我们酒店的豪华套房。套房是外景房，在房间可眺望紫金山的优美景色。紫金山是南京名胜古迹集中之地，室内有我们中国传统雕刻的红木家具和古玩瓷器摆设；套房每天收费也不过280美元，我想您和您的朋友住了一定会满意。"小夏讲到这里，等待霍曼先生回答。对方似乎犹豫不决。小夏又说："霍曼先生，我想您不会单纯计较房价的高低，而是在考虑豪华套房是否物有所值吧。请告诉我您和您的朋友乘哪次航班来南京，我们将派车去机场接你们。到店后，我一定先陪你们参观套房，到时您再作决定好吗？我们还可以免费为您提供美式早餐，我们的服务也是上乘的。"霍曼先生听小夏这样讲，觉得还不错，想了想欣然同意先预订3天豪华套房。

本例中的小夏在接待客人来电预订房间的整个销售过程中，做得很到位，体现了一名前厅服务员应具有的良好的综合素质，这体现在以下几个方面：

（1）接待热情礼貌，反应灵活，语言得体规范，做到了无"NO"服务。在接受霍曼先生电话预订的过程中，为客人着想，使客人感到自己受到重视，因而增加了对酒店的信任和好感。

（2）小夏在推销豪华套房的过程中，采用的是利益引诱法，严格遵循了酒店推销的是客房而不是价格这个原则，因而报价委婉，避免了高价格对客人心理产生的冲击力。

总之，小夏接待顾客语言亲切，自然诚恳，善解人意，反应灵活，提供了针对性的服务，同时办事效率高，体现了她良好的思想素质和优秀的业务素养。

2. 阅读案例，谈谈它给你的启示。

1962年，周总理到西郊机场为西哈努克亲王及其夫人送行。亲王的飞机刚一起飞，我国参加欢送的人群便自行散开，准备返回，而周总理这时却依然笔直地站在原地未动，并要工作人员立即把那些离去的同志请回来。并对相关同志进行批评。

这次总理发了脾气，他严厉地批评道："你们怎么搞的，没有一点礼貌！各国外交使节站在那里，飞机还没有飞远，你们倒先走了。大国这样对小国客人不是搞大国主义吗？"当天下午,周总理就把外交部礼宾司和国务院机关事务管理局的负责同志找去,要他们立即在《礼宾工作条例》上加上一条,即今后到机场为贵宾送行,须等到飞机起飞,绕场一周,双翼摆动三次表示谢意后,送行者方可离开。

3. 指出下文中不符合商务礼仪的地方,并谈谈如何进行商务接待。

泰国某政府机构为该国一项庞大的建筑工程向美国工程公司招标,经过筛选,最后剩下4家候选公司,于是派遣代表团到美国亲自去各家公司商谈。

泰国代表团到达芝加哥时,某家工程公司由于忙乱出了差错,又没有仔细复核飞机到达时间,因而未去机场迎接泰国客人。但是,泰国代表团自己还是找到了芝加哥商业中心的一家旅馆。他们打电话给那位焦急不安的美国经理,在听了他的道歉后,泰国代表团同意在第二天上午在经理办公室会面。

第二天,美国经理按时到达办公室等候,但直到下午三四点才接到泰国客人的电话说:"始终没有人前来接我们。我们对这样的接待实在是不习惯。我们订好了下午的机票飞赴下一目的地。再见吧!"

(二) 情境演练

1. 请班上几位学生分角色演练下面的案例,以熟悉预约接待。

秘书:(从座位上站起来)您好!请问您找谁?

来访者:您好!我是天地公司的,这是我的名片。(从袋子拿出名片并递上)

秘书:(双手接过名片)您就是天地公司的张总啊。我们的吴总经理已经在办公室等您了,我现在就带您去,这边请。(做延请手势,到经理办公室门口时轻轻敲门)

吴总经理:请进。(从座位上站起,并用手示意来访者进入)

秘书:总经理,这位就是天地公司的张总。

吴总经理:您好!(握手后两人坐下)

秘书:(回到自己办公室做好人员来访登记)

2. 上午,秘书小李刚上班不久就接到单位领导打来的电话,说上午某某客人要来,而他不想见这个人,让小李负责接待。没过多久,那位客人果然来了,并向小李提出要见单位的某某领导……

如果你是小李,将如何接待这位来访者?

3. 小王是某公司的总经理秘书,一天他在办公室遇到了一位某厂厂长,这位厂长是预约了要来与总经理洽谈业务的,但是他现在比预约时间提前了半个小时到,而总经理正与另一客户商谈业务。如果你是小王,将如何接待这位厂长?

# 第八章 致谢与道歉

## 第一节 致谢

### 一、学习目标

(一) 认知目标

了解致谢的概念、意义,熟悉致谢的基本条件和技巧,掌握致谢的方法。

(二) 能力目标

熟练运用致谢的方法和技巧,养成良好的语言习惯,通过练习,能学以致用,提高口语表达与口语交际能力。

(三) 情感目标

感悟致谢案例的智慧美,积极学习致谢知识,能根据事由和对方心理,选择恰当得体的语言和方式,熟练地运用致谢的方法和技巧,礼貌对待别人,从而取得良好的交际效果,增进彼此情感。

### 案例导读

这是一张大家再熟悉不过的图片,故事发生在汶川地震的时候。2008年5月12日14时28分04秒,汶川发生了里氏8.0级的大地震,共造成69 227人死亡,374 643人受伤,17 923人失踪,是中华人民共和国成立以来破坏力最大的地震,也是唐山大地震后伤亡最严重的一次地震。在地震发生10余小时后,一位满脸是血的北川男孩从废墟中被救出。就在解放军战士准备把他转移到安全地带时,他艰难地举起还能动弹的右手,虚弱而又标准地敬了一个少先队队礼。这个小男孩叫郎铮,当时才3岁,当他被解放军叔叔从废墟中救出来的时候,他全身多处受伤,脸上还流着血,小男孩(郎铮)不忘向援救他的官兵叔叔敬礼感恩的举动,让无数的人深受感动。

**想一想**：小男孩在被救出时全身受伤,为什么还是艰难地举起还能动弹的右手,虚弱而又标准地敬了一个礼？值得我们思考的是什么？

## 二、知识学习

### （一）致谢的概念

致谢,就是表示感谢、道谢,是指获得他人帮助、接受他人给予的鼓励或他人提供的方便后表示感谢。

### （二）致谢的意义

感恩是积极心理学中最重要的积极品质之一。大量的研究发现,表达感谢有很多好处,能提升双方的幸福感和心理健康水平,能巩固人与人之间的密切关系。研究表明,直接向帮助你的人表达感激之情,有助于让他们持续想要与你维持长期关系。当你真诚地感谢他人,让他们知道你的感激,他们就会觉得对你付出的时间和努力都是值得的。

一个浅浅的微笑,一句温馨的话语,一张贺卡,一束鲜花,都可以表达我们的谢意,其中用语言向对方表示感谢,是我们最常用的方式,感谢给予自己帮助的人是一种礼貌,更是一种令自己快乐,也让别人快乐的事,所以我们要学会感谢。

正确地运用"谢谢"一词,会使你的语言充满魅力,使对方备感温暖。学会真诚致谢,既可以提升个人修养,也可以使对方在某种程度上得到心理上的安慰和补偿,促进人与人之间的交流。

### （三）致谢的技巧

致谢有各种方法,在不同场合根据不同对象使用不同方法,巧妙地达到双方增进友情和理解的目的,这就是致谢的艺术。

要使致谢达到预期的效果,我们必须做到以下几点：

**1. 致谢要及时,内容要全面**

一般情况下人家施惠予你,目的不一定是图感谢、求回报,但从精神上和心理上却希望得到肯定，认识到自己的付出有价值，有一种"成就感"；另外，我国是礼仪之邦，礼尚往来是优良传统，对人家的恩惠不予理睬也是不礼貌的。因此，要及时表达谢意。

致谢时要及时注意对方的反应。如果你一个劲地握住别人的手说"谢谢"，别人却不知所以然，那是因为你的致谢显得空洞无物。所以，在你说"谢谢"的时候，一定要具体全面地说出你感谢对方的原因，对调和及融洽人际关系会起到意想不到的作用。

致谢的内容一般包括致谢的原因和致谢者的感谢之情。致谢的原因要实事求是，将事实陈述清楚即可。陈述事实时，如果能讲述表现对方友善态度的典型事例或一两个具体细节，会收到感人至深的效果。如："深夜两点钟，外面下着大雨，您冒雨将我送到了医院急诊，让我脱离了危险。谢谢您，老师！"有时，也可以说明被谢者的帮助、鼓励等的意义所在，如："今天真的非常感谢您为我搬那么重的东西。"

下面范例截取毕业论文致谢辞，内容全面，表达了对各方的感谢。

### 范例

……

感谢培养教育我的母校，这里浓厚的学术氛围，舒适的学习环境我将终生难忘！祝母校蒸蒸日上，永创辉煌！祝校长财源滚滚，仕途顺利！

感谢对我倾囊赐教、鞭策鼓励的诸位师长，诸位恩师的谆谆训诲我将铭记在心。祝恩师们身体健康，家庭幸福！

感谢同窗好友，我们共同度过了四年美好难忘的大学时光，祝你们前程似锦，事业有成！

最最感谢生我养我的父母，你们给予了我最无私的爱，为我的成长付出了许多许多，养育之恩，无以回报，唯愿健康长寿！

……

2. 致谢要真诚，表达有诚意

在生活中，只要有人帮了你一把，无论大小，都要真诚地说一声："谢谢！"感谢是表达情感的方式，要真诚表达人家的施惠对自己的帮助以及带来的效果。表达你的感激的时候，最好是专注地注视对方，这样你的话才显得是出于真心，你的感情才显得真挚。心中有诚，语言才真，言不由衷的感谢还不如不说，说了，反让人觉得虚假和失望。

有时可能因为特殊情况，你没有说出谢谢，那么就要通过短信、微信等文字表达，把你对他的感谢用文字写出来，发给他，这样，他也能够感受到你的一片诚意。

为了体现致谢者的诚意，要在最短的时间内向对方表示感谢。在方式上，可以及时主动登门致谢，如到对方单位或家里去，如果距离较远也可通过电话等方法致谢，忌在偶然遇见或者时间很久之后，才表达感谢之情。在语言表达上，可在"谢谢"二字前面加上修饰语，如："真是太谢谢您了！"也可以用重复的句式，如："谢谢，谢谢，谢谢您了！"

表达感激之情的时候，说出的话一定要清晰自然，语速缓慢，不要一带而过，含糊其词，那样会给对方缺少真诚的感觉。你需要表达谢意的时候，一定是别人做了对你有帮助的事，你是受益者,所以你的心情应该是愉悦的,你的表达应该是充满感情色彩的。

### 范例

王女士喜欢晚饭后外出散步。一天,她散步时不慎将她心爱的手链弄丢了。王女士焦急万分,这可是她和丈夫的定情之物呀!她急忙沿途寻找,可惜没能发现手链的踪迹。正当她伤心欲绝时,广场上走来一位阿姨,阿姨本是在跳广场舞,当她问清王女士的情况后,立即召集跳广场舞的阿姨们一起帮忙寻找。终于,在众人的努力下,手链在广场旁边的草丛中被找到。王女士感动极了,握着那位阿姨的手,连声道谢!

3. 致谢要得体,分寸要把握

致谢要指名道姓,以便被谢者在心理上获得更大满足。如"谢谢您,张经理!"如果要同时感谢几个人,不能概括性地说声"谢谢大家",而要一个一个点名道姓地致谢。致谢要直截了当,突出感谢的原因,用语要简短、恳切、真诚、礼貌。如:"李科长,非常感谢您!要不是您及时帮我解释了原因,这笔生意就泡汤啦!"

应酬性的感谢可当众表达,认真而庄重的感谢要"专程而来",表示感谢时,通常要加上被感谢者的称呼。感谢时要注视对方双目,面带微笑,必要时,还需专门与对方握手致意。

向对方表示感谢也是有技巧的。我们向对方表示感谢的时候,一定要掌握分寸。当别人给我们帮助的时候,如果我们给他们的感谢不足,很可能就会让对方无法接受,还有可能对我们产生怀疑,觉得我们对他们不够尊重。而且我们的感谢不要从某一个角度等值地去考虑,因为有的东西根本就不能等值交换,需要具体情况具体分析。

### 范例

有一位小店的老板,推车上坡时,一位大妈看他十分费力,走上前去助了一臂之力。当过了坡时,这位老板二话没说,从口袋里拿出5元人民币往大妈手里一拍,说声:"不能让你白辛苦!"不想大妈大怒,将老板的钱摔在地上,大声斥责道:"你以为我是贪图这几个钱吗?有钱就什么都能买吗?"

孟子说,人皆有同情之心。看到别人有了困难,马上联想到自己要处于此情此景会如何,然后去帮助他人。这种善良的天性是无法用金钱买到的,也无法用商品价值来衡量。否则,就是亵渎。大妈恼怒的原因正是感到这份善心遭到了污辱!其实,老板只要真诚地说几声谢谢,大妈也就足矣!

4. 致谢要恰当,礼物要适宜

致谢时,要根据对方帮助之事的大小,以及致谢者受惠程度的轻重,适度地表达谢意。对于日常生活中一般性帮助,如捐来一件衣服或送一本书刊、一束鲜花,致谢要自然而随和。而对于生活工作中给予的重大帮助,如成功就业、成就事业等,致谢就要庄重而细致。

表达谢意可以送一份适宜的礼物,并附上一张便条,写上感激的话。只要你送的礼物能够非常恰当地表达出你的谢意,送什么并不重要。有时候,正好是节日或者一个特殊的日子,你送一个小礼物给他,以此表达对他的祝福和谢意。给他一个惊喜的同时,也让你的感谢变得浪漫而有意义,也是一个很不错的方法。

## 范例

在珍妮弗12岁的时候,受表姐家邻居的影响,深深地迷上了口琴。表姐经不住珍妮弗的纠缠,就带着她认识了来自日本的邻居栀子,栀子在闲暇时就拿出祖母给她的口琴打发时间。珍妮弗说自己很感兴趣,能不能烦劳栀子教她吹口琴。

栀子很高兴地答应了,并且还告诉珍妮弗口琴源于中国,早在3 000多年前的商朝就有了,被称为笙。珍妮弗回到家后很激动,非要盖茨帮她买一个口琴。盖茨觉得既然孩子有兴趣,再说让孩子多一项技能也不错啊,于是就买了一只口琴给珍妮弗。珍妮弗如获至宝,又是查资料又是买乐谱,忙得不亦乐乎,几乎每隔一星期就要去栀子家一趟。

有一天珍妮弗回来的时候,不像往常那样兴冲冲地给大家先吹上一段当天新学的乐谱,而是很不愉快地把口琴放在一旁,一声不吭地坐在沙发上。经过仔细询问,盖茨才得知大概的状况。原来是这样的,刚开始珍妮弗学口琴的时候,栀子是很热情的,用心地教珍妮弗,特别是得知珍妮弗是盖茨的女儿后,更是热情有加。但是渐渐地,珍妮弗发现栀子对自己一天天地冷淡起来,今天居然在门口贴个纸条说不在家,可珍妮弗明明听到她家里有小孩的哭声,郁闷得不得了。

盖茨一听就知道怎么回事了,很显然,栀子是埋怨珍妮弗,也可以说是埋怨盖茨夫妇。

这天,盖茨问珍妮弗:"珍妮弗,你觉得咱们给栀子小姐带点什么礼物好呢?"珍妮弗很惊讶地问:"礼物?为什么要带礼物呢?"

盖茨说:"带礼物是表示对别人的尊敬,是一种表达感激的方式。"

珍妮弗理直气壮地说:"我在许多书上都读到过,我的老师也讲过,只有没本事的人才请客送礼,难道爸爸也认为我很笨,所以才会去送礼?"

于是,盖茨把自己想法向珍妮弗说了,并仔细分析栀子为什么慢慢地对她冷淡的原因。

当然,让小孩子明白这些道理是很难的,但盖茨仍然一步一步地引导她:"不,你不能说栀子小气,她是一个很不错的人。这件事的责任完全在于我们,因为我们没有顾及他人的感受,每个人心里想的什么,我们都很难猜测,她表面上笑着,说不定心里面很有想法,你长大了自然会慢慢地弄懂这些的。"

虽然珍妮弗没有完全理解盖茨的话,但还是为栀子准备了一件礼物。当栀子接到礼物时,表现得很高兴。后来珍妮弗问盖茨:"为什么栀子那么高兴呢?难道她真的那么在乎那些礼物吗?"

盖茨说:"她在乎的不是礼物,而是你对她的感激之情。你的感激之情用一种礼物表达出来,和不声不响的或者口头语言的感激是不一样的,就好像和你比赛打棒球,你的比赛结果有没有一个奖杯一样。"

### （四）致谢辞的写法

致谢辞一般包括称谓、正文、结尾三个部分。

称谓要顶格写，也就是致谢的单位名称或者个人姓名、称呼。

正文要写致谢的具体理由和自己感谢的心情。

结尾做个总结，再次向致谢的对方表示感谢。

整个致谢辞要情真意切。

### 范例

尊敬的各位领导、亲爱的各位同事：

晚上好！

很高兴公司能够给我这个荣誉，我很激动，也很荣幸此刻能够站在这里，在此我衷心地感谢公司领导对我工作的肯定，感谢各位同事给予我的支持和帮助。

在刚刚过去的一年，各位同事本着一丝不苟的工作态度，互帮互助，取得了不俗的业绩，赢得了公司领导及顾客的赞赏。这一切佳绩的获得，是大家上下一心、勤勉敬业和顽强拼搏的汗水结晶！通过大家的勠力同心，拼搏进取，实现了我们制定的让"上级放心、让客户满意"的工作目标，这里面饱含着全公司员工的心血和汗水，而公司也在这样一步一步地壮大。作为一名老员工，我曾先后做过库管收银、售后接待以及现在的小组主管，我从这些平凡的工作中学会了细心、忍耐和包容。多年来，公司全体员工牢记发展使命，为公司赢得了美誉，赢得了客户，赢得了市场！全体员工用青春和汗水谱写了一曲曲动人心魄的青春之歌！

一切的成绩和荣誉都已成过去，衷心感谢大家的辛勤耕耘和无悔付出！是你们用智慧和汗水浇开了公司强盛之花！在新的一年的工作中，我必定恪尽职守，为公司的进一步发展贡献自己的一分力量，我一定再接再厉，奋发向上，不辜负公司及诸位同事予我的信任。我相信在这新的一年里公司会取得更骄人的业绩。

最后我祝各位领导及诸位同事新年快乐，工作顺利，身体安康！

### 三、案例分析

重温一下《案例导读》的故事：在汶川地震中，3岁小男孩郎铮，从废墟中被救出来的时候，他身上多处受伤，脸上还流着血，但他还是向援救他的解放军敬了一个礼，表达他的谢意。

案例中，小男孩虽然只有3岁，可是他已经懂得了要向帮助自己的人表达感谢，他用他理解的和能表达的方式，第一时间，真诚而又恰当地表达了出来，这个场面感动了很多人。郎铮以他的天真、真诚表达的感谢，让救援的战士知道了他的感激，也让我们所有人觉得对为救援他付出的时间和努力都是值得的。

## 四、拓展阅读

知识拓展:"涓滴之恩,当以涌泉相报",书面记载最早为清代的《增广贤文·朱子家训》,原为民间俗语,后清代朱用纯编辑收录,为教子醒世用。意思是即使受人一点小小的恩惠也应当加倍(在行动上)报答。

### 范例1

李嘉诚还没成功的时候,曾经流落街头。一天,天正下着大雨,李嘉诚无处藏身,就躲在学校门口的一棵树下,破衣服全都淋湿了,冻得他瑟瑟发抖。

这时,一个中学生打着伞来上学,见他冻成那样,就走上前去,把伞递给李嘉诚,说:"叔叔,用我的伞吧!"

李嘉诚看看中学生,问:"那你呢?"

中学生说:"我跑进去就行,放学时你记得还我。"说着,就跑进了学校。

李嘉诚打着那把伞,避过了那天的大雨,但那天放学的时候,他却因为到处奔波没能给中学生送伞。第二天,李嘉诚给中学生去送伞,可等了一天,也不见中学生从校门里出来。第三天、第四天、第五天……李嘉诚一直在学校门口转了七天,始终没见到那个中学生。

后来,李嘉诚成功了,有钱了,可他只要有时间,就会拿着那把伞到那所学校门口转一圈儿,想找到那个中学生,把伞还给人家,可他却一直没能如愿。

再后来,李嘉诚成了全球华人首富,那所中学也拆迁易址,但李嘉诚还是不死心,每次出门的时候都带着那把伞,希望有一天能遇到当年送他那把伞的中学生。

二十多年过去了,李嘉诚还在寻找当年的那个中学生。但他已经没有精力自己寻找,而是把这个任务交给了行政部张经理。他说,只要找到伞的主人,就让伞的主人马上去见他。张经理恭敬地收下那把伞,说会尽力寻找伞的主人。可是后来,李嘉诚多次催问,张经理都说没有找到。李嘉诚认为张经理办事不力,决定把他下放到下属公司。临走那天,张经理找到李嘉诚,希望能带走那把伞。

李嘉诚说:"不必了,寻找伞的主人会有人继续做。"

张经理沉思良久,说:"李总,你不用再找了,我就是伞的主人。"

李嘉诚笑了:"你就是? 我不希望你跟我开这种玩笑。"

张经理说:"我没有开玩笑,我就是当年送你伞的中学生。"

张经理说,他当年送给李嘉诚伞之后,曾在放学的时候寻找李嘉诚,但李嘉诚没在学校门口。第二天,他就转学去了别的地方,再后来又到英国上大学,时间一长,他就把送李嘉诚伞的事儿忘了。大学毕业回到香港之后,张经理应聘到李嘉诚的公司,他看见李嘉诚经常带着一把伞,还一直在寻找伞的主人,而张经理也认出了那把伞,那把当年他送给一个街头小贩的伞。

如今,街头小贩已经成了香港赫赫有名的人物,成了他的顶头上司。他没有去认领那把伞,他不想用那把伞在公司里遮风挡雨,不想借着那把伞往上爬,他从小职员干起,一直干到公司行政部经理,但他始终没对李嘉诚说那把伞是他的。今天他找李嘉诚,也不想向李嘉诚提什么要求,只是想澄清事实。

张经理说完,李嘉诚愣了好久。突然,他走到张经理面前,郑重地给张经理鞠了一躬,"小张,谢谢你,谢谢你当年对我的帮助,我知道你不想让我为你做什么,但有一件事我要告诉你,你送我的那把伞,我在创业时一直使用它,因此,我把它算作了10%的创业股份,现在,我把这10%的创业股份还给你,请你接受。"

10%的创业股份是多少钱,张经理心里清楚,但他却摇摇头,说他的那把伞不值那么多钱,只希望李嘉诚还给他那把伞。李嘉诚被张经理深深打动了,恭恭敬敬地把那把伞还给了张经理。

以后的故事不必再说,但我们不能不为李嘉诚的诚信和张经理帮助别人不求回报的精神震撼。做人一定要讲诚信,受人滴水之恩,就当涌泉相报。

### 范例2

帮助汉高祖打平天下的大将韩信,在未得志时,境况很是困苦。那时候,他时常去城下钓鱼,希望碰着好运气,便可以解决生活。但是,这究竟不是可靠的办法,因此,时常他要饿着肚子。幸而在他时常钓鱼的地方,有很多漂母(清洗丝绵絮或旧衣布的老婆婆)在河边做工的,其中有一个漂母,很同情韩信的遭遇,便不断地救济他,给他饭吃。韩信在艰难困苦中,得到那位勤劳刻苦仅能以双手勉强糊口的漂母的恩惠,很是感激她,便对她说,将来必定要重重地报答她。那漂母听了韩信的话,很是不高兴,表示并不希望韩信将来报答她的。后来,韩信替汉王立了不少功劳,被封为楚王,他想起从前曾受过漂母的恩惠,便命随从送酒菜给她吃,更送给她黄金一千两来答谢她。

漂母是中华民族勤劳善良的女性代表,在韩信艰难困苦之时伸出了援助之手。韩信永记漂母的帮助,在他功成名就之后,不忘承诺,感谢漂母,生动诠释了"涓滴之恩,当以涌泉相报"。

## 五、拓展训练

### (一) 案例分析

### 范例1

敬爱的领导,各位老师,同学们
　　大家好!
　　我是电工电子专业2009级三班的宣小飞,很荣幸,今天能作为获奖选手代表在这里发言。今年,我校在省级职业学校技能大赛中,取得了9块金牌、15块银牌和26块铜牌的辉煌成绩。我本人获得了单片机控制装置安装与调试组第一名的好成绩,实现了我校在省级职业学校技能大赛中该项目金牌"零"的突破。这次省技能大赛,我校之所以能获得如此辉煌的成绩,离不开各位同学的辛勤努力,但更重要的是,离不开学校给我们提供的良好的学习环境,离不开老师们的悉心指导!

首先,感谢学校,为我们开辟了一条扩展知识、提高技能、展示和成就自我的道路。从我们进入学校的第一天起,我们就深深地感到了学校为把我们培养成新一代的技能型人才,为我们提供了一切可以提供的条件,让我们在宽敞明亮的教室学习理论知识,让我们在现代化的实训场所训练技能,保证我们成人成才,让我们不断品尝成功的喜悦!今天,我们可以骄傲地说:选择职业学校,我们没有选错!感谢学校为我们的专业成长、为我们的未来打开了一片晴朗的天空!

其次,感谢省职业教育技能大赛,为我们提供了一次展示自我技能的机会,让我们能够有机会与全省那么多的优秀选手同场竞技,互相切磋,共同进步,让我们在切磋中成长,在成长中收获,在收获中自信!

当然,最需要感谢的,是我们的指导老师。在这次集训过程中,各位老师在繁忙的教学工作之余,放弃自己的休息时间,潜心研究训练思路,精心选择训练题,悉心指导训练,为我们每一位参赛选手量身制订了周密的培训计划,进行个性化的训练。训练,历时虽只有短短的3个月,但我们收获的是一生用之不尽的学习之道、工作之道和做人之道!没有老师的悉心指导,就不会有我们今天的收获!老师,你们辛苦了!谢谢你们!

在我获奖的当天,我就接到了外省一家知名企业的邀请,如果我愿意毕业后到这家企业工作,他们将出资帮助我完成学业,工作第一年的年薪不低于8万元。但是,我回绝了。我知道,是学校培养了我们!我们更知道,我们的家乡需要高技能的人才。我们将不断地努力,取得更优异的成绩,创造更美好的未来,回报老师,回报学校,回报家乡。

获奖,是我们前进路途中的一股动力。我们将正确看待这份成绩和荣誉。我们将以此为成长的助力器,秉承"永不放弃"的精神不断前进,更加勤奋地学习,为自己的未来画出美丽的彩虹。

这是一则在全校师生大会上的致谢辞。首先,致谢者身份定位准确。宣小飞是代表获奖同学发言,因此,宣小飞处处以全体获奖同学的身份表达感谢之情。其次,致谢对象明确。致谢者不仅分条列项地表达了对学校、活动举办方和指导老师的感谢,还表达了对地方政府的感谢("我们的家乡需要高技能的人才""创造更美好的未来,回报老师,回报学校,回报家乡")。再次,致谢事实清楚。感谢学校"提供的良好的学习环境",感谢老师的"悉心指导",感谢活动举办方为同学们"提供了一次展示自我技能的机会"。最后,致谢辞情真意切。整个致谢辞,内容充实,感情真挚,充满着感激、感恩、自信、进取之情。

### 范例2

100多年前的某天下午,在英国一个乡村的田野里,一位贫困的农民正在劳作。忽然,他听到远处传来了呼救的声音,原来,一名少年不幸落水了。

第八章 致谢与道歉

农民不假思索,奋不顾身地跳入水中救人。孩子得救了。

后来,大家才知道,这个获救的孩子是一个贵族公子。

几天后,老贵族亲自带着礼物登门感谢,农民却拒绝了这份厚礼。在他看来,当时救人只是出于自己的良心,自己并不能因为对方出身高贵就贪恋别人的财物。

故事到这儿并没有结束。

老贵族因为敬佩农民的善良与高尚,感念他的恩德,决定资助农民的儿子到伦敦去接受高等教育。

农民接受了这份馈赠,能让自己的孩子受到良好的教育是他多年来的梦想。农民很快乐,因为他的儿子终于有了走进外面世界、改变自己命运的机会;老贵族也很快乐,因为他终于为自己的恩人完成了梦想。

多年后,农民的儿子从伦敦圣玛丽医学院毕业了。他品学兼优,后来被英国皇家授勋封爵,并获得1945年的诺贝尔医学奖。他就是亚历山大·弗莱明,青霉素的发明者。

那名贵族公子也长大了,在第二次世界大战期间患上了严重的肺炎,但幸运的是,依靠青霉素,他很快就痊愈了。这名贵族公子就是英国首相丘吉尔。

农民与贵族,都在别人需要帮助的时候伸出了援手,却为他们自己的后代甚至国家播下了善种。人的一生往往会发生很多不可思议的事情,有时候,我们帮助别人或感恩别人,却可能冥冥之中有轮回。

说说下面案例中的感谢有什么不一样?

1. 据说有一次罗斯福家里失盗,被偷去了许多东西,一位朋友闻讯后,忙写信安慰他。罗斯福在回信中写道:"亲爱的朋友,你来信安慰我,我现在很好,感谢上帝:因为第一,贼偷去的是我的东西,而没有伤我的生命;第二,贼只偷去我部分东西,而不是全部;第三,最值得庆幸的是,做贼的是他,而不是我。"对任何一个人来说,失盗绝对是不幸的事,而罗斯福却找出了感恩的三条理由。

2. 垂垂暮年的康熙回顾他自己的光辉岁月,不由得感叹:如果没有鳌拜、吴三桂、噶尔丹等人,自己就不能成就这番辉煌业绩。他举杯向那些已经被消灭了的敌人敬酒,并大喊:"来世再与我为敌吧!"无须去考究细节的真实,康熙是千古一帝却是不争的事实,他的感慨发人深思。如果可以假设,没有那些内忧外患,康熙也许就是一个平庸的君主,从而淹没在历史的尘埃中。

(二) 情境演练

1. 在生活中常常会遇到下列问题,你怎样表示感谢?

(1) 你的手表丢了,同学拾到后还给你。

(2) 同学不小心弄坏了你的钢笔,第二天给你买来一支比原来还好(贵重)的钢笔。

(3) 运动会上你受了点轻伤,完全可以坚持参加下一项比赛。另一名同学自告奋勇执意替你参赛,但没有获得好名次,而该项目却是你的强项,有把握夺冠。

(4) 你买了一件贵重商品,出现质量问题,商场却不给退货,在消费者协会帮助下,问题得到解决。

2. 新学期初，学校各院系重新公开选举学生会干部。敢想敢干、富有凝聚力的余力同学，再一次当选为机电系学生会主席。在学生会第一次会议上，余力将向相关人员致谢。请根据提示，设计余力的致谢辞。

（1）向机电系团委老师致谢。

（2）向机电系新一届学生会全体成员致谢。

（3）向机电系全体同学致谢。

# 第二节　道歉

## 一、学习目标

### （一）认知目标

了解道歉的概念、意义，熟悉道歉的基本条件和技巧，掌握道歉的方法。

### （二）能力目标

熟练运用道歉的方法和技巧，养成良好的语言习惯，通过练习，能学以致用，提高口语表达与口语交际能力。

### （三）情感目标

感悟道歉案例的智慧美，积极学习道歉知识，能根据事由和对方心理，选择恰当得体的语言和方式，熟练地运用道歉的方法和技巧，礼貌对待别人，从而取得良好的交际效果，维护良好的人际关系。

## 案例导读

"负荆请罪"出自《史记·廉颇蔺相如列传》，讲述了发生在赵国首都邯郸的廉颇和蔺相如的故事，故事又被称为将相和。在邯郸市串城街（邯郸道）有一处巷子叫回车巷，这里就是蔺相如回避廉颇的窄巷。巷口还立了一石碑名《回车巷碑记》，记述负荆请罪的故事。

渑池之会结束以后，蔺相如由于劳苦功高，为赵国作出了卓越的贡献，被封为上卿，位在廉颇之上。

廉颇说："我是赵国将军，有攻城野战的大功，而蔺相如只不过靠能说会道立了点功，可是他的地位却在我之上，况且相如本来是个平民，我感到羞耻，位在他下面我难以忍受。"他扬言说："我遇见相如，一定要羞辱他。"相如听到后，不肯和他相会。相如每到上朝时，常常推说有病,不愿和廉颇去争位次的先后。没过多久,相如外出,在邯郸城回车巷远远看到廉颇。廉颇命车夫把车驾到路中,丝毫不给蔺相如空隙,蔺相如却掉转车子回避。

于是蔺相如的门客就一起来直言进谏说:"我们所以离开亲人来侍奉您,就是仰慕您高尚的节义呀。如今您与廉颇官位相同,廉老先生口出恶言,而您却害怕躲避他,您怕得也太过分了,平庸的人尚且感到羞耻,何况是身为将相的人呢!我们这些人没出息,请让我们告辞吧!"蔺相如坚决地挽留他们说:"诸位认为廉将军和秦王相比谁厉害?"回答说:"廉将军比不了秦王。"相如说:"以秦王的威势,而我却敢在朝廷上呵斥他,羞辱他的群臣,我蔺相如虽然无能,难道会怕廉将军吗?但是我想到,强大的秦国之所以不敢攻打赵国邯郸城,就是因为有我和廉将军在呀,如今两虎相斗,势必不能共存。我之所以这样忍让,就是为了要把国家的急难摆在前面,而把个人的私怨放在后面。"

蔺相如的话传到了廉颇的耳朵里。廉颇静下心来想了想,觉得自己为了争一口气,就不顾国家的利益,真不应该。于是,他脱下战袍,背上荆条,到蔺相如府门上请罪。蔺相如见廉颇来负荆请罪,连忙热情地出来迎接。从此以后,他们俩成了好朋友,同心协力保卫赵国。

**想一想**:廉颇为什么要用负荆请罪的方式向蔺相如道歉?

## 二、知识学习

(一) 道歉的概念

道歉就是以诚恳的态度向对方表达由于自己的过失而给对方带来不便或伤害的歉意。

(二) 道歉的意义

道歉是现代文明人的一种基本素养。一个人的一生中不做错事是不可能的,与人交往,难免说错话,做错事,若能及时认识错误,主动向对方诚恳道歉,一般情况下,总能得到他人的谅解,进而收到最理想的道歉效果:双方和解,既往不咎。这对于修复人际交往裂痕,缓解紧张的人际关系十分必要。如果我们每个人都能这样做,就会减少许多不必要的矛盾和纠纷。一个能够知错道歉的人,才是对家人、友人,对社会有责任感的人。

1. 道歉可以消除怨气

**范例**

在英国曾经发生过这样一个故事:6岁小女孩艾丽莎在王室公园里给天鹅喂食时,不慎被天鹅啄伤手指。她满心委屈,抱怨天鹅"不乖",应当让它的主人好好教训教训它。于是,她写信给天鹅的主人——女王伊丽莎白"投诉"此事。不久,日理万机的女王委托侍女写来道歉信:"……女王对天鹅啄伤艾丽莎的事情,深表歉意。"艾丽莎接受道歉,还向朋友展示女王的道歉信。女王道歉的事件迅速传遍世界,为人们所津津乐道。

一封简短的道歉信之所以能引起世界关注,除了女王身份的原因外,"道歉"所蕴含的力量也可见一斑。女王的道歉不仅消除了艾丽莎的怨气,还展示了女王的风度及其对英国民众的关爱。难怪艾丽莎母亲如此感慨:"这是个充满爱心的动人故事,真心希望这份浓浓的爱意能传递开来。"

2. 道歉可以恢复尊严

**范例**

一天,宋庆龄去看望小演员们,她微笑着劝陈海根:"孩子,瞧,你的脖子有些脏,去洗洗吧!"过了一会儿,宋庆龄转过头,看见陈海根还站在那里,脸涨得通红。

大家鼓足勇气说:"他的脖子不是脏,是黑。""您冤枉他了。"宋庆龄愣住了,连忙蹲下,拉住陈海根的手,诚恳地说:"孩子,我搞错了,请你原谅我!"陈海根急忙摇头:"不能怪您,应该怪我的脖子,怎么洗也洗不白。"宋庆龄爱抚地说:"好孩子,谢谢你安慰我。是我错了,我应该向你道歉,请你原谅我。"孩子们都被宋庆龄的道歉感动了。

宋庆龄不了解情况,误认为陈海根的脖子"有些脏",暗示其不讲卫生,结果伤害了陈海根的自尊;幸亏她及时而诚恳地道歉,这才得到谅解,并恢复了陈海根的尊严,同时表现出她对孩子的尊重。

3. 道歉可以平息争斗

**范例**

一次,华盛顿与佩恩展开激烈争辩,佩恩觉得受了侮辱,将华盛顿打倒在地。华盛顿忍痛站起,却没有反击。第二天,华盛顿邀请佩恩到一家酒馆见面。

佩恩做好决斗准备,带着手枪前去赴约。然而,华盛顿见他进来,忙起身迎接,笑道:"昨天是我不对,不该说那些话。不过,你的行动已让我遭受了惩罚。如果你同意,让我们把不愉快通通忘掉,彼此握手。我相信你不会反对。"

佩恩紧紧握住华盛顿的手,很有感触:"我将会成为你永久的追随者和崇拜者。"后来,佩恩果真成了华盛顿最忠诚的朋友之一。

一场差点上演的"生死争斗",因为诚恳道歉而"烟消云散";一对完全有可能成为"仇敌"的人,因为华盛顿及时道歉而"握手言和"。这次道歉不仅缓解了紧张的人际关系,还起到了平息争斗、"化干戈为玉帛"的作用。

(三) 道歉的基本条件

道歉要注意运用一定的语言技巧。

1. 文明规范

首先,要坦率承认错误,真诚道歉。如有愧对他人之处,宜说"深感歉疚""非常后悔"。渴望见谅,宜说"多多包涵""请您原谅"。有劳别人,可说"打扰了""麻烦了"。一般场合下,则可以讲"对不起""很抱歉""失礼了"等。

其次,要从主客观方面向对方分析失误的原因,争取获得对方的谅解。

再次,要承担责任,如:"事情是我做的,责任我来负,恳请你原谅我。"不要推诿责任,也不要采取大事化小、小事化了的态度。

2. 进究艺术

可以适时夸大自己的过错,如:"对不起,都是我的错,你别生气了。"可以在公众场合肯定对方的长处和成绩,用赞誉代替道歉,如:"还是你对,我以前低估了你。"可以借助适宜的"物语"表达歉意,如送上一束鲜花、一件小礼物等等。道歉最好在对方冷静之后进行。在对方盛怒之时,要尽可能避免与对方发生冲突。

3. 得体大方

道歉应当大大方方,不要遮遮掩掩、欲说还休,也不要过分贬低自己,不宜使用"我真笨""我真不是个东西"等语言。同时要把握道歉的分寸度。不该道歉时,决不能为了息事宁人而向对方道歉认错;要分清深感遗憾和必须道歉两者的区别,有些事可以表示遗憾,但不必道歉。

(四) 如何正确地道歉

1. 道歉要及时

知道自己错了,马上就要说"对不起",否则越拖得久,就越会让人家"窝火",越容易使人误解。道歉及时,还有助于当事人"退一步海阔天空",避免因小失大。迟到的道歉往往于事无补,因为人家一时的怒气或不快得不到及时的消除,积怨过久,则会形成心理裂痕,不易化解。及时道歉,冰释前嫌,有助于人际关系的改善。

◆ 范例1

2003年岁末,日本丰田汽车公司在中国媒体投放了两则广告,其一是霸道广告:一辆霸道汽车停在两只石狮子之前,一只石狮子抬起右爪做敬礼状,另一只石狮子向下俯首,背景为高楼大厦,配图广告语为"霸道,你不得不尊敬";其二为"丰田陆地巡洋舰"广告:该汽车在雪山高原上以钢索拖拉一辆绿色国产大卡车，拍摄地址在可可西里。

中国网友在新浪汽车频道等网站发表言论，指出狮子是中国的图腾，有代表中国之意，而绿色卡车则代表中国的军车，因此认为丰田公司的两则广告侮辱中国人的感情，伤害了国人的自尊，并产生不少过激言论。

危机爆发后，日本丰田汽车公司和一汽丰田汽车销售公司紧急约见了十余家媒体，称"这两则广告均属纯粹的商品广告，毫无他意"，并正式通过新闻界向中国消费者表示道歉。在丰田服务了27年的一汽丰田总经理古谷俊男在道歉会上不住地鞠躬致歉："这完全是我们工作不周造成的，非常对不起。"

丰田在致歉的同时也适时地表达了主观无过错性，"我不是故意的，但既然产生了这样的理解歧义，我必须道歉""为了防止类似事件发生，公司正在采取相应措施，以坚决杜绝类似事件的发生，希望在最短的时间取得消费者的谅解和信任"。

同时，丰田立即停止了这两则广告的刊发，并就此事向工商部门递交了书面解释，在更大范围内积极主动地寻求问题解决的途径。刊登"丰田霸道"广告的《汽车之友》杂志率先在网上公开刊登了一封致读者的致歉信。

事情发生之后，丰田公司及时通过媒体发表道歉，道歉之后，丰田取得了中国媒体和公众的谅解，一句道歉终结商业事件民族主义化。这一事件也成为2003年度十大企业危机公关案例之一。

### 范例2

美国南北战争初期北军的失败，给林肯带来极大的烦恼。一位养伤的团长直接向总统恳求准假，因为他的妻子遇险，生命垂危。林肯厉声斥责他："你不知道现在是什么时期吗？战争！苦难和死亡压迫着我们，家庭的感情在和平的时候会使人快活，但现在它没有任何余地了！"团长失望地回旅馆休息。

翌日清晨，天还没亮，忽然有人扣房门。团长开门一看，却是总统本人。林肯握着团长的手说："亲爱的团长，我昨夜太粗鲁了。对那些献身国家，特别是有困难的人，不应该这么做。我一夜懊悔，不能入睡，现在请你原谅。"林肯替他向陆军部请了假，并亲自乘车送那位团长到码头。

林肯作为总统，日理万机，然而当他意识到自己的错误之后，第二天一早就亲自登门道歉，并帮那位团长请好假，送他到码头。他的道歉不仅取得了团长的谅解，而且赢得了军心和民心。

2. 道歉要真诚

道歉过程中表示歉意时要有诚意，真诚的道歉，应该做到语气温和，态度坦诚而不谦卑。不推诿、不辩解、不讲过多的客观原因，不含糊其词，推脱责任，偏离话题，避重就轻，要充分显示内心的歉疚，要诚恳地承认错误，无论是自己有过失还是无过失，只要是对人有所损害，就要真诚道歉，不能只是漫不经心地说一声"对不起，还要怎么样？"免得让人再生误解。

道歉之后,对方的怒气或怨气可能还没有完全消除,这时要耐心倾听对方诉说,让对方发泄内心的不满。

### 范例1

2008年7月的一天,晚7:00,1208房的客人李先生打电话到酒店经理值班室,投诉服务员今天没有打扫房间。李先生说,他以前到酒店住过几次,感觉都很好,所以这次才又来这里入住。他是昨天开的房,今天一早有事外出,刚才回来后发现房间的卫生仍未打扫。李先生的情绪很激动,要求把此事转告总经理,让总经理给他一个答复。

值班经理一方面向客人道歉,另一方面表示马上派人进房间做卫生,并请李先生谅解。李先生说:"现在不是搞不搞卫生的问题,而是为什么会存在整整一天没有服务员搞卫生的问题。"值班经理表示先把房间卫生做好了,待情况调查清楚后一定给李先生一个答复。

值班经理随即打电话给楼层领班询问原委。原来这天楼层退房太多,新来的服务员搞卫生的速度跟不上,又没有将这一情况及时向领班反映,造成延误。于是值班经理要求领班与当事服务员一起去向客人致歉,然后把事情原委说清楚,听听客人的想法和意见。征得李先生同意后,领班与服务员一起去向李先生赔礼道歉,最终以自己的真情实意打动了客人。

没有错,有时也需要道歉。这种情况常适用于管理者。当你的下属在工作中未能恪尽职守,或者某方面的工作未能令人满意,为了促使下属进一步反省,也为了挽回单位的信誉,作为管理者应诚恳庄重地向对方或公众表达歉意,以求得谅解。

### 范例2

黄昏时候,一位女客人走进快餐店,坐下后叫了一杯咖啡。服务员送咖啡上餐桌时,客人的手不小心碰倒了咖啡,洒出的咖啡不但弄脏客人的衣服,还把她烫得整个人跳起来。

她忍不住叫起来:"哎哟,好烫啊,怎么搞的!"

服务员淡淡地说:"哦,对不起!"心里却嘀咕:谁让你自己这样不小心!她说完以后还愣愣地站在那里望着客人。

客人生气地说:"你还站在这里干吗?还不快去拿毛巾来擦。"

服务员神情刻板地说:"好的,我就去拿毛巾。"心里却说:都是你的错,干吗还要骂人?服务员把毛巾拿来给客人后,却又离开了。

客人在她身后气呼呼地说:"衣服全都给弄脏了,这是什么鬼餐厅啊!"

餐厅经理听了这段对白,走过来对客人说:"真对不起,由于我们的服务还做得不够,给您添麻烦了。"

听到餐厅经理这么说,客人反而有点不好意思,脸上显出尴尬的神态。

餐厅经理又说:"需要我帮忙洗衣服吗?"

"算了,也没那么严重,我自己擦干净就行了。"面对餐厅经理的真诚相待,客人的气也消了。

事后,餐厅经理提醒该服务员说:"你觉得自己刚才的态度好吗?"

"也没什么呀!"服务员摆出一副无所谓的样子。

"那你知道为什么客人生气了?"

服务员满脸不屑:"那是她自己的事,因为她突然伸手,咖啡才碰倒洒出来的,这明明是客人不对嘛!"

经理说:"但你也不能这样对待客人呀,如果先向客人道歉,再赶紧去拿毛巾,客人就不会那么生气了。"

"是吗?"服务员还是不服气地说:"我想我应该没什么错,干吗非要道歉呢?"

经理说:"虽然你没什么错,但惹客人生气就不对!因为客人是在我们餐厅里造成不愉快的,难道就跟我们一点关系也没有吗?难道就不能真心地道歉吗?"

服务员嘴上虽没说什么,心里却嘀咕:她自己不小心碰洒了咖啡还发火,还要向她道歉,这不可笑吗?

经理继续说:"正是由于你态度平平,措辞怠慢,不懂得适当地给予客人道歉和安慰,才破坏了客人的用餐心情。即使你有道理,但客人生气了,就证明那是不正确的待客之道。"

3. 道歉要得体

道歉语应当文明而规范。简单的过错见个面真诚地说声"对不起"也许就能得到对方的谅解,但很多道歉需要有严肃的场合,有必要人员到场。所以道歉应当根据情况选择合适的场合。这就要想什么样的场合什么样的人员参加,才能求得对方的谅解。庄重的场合、重要人士参加,会显得道歉更为真诚,就算换不来谅解,对方多少会有一些感情上的松动。

### 范例

英国公司"剑桥分析"调用 Facebook 用户数据一事,是 Facebook 多年来面临的最严重的危机,33 岁的扎克伯格在这次事件中,归纳了完美的抱歉。

开始穿对衣服,和传统印象中扎克伯格的形象不同,此次扎克伯格并没有穿最爱的灰 T 恤,而是郑重地穿上了量身定做的深蓝色修身西装、系上领带,他的团队甚至为其座椅上预备了 10cm 厚的坐垫让他看起来显得愈加挺秀、诚实、可托。

"是我的错!"

面临道歉,扎克伯格谦虚、热诚、积极协作。每次答复,全都带上对对方的尊称,显现优良教养。最重要的是每次答复时都爽快坦诚,不会给人左闪右避的感觉。

他的道歉,最终化解危机,挽回 1 300 多亿美元的损失。

(五) 道歉信的写法

道歉信是因工作失误,引起对方的不快,以表示赔礼道歉,消除曲解,增进友谊和信赖的信函。

道歉信一般分为三个部分:

(1) 称谓。

（2）正文：首先简单交代对何事进行道歉；其次诚恳说明造成对方不快的原因，消除误会或矛盾；最后再次表示遗憾和歉意，表明补救的愿望，提出建议或安排，请予以理解、见谅。

（3）署名、日期。

### 范例

尊敬的领导：

首先我对4月8日分公司办公例会上的冲动之举，向陈经理和在座的各位管理人员表示歉意。

这几天，总是在为自己的冲动行为懊恼不已。充分暴露出自己的任性、不成熟、不理智的错误特点。遇事不够冷静，体现出没有一份踏实、稳妥的工作心态，对于自己工作上出现的一些问题，不能够正确地面对，以至于产生了烦躁情绪。尤其是领导对我的关怀和帮助使我感到温暖的同时，也慢慢开始放松了对自己的要求，反而认为自己已经做得很好了。因此，这次发生的事使我不仅感到是自己的耻辱，更为重要的是对不起领导对我的信任，愧对领导的关心。让陈经理失望了！请接受我对您真诚的道歉。

此外，我也看到了这件事的恶劣影响，作为一名管理人员，如果在工作中，大家都像我一样，那怎么能把工作落实好、做好，同时，如果在我们这个集体中形成了这种目无组织纪律的观念和不良风气，我们工作的提高将无从谈起。因此，这件事的后果是严重的，影响是恶劣的。

×××<br>××××年××月××日

## 三、案例分析

重温一下《案例导读》的故事：战国时，赵国有两位重臣廉颇与蔺相如，蔺相如因为"完璧归赵"有功而被封为上卿，位在廉颇之上。廉颇很不服气，扬言要当面羞辱蔺相如。蔺相如得知后，尽量回避、容让，不与廉颇发生冲突。蔺相如的门客以为他畏惧廉颇，然而蔺相如说："秦国不敢侵略我们赵国，是因为有我和廉将军。我对廉将军容忍、退让，是把国家的危难放在前面，把个人的私仇放在后面啊！"廉颇得知他的良苦用心后惭愧不已，便背着荆条，到蔺相如家门口请罪。蔺相如见廉颇来负荆请罪，连忙热情地出来迎接。从此两人和好，成为很要好的朋友。两个人一文一武，同心协力保卫赵国，秦国因此更不敢欺侮赵国了。

负荆请罪：形容主动向人认错、道歉，给自己严厉责罚。在故事中，廉颇作为武将，对只是动动嘴皮子就获得上卿之位的蔺相如很是不服气，想羞辱他。当他得知蔺相如良苦用心之后，幡然大悟，原来自己的想法太狭隘，仅是考虑一己私利，而蔺相如是从国家利益出发，不与自己计较。他深感惭愧，以背负荆条的方式，表达最大的诚意，主动向蔺相如道歉。最终获得对方的谅解，并且两人成为要好的朋友，共同保卫国家。

由此可以看到，真诚的道歉不仅可以帮我们化解矛盾，赢得朋友和伙伴，更可以影响到一个国家的安全。

## 四、拓展阅读

在我们日常生活中,妨害、侵犯他人权益的情形在所难免,如失礼、失言、失陪、失约或失手;迟到、早退;未能办好别人托付的事项;打扰别人工作和休息,打断别人的谈话;说错、写错别人的名字;在狭窄通道,需在别人面前勉强通过,甚至没留意挡住了别人的视线和光线等,都需要说声"抱歉""对不起"等。

### 范例

作为娱乐圈高情商、高智商的代表,黄渤一直都是许多网友和观众心中的非颜值系实力派男神,演戏、唱歌、跳舞,甚至是主持都不在话下,堪称全能小王子。

黄渤担任各大电影节的颁奖嘉宾不是一次两次了,曾在第50届金马奖颁奖典礼上凭借一张能言善辩的巧嘴调侃了很多明星大腕,其中包括张家辉、刘德华。可即便如此多才多艺,仍然会有紧张失误的时候。在北京国际电影节闭幕式上,黄渤就出现了一个重大失误。

2018年4月23日北京国际电影节闭幕式当晚,台下坐着几百号嘉宾和领导。

黄渤在台上可能是因为太紧张,人家明明是佟丽娅,却活生生念成了佟娅丽!

如果是在一般场合或场景中,这样的口误也无可厚非,可北京国际电影节并不是一个小场会,出席的嘉宾和人员还都是有头有脸的大人物,如果这时候不好好处理一下,恐怕其影响和后续绝不会向正面发展。

当时的黄渤言语出口之后,马上就意识到了自己的错误,接着立即笑了起来,快速地随机应变,将口误说成是台下跟佟丽娅开玩笑之后的玩笑成真表现。

虽说黄渤很机智地把这个口误给圆了回来。但是失误就是失误,人家佟丽娅你非要念成佟娅丽,这样的错误还是要承认的啊!

在闭幕式结束后,黄渤第一时间在社交媒体发文向佟丽娅致歉,称:

能力有限,压力山大,上台前还开玩笑说别像上一次一样再说错了,默默地把所有名字又念叨了一遍……结果……果真……把佟丽娅的名字念成了tong ya li,这事得多少顿饭才能摆平!

黄渤致歉后,佟丽娅第一时间留言安慰:渤哥,你别紧张,你只是叫出了我的曾用名,就是怕"亚丽"压力大才改的!

在这个事件中,黄渤由于口误,将佟丽娅的名字念错,错误一发生,黄渤立即以微笑开始化解问题,开启向对方表达歉意的第一步。别小看这个微笑,因为它可比茫然不知所措或者惊愕尴尬等表情更能让人有谅解之心。第二步,他马上进行了初步解释,化解现场尴尬。第三步,闭幕式一结束,黄渤第一时间在社交媒体公开发文向佟丽娅致歉,主动、及时、公开向对方道歉,表达他真诚的歉意,最终获得对方的谅解。

黄渤道歉事件,不仅让我们看到黄渤的高智商、高情商,也为我们的口语实践上了生动的一课——产生错误时,及时、真诚、得体的道歉有助于维护良好的人际关系。

## 五、拓展训练

（一）案例分析

● 范例

（经理：某知名连锁快餐店所属餐饮集团公关部负责人。）

记者：经理，你好！有消息说，你们快餐店中烤翅和烤鸡腿堡的调料在检查中发有"苏丹红1号"成分，是真的吗？

经理：是真的。我们虽然多次要求相关供应商确保其产品不含"苏丹红1号"成分，并获得了他们的书面保证，但是非常遗憾，昨天在烤翅和烤鸡腿堡调料中还是发现了"苏丹红1号"成分。

记者：发现问题后，你们对消费者如何交代呢？

经理：我们公司是一家负责任的企业，对消费者的食品安全负责是我们的一贯原则，我们对此次食品安全事件深表遗憾，并向广大消费者表示深深的歉意。

记者：敢于承认错误的企业肯定是负责任的企业。针对出现的问题，你们将采取哪些整改措施？

经理：我们已经决定从今日起立即在全国所有连锁店停止售卖烤翅和烤鸡腿堡两种产品，同时销毁所有剩余调料。

记者：这两种产品深受许多消费者认可，什么时候能恢复生产呢？

经理：目前我们公司已经安排好重新生产不含苏丹红成分的调料，预计在一周内，将恢复烤翅和烤鸡腿堡的销售。

记者：对那些不良供应商损坏消费者身体健康的行为，你们打算怎么办？

经理：我们公司将严格追查此次供应商在调料中违规使用"苏丹红1号"的责任，确保此类事件不再发生。

记者：针对此次"苏丹红事件"，你们公司今后在确保食品安全方面有何措施？

经理：根据这次"苏丹红事件"的教训，同时鉴于部分食品生产供应商不能遵纪守法、严把食品安全关的隐患，我们公司将投资不少于200万元人民币，成立一个现代化的食品安全检测研究中心，对所有产品及使用原料进行安全抽检，并针对食品供应安全问题进行研究。

记者：由于此次事件，对消费者所带来的负面影响，你们公司将有哪些补救计划？

经理：4月份，公司将推出一个系列五种口味的新品，并进行为期10天的迎"五一"促销活动，以答谢消费者多年来对我们公司的厚爱。

记者：听了你的这番道歉和解释，让我们公众感受到你们勇于承担责任，对消费者负责的企业文化。

经理：谢谢你的理解，我们将把对消费者的歉意落实到整改工作中去，进一步落实我们的承诺,把最健康、最美味的产品奉献给消费者。

**记者:** 相信你们这样的态度必将赢得消费者的同情和谅解,再见!

**经理:** 谢谢你,再见!

这是一则道歉的案例。某连锁快餐店由于自身管理上的失误,给消费者带来严重的后果,遭遇食品安全危机。面对媒体和公众的指责,该餐饮公司沉着应对。首先,该餐饮公司诚恳地承认了食品安全问题,说明了产生问题的原因,并向公众表示歉意,以求得消费者的同情和谅解。接着公布了相关整改补救措施,并适时推出新产品,答谢消费者,重拾消费者的信任,重塑企业形象。安全事件原因解释清楚,道歉态度诚恳,语言恳切,补救措施具体。真诚的道歉使遭遇危机的快餐店取得了媒体和公众的谅解,很快渡过难关。

道歉,人际关系中的一环,也被市场经常性地视为商业策略和危机公关的一种技巧。

1. 结合案例,说说可口可乐公司是如何通过一句道歉挽回一个商业帝国的?

1999年6月上旬,40多名比利时的小学生在喝下可口可乐后出现恶心、腹泻等症状,紧接着,类似的症状像瘟疫一样快速传播到了法国境内。14日,比利时政府首先宣布,禁止销售可口可乐公司生产的所有饮料,此后法国及卢森堡等国也颁布了同样禁令。

可口可乐在这场风暴中反应迟钝,从美国飞往欧洲只需要10多个小时,而可口可乐公司总裁艾华士从美国赶往布鲁塞尔却花了整整5天时间。22日,艾华士在比利时各大报纸刊登《向比利时消费者的道歉信》,诚惶诚恐地说"我本来应该早点与你们商量",并表示要"不惜一切代价"重新获得消费者的信任。

道歉虽然晚了,但依然有效。公开道歉之后的两天,即6月24日,比利时政府决定取消对可口可乐的禁销令,这场危机逐步化解。

之后,可口可乐公司全球总裁兼首席执行官从艾华士更换为戴士杰,百年一遇的裁员风暴在可口可乐公司刮起,有将近6 000个职位"随风而逝",而美国总部更有40%的人员下岗。可口可乐在欧洲的危机从此改变了可口可乐的战略,"把人员赶到市场上去,是可口可乐一个显著的改变"。

目前,可口可乐的商标价值仍位居全球第一。

2. 下面案例中的道歉方式好在哪里?

一个星期日的上午,周老师正在聚精会神地写论文,突然,感觉不对劲儿,一看,客厅全是水,打开卫生间的门才发现,水正从洗衣机的缸里往外流。原来,头天晚上停水,妻子准备洗衣服,打开水龙头,忘记关了,这会儿妻子不在家,周老师又一门心思写文章,水来了,自己也没有注意到,结果满屋的水乱流。他正想着如何收拾,这时,突然传来了重重的敲门声。开门一看,是楼下的王先生。他冲着周老师喊道:"怎么搞的,下面都发大水了,你知道不知道?"周老师马上道歉:"想得到,想得到。实在对不起!我在书房写东西,也是才发现这个情况。"周老师一边说,一边指指地板。王先生看见周老师家的样子,语气放缓了些:"你也注意点。"周老师连忙说:"都怪我,发生这种事情,连累你家也跟着遭殃,我真的很抱歉!您算算损失了多少东西,费用我来付,以后我加倍小心。"听了周老师这话,再看看满地的水,王先生反倒不好意思起来:"没什么大不了的,以后注意点就行了。你赶快收拾收拾吧。"

(二) 情境演练

社交场合学会向人道歉,是缓和双方可能产生的紧张关系的一帖灵药。

1. 以下有一组场景,请同学们来判断该怎么做?

① 无意中碰撞了别人;② 在公交车上挤了别人或踩了别人的脚;③ 在食堂排队买饭时碰落了别人的碗筷。

2. 日本奈良市郊区有一家旅馆,环境优美,待客热情,吸引了很多顾客。美中不足的是,每到春季,许多燕子在屋檐下营巢安家,排泄的鸟粪弄脏了玻璃窗和走廊,使得客人有些不快。旅馆主人爱鸟,不忍心把燕子赶走,但又难以把燕巢及时、彻底清理干净,很是苦恼。一天,旅馆经理忽然想到一条妙计,以燕子的口吻给旅客写了一封道歉信,并将信张贴在旅馆大堂里,有效地化解了客人们的抱怨,还提高了入住率。请设计"燕子"的道歉信。

# 第九章 辩论

## 一、学习目标

（一）认知目标

认识辩论的作用，了解辩论的概念、特点和原则，熟悉辩论的策略。

（二）能力目标

学会多角度思考问题，能运用各方面知识阐述自己的观点，学会机智巧妙地进行辩论。

（三）情感目标

感悟优秀辩论案例的智慧美，积极学习辩论知识，愿意在实践中不断训练以提高辩论水平。

### 案例导读

1. 著名作家王蒙写过一篇《雄辩症》的小说，其中一段这样写道：

医生说："请坐。"

病人说："为什么要坐呢？难道你要剥夺我的不坐权吗？"

医生无可奈何，倒了一杯水说："请喝水吧。"

病人说："这样谈问题是片面的，因而是荒谬的，并不是所有的水都能喝。假如你在水里掺上氰化钾，就绝对不能喝。"

医生说："我这里并没有放毒药嘛！你放心。"

病人说："谁说你放了毒药呢？难道我诬告你放了毒药？难道检察院起诉书上说你放了毒药？我没说你放毒药，而你说我说你放了毒药，你这才是放了比毒药还毒的毒药！"

2. 甲乙二人以"什么是光彩"为题展开了下面一段论辩：

甲：我认为有钱就是光彩，没有钱就是不光彩。理由很简单，有钱就能办事，没钱就什么事都办不成。你去买菜没钱不行，你去看电影没钱也不行。

乙：你的理由并不能说明有钱就光彩，只能说明钱是有用的。

甲：钱当然是有用的啦！有钱能使鬼推磨！

乙：你这话我不同意！世界上根本没有鬼，哪里谈得上什么鬼推磨啊？

甲：谁说没有鬼？如果没有鬼，为什么古今中外那么多人讲鬼呢？

**想一想**：什么是辩论？上面两组对话各出现了什么问题？

## 二、知识学习

### （一）辩论的概念

辩论是一种综合性的口语交际活动，如果双方对某一问题的看法与见解是对立的，可以通过各种论证方法来阐述自己的见解，并反驳对方，以便最终肯定正确的观点，取得共识。

凡是有人群的地方，人们要认识各种事物并获得认同或对其予以取舍，必然要选择某种最佳的方式来进行，一般来说，这种最佳的方式就是辩论。辩论的表现形式为立论者和驳论者围绕着同一论题进行驳辩。立论者和驳论者只有就同一对象形成相对立的思想才能构成辩论。如一个人说"人都是自私的"，另一个人则说"人不一定都是自私的"。这样一个相互对立的命题才能构成辩论。因为这两个命题所认识的都是同一个对象，且又形成一个相互对立的思想；同时在这两个命题中，只能有一个命题是真的。如果不是就同一对象形成相互对立的思想交锋，那么就不能算是辩论。例如一个人说"人都是自私的"，一个人说"事物都是变化无穷的"。这两个人所认识的对象不同，犹如两股道上跑的车，因而不能算是辩论。又如一个人说"犯罪不利于社会"，另一个人说"犯罪侵犯了他人的合法权益"。这两个命题虽然所认识的对象是相同的，但他们不是对立的思想交锋，因此同样也不能算是辩论。

### （二）辩论的作用

墨子说："夫辩者，将以明是非之分，审治乱之纪，明同异之处，察名实之理，处利害，决嫌疑。"按照墨子的精辟见解，辩论的作用和目的就是为了分清是非界限，考察治乱的原因，弄懂同一和差别的客观规律，明了概念与客观事物之间的关系，权衡利弊得失，解决心中的疑惑。可见，辩论自古以来就是人类社会生活实践的具体需要。在当代，随着社会经济的发展、人际间交往的频繁，辩论在社会生活的各个方面所起的重要作用更是人所共知的。

1. 辩论是社会领域和科学研究领域探讨真理的重要手段

在社会科学领域和自然科学领域，要形成一种正确的思想和认识，得出科学的结论，不通过辩论几乎是不可能的。我国粉碎"四人帮"后的20世纪80年代初期，为了解放思想，全国开展了一场关于真理标准的大讨论，通过辩论最后形成了一个共识："实践是检验真理的唯一标准。"用这一理论指导我们的各项工作，使各项工作都有了很大的发展。又如法国科学家普鲁斯特和贝勒索就定比定律的有关问题进行了长达9年的辩论，越辩论认识越明晰，从而终于发现了定比定律。普鲁斯特成了这场大辩论的胜利者。后来他无限激动地对贝勒索说："要不是你的责难，我是难以深入去研究定比定律的。"显而易见，在社会领域和科学研究领域中，通过辩论，就能认识和掌握真理，而一旦认识和掌握了真理，就可推动和促进社会的进步。

2. 辩论是各种谈判的必备形式

无论是国际性谈判，还是国内的一般谈判，辩论总是不可避免的。周总理在国际谈判席上,那刚柔相济,字字千钧的辩词,既维护了祖国的声誉与民族的尊严,又留下了许多足以长中国人民志气和威风的佳话。在谈判陷入僵局之时,如果一方抓住问题的实质进行辩论,往往会产生巨大的力量而突破僵局、赢得胜利。

一次,我国深圳蛇口工业区代表团与美国某财团关于引进新型浮法玻璃厂的项目谈判陷入了僵局。其争论的焦点集中在每年所付专利费占销售总数的百分比上。对此,双方各不相让。这时,作为中方主谈判的袁庚说:"先生们,我们的祖先4000年前发明指南针,2000年前发明火药,全人类都在享受这伟大的成果,可他们从来没要过什么专利。我们作为后代,也从没因此骂过自己的祖先是混蛋,反而觉得光荣。请问诸位,那时候你们的祖先在哪里? 恐怕还在树上呢。不过,各位不要害怕,我的意思不是不付专利费,而是要求公平合理!"袁庚的话语既坦率、诙谐,又机智、恰切,使精明的美国商人十分叹服。因此,他们放弃了原来的要求,同意我方的意见。袁庚就这样凭着辩才,为国家赢得了数千万美元的利益。

3. 辩论在人们日常生活中起着重要的作用

在日常生活中,人们随时都可能就某一事物发生辩论。如家庭生活中父母与子女的对话;夫妻之间的思想交锋,亲属之间的分歧;邻居之间的纠纷;同志之间对事物的不同看法等等。当遇到这些问题时,如果通过恰当的辩论,就可明白事理、统一认识、解决矛盾、和谐关系。

例如,王某与李某是一对新婚才半年的夫妻,一天丈夫王某提出离婚。妻子李某指责道:"你当时向我求婚时,信誓旦旦,海誓山盟,许下诺言要爱我一辈子,说什么但羡鸳鸯不羡仙,为什么才半年就变心呢?"王某反驳道:"我这些话并没有说错啊,确实表达了对你的一片真挚的感情!""那为什么半年就要离婚呢? 这算什么真挚的感情呢? 这不是虚情假意又是什么呢?"李某毫不示弱,反唇相讥。王某又不慌不忙地辩驳道:"文艺作品中的鸳鸯比喻男女之间爱情的神圣与珍贵,可是你婚后3个月就在外面另有新欢,这难道能怪我不守诺言吗? 能怪我虚情假意吗?"李某听后哑口无言,只得向丈夫认错,请求原谅。王某在这场辩论中坦诚地指出了妻子不忠诚于爱情的行为,因而使妻子回心转意,从而夫妻关系得到了巩固。

4. 辩论也是法庭审判中常用的武器

在法庭审判中,要揭露犯罪、分清罪与非罪界限、明辨是非、维护公民的合法权益等都离不开辩论。只有通过辩论,才能揭露犯罪分子的诡辩,使犯罪分子认罪服法;只有通过辩论,才能查清疑点,使无辜的人不受追诉,避免冤假错案;只有通过辩论,才能分清人民内部的是非问题,使公民认识自己的行为是合法、还是非法,从而维护自己的合法权益。总之,无论是对刑事案件,还是民事案件,法庭要做出公正的判决,都不能不依赖法庭辩论。

例如有个盗窃案件,被告人在法庭辩论中百般狡辩,拒不承认自己的罪行,说什么发案的那天晚上他一直在李某某家打麻将,没有作案时间,他在预审中承认犯罪,是公安人员逼迫的。针对被告人的这一狡辩,公诉人反驳道:"经调查核实,李某某那天晚上正在上班,其妻也回了娘家,你怎能在他家打麻将? 你的辩解能推翻你认罪的口供吗?"被告人听后哑口无言,只得表示接受法庭的判决,老老实实地认罪服法。试想,如果不借助辩论这个武器,犯罪分子能轻易低头认罪吗?

5. 辩论也是对敌斗争的有力武器

在同敌人的斗争中,我们可以运用辩论这个武器揭露敌人的反动实质和罪恶阴谋,使其丑恶的嘴脸暴露无遗,从而伸张正义,弘扬真理。

1933年5月15日,邓中夏同志不幸在上海巡捕房被捕。敌人对他软硬兼施,企图诱降。有个国民党中央委员对邓中夏说:"你是共产党的老前辈,现在受莫斯科那些小字辈的欺压,我们都为你不平。中共现在已不是政党了,日暮途穷。你这样了不起的政治家,何必为他们牺牲呢?"邓中夏当即反驳道:"我要问问你们,一个害杨梅大疮到第三期已无可救药的人,是否有权讥笑那些偶感伤风咳嗽的人?我们共产党人从不掩盖自己的缺点错误,我们有很高的自信力,敢于揭发一切缺点与错误,也能克服一切缺点与错误。我们懂得,错误较诸于我们的正确主张,总是局部的,有限的。你们呢?背叛革命,屠杀人民,犯了不可饶恕的罪行,民心不可侮,你们注定失败,真正的日暮途穷了。"邓中夏同志面对敌人对党的侮辱和挑拨离间的阴谋,运用辩证的观点阐明了我党的错误与正确主张的关系,指出党的错误是局部的、有限的,而正确主张则是占主导地位的,因此共产党前途无限光明远大。而国民党反动派处处与人民为敌,对人民犯下了不可饶恕的罪行,它经已日暮途穷,气息奄奄,注定要失败。邓中夏同志的驳斥有理有力,击中要害,因而使敌人无法招架。显而易见,辩论在对敌斗争中有着重要的作用,它是革命者克敌制胜的法宝之一。

(三) 辩论的特点

1. 观点对立

演讲是一人讲,众人听,很少有争论发生。辩论却是对立双方语言的直接对抗。这种对抗,根本上还在于观点的针锋相对。辩论双方,除了正面阐述自己观点的正确性之外,还要竭尽全力反驳对方的观点,证明其谬误或不足。

2. 逻辑严密

严密的逻辑是论辩制胜的有效手段。亚里士多德曾把逻辑作为使人信服的手段之一。所谓逻辑严密,是指观点和论据统一,各论据之间又具有内在联系。分析和论证丝丝入扣,推理和判断合情合理,思路清晰,条理分明,步步深入,左右逢源,浑然一体,无懈可击。

3. 应变及时

辩论是一场短兵相接的语言对抗。对方随时都可以从各个角度进攻。即使准备得很充分,也会在临战中碰到许多出人意料的问题。对这些问题若不及时作出反应,马上会使自己陷入被动境地,甚至败北。所以,思维敏捷,随机应变,乃是辩论突出的特点,也是辩论者必须具备的能力。

4. 用语精练

用语精练是指辩论者必须用简短明快的语言击中对方的要害,甚至达到"一语中的"的程度。因为任何一方的论辩时间是与对方的思考时间成正比的。也就是说,一方的论辩时间越短,对方考虑辩驳的时间也就越短,给对方造成的困难也就越大。倘若一方语言冗长,必然留给对方更多的回旋余地,使对方获得充分的思考时间,并轻易地抓到突破口而获胜。

### (四) 辩论的种类

**1. 日常辩论**

日常辩论是以日常生活中发生的各种问题为中心开展的辩论。一般都是由眼前发生的事件为论题,不受时间、地点、人数的局限,论题往往是即兴的。

**2. 专题辩论**

专题辩论是就某一特定论题,在专门的场合进行的辩论。它包括外交辩论、法庭辩论、学术辩论、论文答辩等。这种辩论一般都应具备四个要素:明确的观点,充实的论据,透辟的分析,有力的反驳。专题辩论一般是经过充分准备的,氛围是严肃的,语言是精确的,不能有随意性。

**3. 赛场辩论**

赛场辩论是把辩论作为一种比赛项目,就某一论题进行辩论的演练活动,它是前两种辩论的模拟。这种辩论起源于1922年的"国际雄辩运动",当时是由英美有识之士发起和组织的。"国际雄辩大赛"参赛者多为各国大学生,赛场辩论是目前世界上正在兴起的一种比赛项目。这是一项侧重于人们言辞表达能力的比赛,被称为唇枪舌剑的竞赛。

### (五) 辩论的原则

**1. 实事求是的原则**

辩论要求尊重事实,服从真理,不能随意夸大或歪曲事实,更不能有意颠倒是非,混淆黑白,或者无中生有,使正常的辩论变成诡辩。

**2. 平等原则**

在辩论中双方的地位是平等的,辩护和反驳的权利也是平等的,辩论应该不唯上,不唯长,不唯权威,不唯人多势众,只唯真理。

**3. 同一原则**

这是对辩论者的逻辑要求,就是在辩论时思想要有明确性和一贯性,就是概念要同一,不能在辩论的过程中偷换概念或者混淆概念;论题要同一,不能中途离题走题,甚至故意偷换论题;前后思想要同一,要能自圆其说,不能左右摇摆、自相矛盾。

### (六) 辩论的策略

**1. 始终围绕话题**

单向口语交际面对的是一种相对稳定的交际情境,交际主体一般可以在开口之前,根据交际目的和情境设计好自己的讲话,一般不存在中途转换交际话题的问题。而辩论是一种双向交际,面对的是一种活动的情境,而且是一个回合又一个回合地即时进行的,我们很可能在发言的过程中或在回合转换的过程中,迷失了自己的交际目的,不知不觉地转换话题。

我们的发言内容应服从于同一话题,不能岔开话题。另外,接话时也不能偏离话题。但是,辩论时常常容易出现这样的问题:讲到某个事例,引用到一些资料,感到很得意,绘声绘色地讲下去,不知不觉就讲跑了题;有时为了证明自己的观点而叙述某个事例,叙述中突然发现事例中存在着其他的思想意义,就情不自禁地把它点出来,结果却背离了原定的目的;或被对方一打岔,就讲到别的地方去了;觉得对方不讲理,或被对方故意一激,就控制不住自己的情绪,被对方设法牵着鼻子走更是常见的事。要使辩论成功,就一定要避免这些现象,要牢记自己的交际目的,不要在不经意中迷失目的,转换话题。

● 范例1

美国大选候选人辩论经常会围绕对方主帅的丑闻而跑题。一次在讨论朝鲜核问题时,共和党的迈克·彭斯指责克林顿基金会收受外国捐款并疑似为捐款人在美国国务院"行方便",话题迅速"跑偏"。民主党的蒂姆·凯恩反驳了彭斯的指控,并表示特朗普基金会违法提供政治献金以帮助特朗普竞选,这也同样被彭斯驳斥。最终,主持人不得不提醒两人:"我想提醒你们,(这个环节)是关于朝鲜的。"

● 范例2

在一学术讨论会上,大家畅所欲言,气氛十分活跃。一位知名学者兴致勃勃作即席发言,用踢足球给某一现象打了个形象的比方,众人听得津津有味。突然一位与会青年接过话茬,与之辩论其踢足球的这个比方的不妥之处,并大谈世界杯足球赛,话题被冲散,大家不知其所云。

2. 陈说概括简明

生活中我们会发现不少人说话不多,但一旦发言就语出不凡,别人都打住嘴,引颈恭听,不少时候得益于言说时的概括简明。由于辩论具有交互性和即时性的特点,所以我们陈说时必须概括简明,语言要有极强的概括力,要尽可能用最少的语言表达事物的实质。如果能在这个基础上再做到内涵丰富,精警有力就更好。而辩论的即时性特别强,一方的言说必须在另一方言说的基础上进行,始终处于动态发展之中,因此要做到简明概括并不容易。

● 范例

在论及"人活着究竟为什么"时有人这样陈说:"人活着为了什么"是一个比较严肃的问题,也是非常重要的。因为人区别于其他动物一个显著的特点,是人有高度发达的大脑。这个高度发达的大脑要是只想吃、穿,只想着享受,只想着自己,那就不成为人了。那也就是说,是活着的僵尸了。所以说,人活着究竟是为了什么,值得我们大家,做为一个健全的人,要认真仔细地想一想。中国革命经历了几十年的艰苦奋斗,很多革命同志抛头颅,洒热血,取得了革命的胜利,赶走了帝国主义,打倒了蒋介石,建立了新中国。在这场革命中,像李大钊呀,向警予呀,这些革命志士呢,在很年轻的时候,为了全中国人民,为了革命,为了国家,为了民族,嗯,都慷慨地献出了生命。无产阶级革命,文艺伟大旗手鲁迅先生,他呢,有句名言就是,嗯,横眉冷对千夫指,俯首甘为孺子牛。这两句话呢,就是鲁迅先生一生革命奋斗的忠实写照。

这段陈说中,言辞啰唆,没有明确陈说清楚自己的观点。开头提出"人活着为了什么"是个严肃的和重要的问题,本应紧接着分析证明,但他却提出人有别于动物的特点,纯属多余;后来讲到中国革命的志士仁人,也没有明确点明志士仁人活着的目的。语意含糊使对方听辨费力,交际很难顺利进行。

有时我们需要根据语境,在辩论中恰当地运用"追加",对说过的话做追补或加工。这和概括简明是一致的,因为音过声逝,即使表述得再清楚明晰,如果一带而过,给人的印象可能很淡漠,那就无法明确。"追加"要谨慎,旨在突出语意重心,强调重点。常见的有复释性追加和增饰性追加。复释性追加是对说过的意思换一个角度或方式加以解释或强调,它不是同语反复,而是换一种说法 过渡句一般为"也就是说……",以使语意表达更明确、更透彻。增饰性追加是对刚说过的话随即增添一点被忽略或遗漏的内容,或作一点必要的强化修饰。

例如,"东北地区面积83万平方公里,你别看它还占不到全国面积的1/7,但是同日本、英国的面积比一比,大约相当于两个多日本或者三个半英国那么大。"这是复释性追加,运用"换算"使抽象的数字具体化。"这时候,董存瑞扛起炸药包冲上去——他扛的不仅是个炸药包,他肩上扛的是人民战士光荣神圣的重任啊!"这是增饰性追加,通过抒情性追加董存瑞英雄行为的深刻含义得到揭示。

在辩论中,概括简明往往必须达到精炼的高度,甚至达到"一语中的"的程度。特别是类似法庭辩论等对抗性高强的激烈辩论,择词选句更应力求简短、犀利,因为任何一方的辩论时间都是与对方思考的时间成正比例的,一方的论辩时间越短,对方考虑辩驳的时间也就越少,给对方造成的困难也就越大。

### 范例1

古代有姓王的和姓范的两位大臣因排座次而互不服气,王姓排在后面,于是讽刺范姓:"簸之扬之,糠秕在前。"范随即反驳道:"淘之汰之,砂砾在后。"语言精练,针锋相对,十分有力。

### 范例2

一位学者在与他人辩论中国古代婚姻家庭问题时,说:"中国古代的婚姻是无爱婚姻,所以,所谓家庭的和谐,实质是一种文化规定。"当对方说起中国女性在历史上的地位时,他说:"中国女性只有容貌,没有声音。"确实,纵观中国古代的家庭婚姻,有很多是没有爱情做基础的,家庭的所谓和谐,也不过是一种道德的规定。观点也许有值得商榷的地方,但是如此简短的几句话,却让人觉得几乎涵盖了一部中国家庭婚姻史,一部中国女性史。不仅概括简明,而且内涵丰富,精警有力。

3. 注意倾听应变

会话的交互性决定了应变的重要性。辩论要求一方的说以另一方的说为前提,语境是交互的,而且是动态的,因此,对应变提出了更高的要求。

成功的应变的前提是必须注意倾听。辩论时必须时刻注意倾听,听出话外音才有可能成功应变。据说,拿破仑有一次对秘书布里昂说:"布里昂,你也将永垂不朽了。"布里昂迷惑不解,答不上话来。拿破仑提示说:"你不是我的秘书吗?"布里昂明白了他的意思,微笑着说:"请问,亚历山大大帝的秘书是谁?"拿破仑没有直接回答布里昂的话,而是高声喝彩:"问得好!"当拿破仑说出第二句话后,布里昂听出了话外音,巧妙应对,他们的话都没有直说,但彼此都明白了对方的意思。

应变是根据交际情境应对和变化,至少要注意几点:

首先,不仅要根据对象的基本情况来决定说话策略,还要注意观察,分析对象的心理、心情变化,及时调整说话策略。上述拿破仑的第二句话就是根据布里昂的反应的调整。

其次,要根据对象表达的内容和形式,及时调整自己讲话的内容和形式。

### 范例1

美国竞选第41届总统时,杜卡基斯和布什的一段辩论是利用对象情况展开论辩的典型示例。

**杜卡基斯**:布什在哪里?

**布什**:噢,布什在家里,同夫人巴巴拉在一起,这有什么错吗?

上面例子中的民主党总统候选人杜卡基斯嘲笑布什不过是里根的影子,没有自己的政见,理由是20世纪60年代初追随保守的戈德华特,80年代初又遵从于温和的洛克菲勒,后来再附骥里根。作为一个政治家,其自身的政治标记不明显。而布什平淡的一句回答,也语意双关,既表现了自己的道德品质,又讥讽了杜卡基斯的风流癖好,置杜卡基斯于极尴尬的境地。这表面上极普通的对话,如果不知道背景,可能听不出辩论的意味,而布什从杜卡基斯的问话中听出了话外音,敏锐地洞察到他对自己的嘲弄和所指,于是针对对方风流成性的特点,迅速应变,作了针锋相对的回答,取得上风。

### 范例2

有一次,一位英国电视台的记者采访中国作家梁晓声,他突然提出一个问题:"没有'文化大革命',可能也不会产生你们这一代青年作家,那么'文化大革命'在你看来是好还是坏?"梁晓声一听问的是"文化大革命",这是一场给中国人民带来灾难的内乱,立即反问:"没有第二次世界大战,就没有反映二战而著名的作家,那么你认为二战是好是坏?"

在上述这个例子中,似乎梁晓声无论怎么回答,都可能陷入对方的圈套,答"好"与事实相背离,说"坏"有损中国的国家形象。梁晓声洞察问话中"文化大革命"灾难性的特点,迅速作出反应,置对方于相同的"两难"境地。谁都没有真正走出困境,但又都不再深究,这个问题只好不了了之。尽管如此,梁晓声后发制人,气势上还是稍胜英国记者一筹。这是借助对方话语巧妙应变的成功示例。

再者,努力利用交际场合中的其他情境因素。利用交际现场中的其他人及其言行,交际的时间,交际的空间状况,交际时的天气,侵入交际场合的各种声音,交际现场中每一件可能影响交际的物品、物件等和这些因素的变化来见机说话。

### 范例

二战时期,为了说服美国共同抗击德国法西斯,英国首相丘吉尔访问美国,被安排住进白宫。一天早晨,丘吉尔正一丝不挂地躺在浴缸中吸烟,罗斯福来看他,突然推门走了进来。丘吉尔慌忙扔掉烟站起来,光着湿淋淋的身子,尴尬中笑着说:"总统先生,我在您面前可是没有丝毫的隐瞒啊!"二人随即哈哈大笑起来。

在这个例子中,丘吉尔于慌乱中借助交际现场的情境因素——自己"躺在浴缸中一丝不挂"的尴尬情形,用"没有丝毫的隐瞒"一句话,转瞬间不仅化解了尴尬,还照应到了双方的关系和自己此行的目的,真是非常机智的应变。

4. 讲究言辩技巧

辩论时由于双方常处于对峙状态,各方对自己所持观点都不轻易让步,对对方观点的反驳也往往不留情面,在技巧上特别注重,逐渐形成了人们常说的"辩术"。辩论中的技巧分为两大方面,一是进攻的技巧,一是防守的技巧。

进攻技巧主要有:

(1) 先发制人

辩论时先抢占有利时机,主动应战。我们可以在论战开始时先旗帜鲜明地论述自己的观点,为接下来进一步展开论点、深入阐述打下坚实的基础。当我们树立了自己的观点之后,不给对方喘息机会,主动向对方突然发难,找准对方的薄弱点进攻,让对方猝不及防,我们就把握住了辩论的主动权。

### 范例

甲乙双方就"网络使人更亲近还是更疏远"展开辩论。甲先发制人:从前人们是天涯海角各一方,而今人们却可以有网千里来相会;从前即使是小国寡民,人们也是老死不相往来,而今人们却可以千里姻缘一网牵。所以我认为网络的出现让人们的关系产生了量与质的变化,网络使人与人之间更亲近。从宏观上讲网络使全球人类减少隔阂,增加了解;从微观上说,网络使人与人的情感发生了从无到有、从浅到深的变化。你说网络使人更疏远,就要论证网络让人与人之间增加了隔阂,建立起了种种藩篱,请问有网千里来相会、千里姻缘一网牵是让人更疏远吗?请对方解答。

(2) 后发制人

有时我们在辩论中暂时失去主动,后发制人就成为夺回主动权的一个重要策略。所谓后发制人就是以退为进,先故意承认对方的某些论据和理由,或者部分承认对方所持的观点,欲擒故纵,做出有原则、可控制的让步;然后找出其破绽(如论据不足、说理不当、自相矛盾等),再迎头痛击。

**范例**

在20世纪菲律宾大选中,阿基诺夫人与马科斯进行了一系列的舌战。马科斯在竞选中攻击阿基诺夫人"没有经验,不懂政治""女人最适合的所在是厨房"。对此,阿基诺夫人使用后发制人的战略,进行了这样的反驳:"是啊,对于政治,我是外行,但作为围着锅台转的家庭主妇,我精通日常经济。我也承认,的确没有马科斯那种欺骗、说谎、盗窃或暗杀政敌的政治经验。我不是独裁者,我也不会说谎,不会舞弊,但我有的是从政的诚意。"一席话打动了无数选民。阿基诺夫人最终击败了马科斯,赢得了竞选的胜利。

(3)双刀攻击

双刀攻击就是提出与论点相关的两种可能性判断,迫使对方在两种可能中选择,但无论哪种选择,都对对方不利。这其实是给对方一个两难问题,要解决两难问题就要对各种情况做平衡,要对不同结局做比较,正是这些权衡和比较,才能掂出功过得失,分辨是非曲直。

**范例**

在泰国流传着这样一个故事:有个叫西特努赛的人,在皇宫做官。一天上朝之前,他对每个官员说:"我可以洞察你们的内心,你们心里想的什么,我全都知道,不信咱们打赌!"官员们虽然知道西特努赛足智多谋,但绝不相信他会聪明到这种地步,他们想让他在皇帝面前出丑,于是一致同意以100两银子为赌注,与他打赌,皇帝也认为西特努赛输定了。打赌开始后,西特努赛不紧不慢地高声说道:"在座的诸位大人心里想的什么,我十分清楚,诸位想的是,我的思想十分坚定,我的整个一生都要忠于皇上,永远不会背叛谋反,诸位大人是不是这样想的?哪位不是请立即站出来!"官员们听到这里,面面相觑,张口结舌,没人敢站出来!就只好认输。

西特努赛制胜的秘诀就在于他预先给官员们设下了这么一个"两难"之境:如果你认为我猜对了,就得输给我100两银子;如果你认为我猜得不对,就得承认对皇上不忠,就得掉脑袋。所以,你或者输给我100两银子,或者丢掉脑袋。两弊相交取其轻,官员们自然都愿认输了。西特努赛选取的关键点是官员们不敢当面说出对皇上不忠。可见,二难推理是辩论的有效武器之一,在特殊场合可以使你在山穷水尽之时出奇制胜,绝处逢生。

(4)诱敌就范

当我们在辩论中发现对方的谎言或破绽,可以不急于戳穿,故意设问诱其重申肯定,然后再予以揭露,使其有口难改。

**范例**

在"艾滋病是医学问题还是社会问题"的辩论中,在自由辩论阶段,有这样一段辩词:

**反方**：我倒想请对方辩友回答我一个很简单的问题,今年世界艾滋病日的口号是什么?

**正方**：今年的口号是"更要加强预防",怎么预防呢?要用医学方法预防啊!

**反方**：错了!今年的口号是"时不我待"。对方辩友连这个基本问题都不知道,怪不得辩起艾滋病问题来还是不紧不慢的。

在这里,一个平平常常的诱饵,能产生不平常的效果,我们以漫不经心的方式提出一个看似并不重要的问题,一旦对方入圈套,迅速发起攻势解释对方言行的矛盾,便能使其俯首认输。

再看一则生活中的例子。

### 范例

一天,弟弟从外地进了一批货,告诉哥哥次日凌晨两点进站接,但哥哥贪睡误点,没去接,致使弟弟一人费力把货物运回,见面后,哥哥谎称去过车站但没见到人。

**弟**：昨晚那趟车晚点了,你知道吗?

**哥**：当然知道。

**弟**：当时到站是两点半还是三点?

**哥**：大概是两点半吧!

**弟**：算了吧,昨晚列车正点到达,到站时间是凌晨一点五十九分。

这种方法也可以叫作"迂回包抄"的方法,由远及近的进攻方式一般很少遇到反抗,较易达到目的。

防守技巧主要有：

(1) 利用矛盾反驳

利用矛盾反驳,就是要善于抓住对方立论中相互矛盾之处,据理反驳。以首届国际大专论辩赛为例,由于论辩双方各由四位队员组成,四位队员在辩论中常常会出现矛盾,即使是同一位队员,在自由辩论中,由于出语很快,也可能出现矛盾。一旦出现这样的情况,就应当马上抓住,竭力扩大对方的矛盾,使之自顾不暇,无力进攻己方。

### 范例

在剑桥队辩论发言时,剑桥队的二辩认为法律不是道德,三辩则认为法律是基本的道德。这两种见解显然是相互矛盾的,我方乘机扩大对方两位辩手之间的观点裂痕,迫使对方陷入窘境。

又如对方一辩最初把"温饱"看作是人类生存的基本状态,后来在我方凌厉的攻势下,又大谈"饥寒"状态,这就是与先前的见解发生了矛盾,我方"以子之矛,攻子之盾",使对方于急切之中,理屈词穷,无言以对。

(2) 引申转化

引申转化就是借用对方提出的材料或问题,转化成与其基本观点相反的结论,以守为攻。这就像中国功夫中的太极一样,看似温柔缠绵,实则绵里藏针,能给对手致命一击。

● 范例

据说,有一位商人见到诗人海涅(海涅是犹太人),对他说:"我最近去了塔希提岛,你知道在岛上最能引起我注意的是什么?"

海涅说:"你说吧,是什么?"

商人说:"那个岛上呀,既没有犹太人,也没有驴子!"

海涅笑着答道:"这个好办,我们俩一块去,就可以弥补这个缺陷!"

(3) 对比反驳

对比不但是一种有效的、认识事物的方法,而且也是一种有力的论辩手法。对比时可以比较同类事物,也可以比较异类事物;可以比较同一对象的不同方面,也可以比较不同对象的同一方面;可以是纵向的比较、横向的比较、现状的比较、历史的比较,也可兼而有之。但不管哪种比较,都应特别注意比较事物的强烈反差,制造鲜明的形象,这样才能收到良好的效果。

论辩反驳所采用的对比手法通常有相关对比和正反对比两种。

相关对比是将两个相近似的对象加以对照,使人们通过对照来识其同、别其异,从而使自己的观点更鲜明,更突出,更有攻击力。

● 范例1

古希腊哲学家苏格拉底的妻子是个有名的悍妇,动辄对丈夫大骂不已。有一次妻子大发雷霆,当头泼了苏格拉底一盆脏水。苏格拉底无可奈何,诙谐地说:"雷鸣之后免不了一场大雨。"别人嘲笑他说:"你不是最有智慧的哲学家吗?怎么老婆都挑不好?"他回答:"善于驯马的人宁肯挑选悍马、烈马作为自己的训练对象。若能控制悍马、烈马,其他的马也就不在话下了。你们想,如果我能忍受她,还有什么人不能忍受呢?"面对嘲笑者的刁钻,苏格拉底机敏地应用相关对比手法,十分精彩地为自己作了辩白,展示了自己的语言表达技巧与智慧。

● 范例2

在一次国际笔会上,西方人士问我国作家陆文夫:"陆先生,你们东方人对性文学怎么看?"陆文夫没有直接回答,他清了清嗓子说:"西方朋友接受客人礼盒时,往往当着客人的面就打开看,而我们东方人则相反,一般要等到客人离开后才打开盒子。"面对东西方性文学态度的不同,作家陆文夫巧用类比,含蓄幽默。

● 范例3

20世纪30年代中期,香港茂隆皮箱行由于货真价实,生意兴隆,因而引起英国商人威尔斯的嫉妒。威尔斯蓄意敲诈,于是便到茂隆皮箱行订购3 000只皮箱,价值港币20万元,合同写明1个月交货,逾期不交或不按质按量交货,由卖方赔偿损失费50%。茂隆皮箱行经理冯灿如期交货。可是,威尔斯却说:"皮箱中有木料,就不是皮箱,合同上写明是皮箱。"因此向法庭提出控诉,要求按合同赔偿损失。正当威尔斯在法庭上信口雌黄、气焰嚣张的时候,冯灿的辩护律师罗文锦从律师席上站起来,取出口袋里的金怀表,高声问法官:

"请问,这是什么表?"

法官答道:"这是英国伦敦出口的金表,可是这与本案有什么关系呢?"

罗文锦高举金表,面对法庭上所有的人说:"有关系。这是金表,但是请问,这块金表除表面是镀金的以外,内部的机器都是金制的吗?"

"当然不是。"旁听者同声议论。罗文锦便说:"那么人们为什么又叫它金表呢?由此可见,茂隆皮箱行的案件,不过是原告无理取闹、存心敲诈而已!"

正反对比是把两类具有相反意义的对象摆在一起,通过正反对比,强化论据,使反驳更有攻击力。

### 范例

一位美国记者曾当着周总理的面提出这样一种观点:一个国家向外扩张,是由于该国人口过多。周总理反驳道:"我不同意你这种看法,第一次世界大战前,英国人口只有4 500万,不算太多,但英国在一个很长的时期内,曾经是'日不落'的殖民帝国。美国的面积略小于中国,而美国的人口不及中国的五分之一,但美国的军事基地遍布全球,美国的海外驻军达150万。中国人口虽多,却没有一兵一卒在外国领土上,更没有在外国建立军事基地。可见一个国家是否向外扩张并不决定于他的人口多少,而决定于他的社会制度。"此处周恩来总理用英美人口不多却在向外扩张、中国人口多却没有向外扩张形成鲜明对比,使对方无任何反驳余地,极具说服力。

(4)归谬法

归谬法是先假设对方观点是对的,然后从这个对的原理中推导出明显的荒谬结论,放大其错误,使其结果更加荒谬,从而否定对方论题。

### 范例1

有一天,有个地主在家里喝酒。正喝得高兴的时候,酒壶里没酒了,他连忙喊来长工去给他打酒。长工接过酒壶问:"酒钱呢?"地主很不高兴地瞪了长工一眼:"有钱才打酒算什么本事?"长工拿着酒壶默默地走了。过了一会儿,长工端着酒壶回来了,地主暗自高兴,接过酒壶。可一看,壶里是空的。地主冲长工喊:"怎么没有酒?"这时长工不慌不忙地回答道:"壶里有酒能倒出酒来算什么本事?"

这个例子中的长工为了反驳地主"有钱能买酒不算本事"的观点,先假设地主的观点是正确的,然后由此推出一个新的"有酒能倒出酒来不算本事"的观点,给地主以沉重的打击。

归谬法在论辩中如果运用得好,一般能发挥一锤定音的功效。运用时关键在于大脑反应快,能迅速明确对方话中的原理,并由此推出一个符合这个原理的荒谬的事例,然后从中推出明显荒谬的结论,从而达到推翻对方观点的目的。归谬反驳有放大谬误的作用,常使论敌处于无地自容的窘境。归谬法往往还可以造成幽默诙谐的效果。

### 范例2

20世纪30年代,国民党逮捕了邹韬奋、史良等7位主张抗日的爱国人士,这就是"七君子事件"。国民党费尽心机,抓住他们和共产党、张学良有过公开电信来往大做文章,强加给他们"联合共产党反对政府"的罪名。

法庭上,邹韬奋义正词严地反问:"我们打电报请张学良抗日,起诉书说我们勾结张、杨兵变,我们发了同样的电报给国民政府,为什么不说我们勾结国民政府?共产党给我们写公开信,起诉书说我们勾结共产党,共产党也给蒋委员长和国民党发公开信,是不是蒋委员长和国民党也勾结共产党啊?"

### 范例3

在一次以"法治能/不能消除腐败"为题的辩论赛中,

反方:请对方举个例子,哪怕是一个例子,世界上有哪个国家哪个地区用法治消除了腐败?

正方:过去没有消除,现在没有消除,就等于将来一定不能消除吗?那我们还谈什么共产主义必然实现,共产主义以前也从来没实现过嘛!

正方对反方的这个要害问题如果避而不答,那就要丢分了,而以归谬驳斥对方提问中隐含的逻辑,却化险为夷。

## 三、案例分析

回顾导读案例,案例1是著名作家王蒙先生的小说《雄辩症》中医生与病人之间的一段对话,这段对话不能构成辩论。

辩论是双方对某一问题的看法与见解是对立的,是通过各种论证方法来阐述自己的见解,并反驳对方,以便最终肯定正确的观点,取得共识的一种交际活动。小说《雄辩症》中医生与病人之间的对话并不存在双方某一观点上的对立,病人锋芒毕露的"雄辩"实质是无端猜疑下的口舌之快。医生礼貌地道声"请坐",病人偏要质疑:"为什么要坐呢?难道你要剥夺我的不坐权吗?"医生很客气地请病人喝水,病人却纠结:"不是所有的水都能喝。假如你在水里掺上氰化钾,就绝对不能喝。"医生解释水中没有毒药,病人却接连攻击他:"谁说你放了毒药呢?难道我诬告你放了毒药?难道检察院起诉书上说你放了毒药?我没说你放毒药,而你说我说你放了毒药,你这才是放了比毒药还毒的毒药!"这个案例中的病人在医生的每一次讲话后都质疑对方动机问题,医生却无意与其在坐位子、喝水、下毒三件事情上争辩,因此他们不是对立的思想交锋,不能算是辩论,而更像是病人独唱的滑稽剧。

案例2是甲乙二人以"什么是光彩"为题展开的一段"论辩",在回合转换的过程中,双方都迷失了"什么是光彩"这个主题,在不知不觉中转换了话题。

甲认为有钱就是光彩,没有钱就是不光彩。理由很简单,有钱就能办事,没有钱就什么事都办不成。你去买菜没钱不行,你去看电影没钱也不行。

乙:你的理由并不能说明有钱就光彩,只能说明钱是有用的。

甲:钱当然是有用的啦!有钱能使鬼推磨!(这里甲已经开始背离了辩论的原定目的)

乙:你这话我不同意!世界上根本没有鬼,哪里谈得上什么鬼推磨啊?(乙被甲的话"有钱能使鬼推磨"一打岔,就控制不住自己的情绪,他辩称世界上没有鬼,其实已经被对方牵着鼻子走了。)

甲:谁说没有鬼?如果没有鬼,为什么古今中外那么多人讲鬼呢?(甲在"鬼"问题上的进一步驳论,使辩论方向越飘越远)

上面这个案例提醒我们:要使辩论成功,就一定要牢记自己的交际目的,要紧紧围绕主题展开论辩,不要在不经意中迷失目的,转换话题。

## 四、拓展阅读

### (一)讨论与辩论的异同

讨论和辩论都是双向语言交际的一种会话形式。讨论者或论辩者都通过对自己的观点和思想的阐述,求得听众的共鸣与支持,两者在语言特质和表达方式上有不少相同之处。

1. 讨论和辩论的共性

讨论和辩论的共性主要体现在五个方面:

第一,交互性。讨论和辩论时一方的表达以另一方的表达为基础,要受到另一方表达的制约,双方要联合起来进行交际。这是讨论和辩论的本质特征。

第二,即时性。在讨论和辩论的双向交际中,话题、对象、场合多是随机的,无法预先准备。这样,在大多数情况下,讨论和辩论要求交际主体听、思、说同步化。

第三,应变性。由于讨论和辩论的交互性和即时性,即讨论和辩论中一方的表达必须以另一方的表达为前提,必须根据即时交际情境、对象情境、语言情境等的变化而变化,应变特征显著。

第四,情境的更显著的具体性和活动性。任何交际情境都是具体的,也都是活动的,但讨论和辩论的情境具有更显著的具体性和活动性。演讲讲话等单向交际的对象一般较多较泛,而讨论和辩论本质上是一对一的,单向口语交际只需了解对象的共性和交际场合中的少数特殊对象,多数讨论和辩论尤其是辩论往往要尽可能了解全部对象的尽可能详细的情况;单向口语交际一般只要求事前了解对象,而讨论和辩论却要求不断了解对象,并随时注意对象的心境变化。单向口语交际中的言语情境是自己的讲话,只要自圆其说就可以;讨论和辩论中的言语情境却主要是对方的言语,而且这些言语是在不断进行中的,活动性很强。

第五,非语言要素更具有重要意义。讨论和辩论时的非语言要素主要包括态势语和声音的变化,讨论辩论时交际主体面对面、近距离的特点使交际主体的态势语更能清楚地感受到,声音上的细微变化也更易捕捉到,因此非语言要素更具有重要意义。

2. 讨论和辩论的个性

讨论和辩论虽有不少相同之处,但作为两种不同的会话,彼此又各有特点。它们主要有以下区别:

第一,目的的区别。从言语交际的目的来说,辩论是针对对方所言,目的在于驳倒对方,证明对方所言之误;而讨论则是阐明自己的看法,目的在于通过充分的沟通达成共识。

第二,方式的侧重。讨论重在陈说主体的看法观点,并无对抗;论辩重在批驳对方思想见解的错误,具有对抗性。

第三,话语结构的区别。从话语结构来说,大多数论辩一开头就要击中对方要害,快速切入论题,做到先声夺人,使自己处于不败之地,而讨论则不必如此。

另外,在应变性和即时性这两个向度上,辩论较之讨论有更高要求。

(二) 如何营造融洽的讨论氛围

讨论是以达成共识为基本目的言语活动,所以需要通过气氛和谐的探讨、议论来求得观点的统一。因此,与辩论不同,我们在讨论时要注意营造融洽的氛围以便顺利地达成交际目的。

1. 不抢话争话

**范例**

小Ａ是个有思想、有见解的青年,但性子急,大学毕业后被某公司招聘。适逢公司为提升业绩而召集大家出谋划策,员工们积极响应。小Ａ经过调查和思考,形成了一些可行性意见,作了充分的发言准备。会上,小Ａ一方面视振兴公司为己任,另一方面也想让自己给人留个好印象。于是很干脆地把几个要发言的老员工晾到一边,抬高嗓门,抢先发言。他在会上滔滔不绝地陈述完了自己准备的意见,结果人们不仅未能接受他的意见,还认为他表现欲太强,骄傲自大。

这个案例里的小Ａ希望把自己的真知灼见尽快发表出来,这种心情是可以理解的。但同样要注意给别人发言的机会,不能仅让自己一吐为快。他把几个要发言的老员工晾到一边,"捷"口先开,抢先发言,使别人已到嘴边的话硬收回去;再者,"抬高嗓门"不控制自己的声音,更引人反感。发表己见应具备耐心,待别人充分发表意见后,再行发言。讨论发言时如果争话抢话,压住别人的话头,硬要发表自己的"高见",就会破坏和谐融洽的气氛。如小Ａ能根据当时说话进展情况适时趁隙陈述自己的意见,不抢话争话,可以预见小Ａ将收到理想的说话效果。

2. 见解不同要谦虚

**范例1**

小马大学毕业后应聘于一家企业,不久企业因质量问题被媒体曝光而陷入困境。小马找出了症结所在,但在讨论本厂如何摆脱困境的会议上,他并没有以救世主的面目出现,而是出言谨慎,态度谦虚,以商榷建议的口吻与大家交流意见。结果他的意见很快得到采纳。

讨论者对同一问题往往会有不同的见解,这时言辞太偏激,形式上过于激烈(声音过高,指手画脚、神情倨傲的态势语),容易伤害人,不易为人接受。另外,还可能会导致水分过多、夸张色彩太浓,给人以言过其实的坏印象。如说对方"简直胡说八道""真是孤陋寡闻"等等;或者一开口,就把自己捧得很高,似乎自己是代圣人立言,口气很大。讨论时谈自己的认识要多以商榷口吻发话,形成谦虚态势,营造融洽气氛,别人心理上易于认可。另外讨论需要各抒己见,集思广益,如果武断否定,就会中断交谈,别人就不会再发表看法了,或者对方也另执一词,形成舌战,交谈的融洽气氛就会被破坏。

**范例2**

小王在一次讨论会上对某人提出的意见感到不可思议,出口相驳,阐明己见。但话一出口,场面顿时由热而冷,那名同志也面含怒色。小王猛然醒悟,觉得应和气为上,不能有太火药味了。于是慌忙打住,巧改其口,从另一角度把直接否定改为说成有限制的肯定。结果大家个个释然,说话场面重新和谐起来。小王也把自己的不同意见准确完整地发表出来。最后大家求大同存小异,讨论会收到了很好的效果。

如果为了突出自己的意见,而对他人意见加以贬低甚至否定。就会引发对方的不满和对抗,破坏了融洽的气氛,不仅自己意见未得到重视,反而遭到冷落和否定。上例中的小王及时意识到了这一点,补救到位后使讨论恢复了融洽气氛,交际成功。因此,我们在讨论中需要发表不同意见时,可以先对他人已经发表的意见从某种角度加以肯定和褒扬,最好采取顺势接话、补充发言的方式陈明己见。这样气氛融洽,别人会保持积极态度倾听,自己的意见就能圆满发表。

3. 讨论时不要讽刺挖苦

**范例**

在一次学术讨论会上,老李论及一知名学者的新理论时,说这新理论像一件困难时期过年穿的拼拼接接的新衣服。此言一出,举座哗然,会场气氛僵滞。

老李在言辞之间讽刺挖苦别人,破坏了本来十分融洽热烈的气氛,使交际无法继续进行。发表己见应平心静气,用语讲究,不可话中有话,含沙射影。尽管他人意见未必精当,甚至还有错误,但讨论本身就是一种沟通和协商,在各抒己见过程中,真理和谬误自现。冷嘲热讽、话中含刺的方式,极易导致双方感情上的排斥,难以达到交换意见、形成共识的目的。

4. 要能承受反面意见和揭短

### 范例1

在班会上,小明常常利用机会发表自己的意见,而且往往出口不凡。但班里有些人看不惯他,甚至嫉恨他,不时对小明的发言加以责难和批评。出现此类情况时,小明没有针锋相对,而是控制好自己的态势语和声音,虚心倾听,真诚请教,努力营造和谐的讨论气氛。几次下来,有些故意找茬的同学反倒过意不去,提的意见也中肯起来,对小明也逐渐产生好感。

发表己见后,听众会有不同程度的反应,有正面的,也有反面的。发言者必须保持冷静的头脑,不能对反面意见持抵触态度,应像小明一样,承受责难批评,控制好自己的态势语和声音,营造和谐的讨论气氛。特别是当对方揭了自己的短处时,也要注意控制自己的情绪,切不可反唇相讥,可通过接话调侃等自嘲的方式营造和谐气氛。

### 范例2

丈夫对朋友大讲自己怎样钓到两条大鱼时,妻子说:"听他的!钓了两天连鱼影都没见着,那鱼是花钱买的。"丈夫说:"不错,我往池塘里扔了钱,那两条鱼就自动跑进我的网兜里了!"

### 范例3

课堂讨论中,学生嘲笑老师的秃顶,老师说:"头发掉光了也有好处,至少我以后上课教室里的光线可以明亮多了!"

上述两例中若丈夫、老师面对揭短而恼羞成怒,必定不欢而散。两人非常机智地顺势接话,自我调侃,转劣势为顺势,维持了交际中的和谐友好气氛。

(三) 赛场辩论的方法

1. 研究论题

研究论题是为了立论更精当、更合理、更科学。研究论题首先要从宏观到微观上弄清论题的本质、历史意义和现实意义,以及立论的原则,使自己的论点能够得到最大限度的发挥与展开;其次,力求具有辩证性,能进能退;第三,易攻易守。要做到这几点,就需要深入研究辩题。

(1) 把握辩题的实质

赛场论辩是论辩形式中较为特殊的一种,它不像一般论辩形式那样严格地遵守逻辑思维的一般规律,而有其反常性。这是因为赛场论辩的辩题是中性的,是没有是非结论的句子,而不是严格的逻辑命题(即有真假的判断)。正因为如此,正方要证明的是一个"没有真假"的句子是真的,反方要证明它是假的。所以正方反方都不可能严格地遵守逻辑思维的一般规律,而要用扩大或缩小辩题的方法,把它变成对己方有利对对方不利的命题,从而便于防守和反击。

这种"扩大或缩小"辩题的技巧,也叫"追加前提"。它需要在把握分析辩题的基础上进行。

(2) 把握辩题的理性倾向、感情倾向和心理倾向

辩题的理性倾向是指辩题立场的客观性。即辩题的立场要尽量符合逻辑事理,客观、公允、避免主观臆断,易于听众、评委的理性认同;同时,更要注意辩题的感情倾向和心理倾向,最大限度地利用人们共同的情感追求和价值取向,促使听众、评委从感情上乐于接受,从心理上易于认可己方的观点,也就是使辩题的立场既合理又合情。

(3) 研究辩题的两个对立面的含义,做到知己知彼

研究辩题不能只考虑一方的立场,而不考虑对方的思路。完全按照自己的设想去论辩无异于堂吉诃德。在辩场上最忌讳、最令人难堪的情况是:对方提出的问题、概念、资料自己从没考虑过。所以,要像分析、设计自己的立场一样,去分析对方的立场,这样才能无往而不胜。

(4) 对辩题进行全方位的逻辑设计

论辩从某种意义上说是逻辑之辩,逻辑是论辩的灵魂。要做到论证严密、逻辑性强,首先要尽可能周密地审题。要充分运用论辩思维的多层次、多角度特点,对论题进行多重的、周密的考虑,力求发现全部的有利于本方立论的角度,并对论题的内容、范围、论题词语意义、论题的中心要点、敌我双方弱点进行分析,在此基础上进行逻辑设计。

逻辑设计的任务:一是自己的立场能自圆其说,并建立一个牢固的防线,固若金汤;二是分析对方可能的逻辑设计路线,可能进攻路线,进行防御设计。

2. 赛前准备

(1) 论据准备

论据是观点的基础,没有丰富的、确凿的、有力的论据,观点就成了空中楼阁。论据准备的范围很广,它涉及历史资料、现实状况、数字数据、正反典型事例、法律政策条文、名人名言、事件的具体过程与重要细节等。总之,论据的准备一要确凿,二要具体,三要有权威性,四要充分,五要幽默。通常讲"事实胜于雄辩",就是说论辩一定要建立在客观事实的基础上。若是论据不真实,不确凿,不充分,不具体或不具权威性,经不起推敲,那么很容易被对方用釜底抽薪的方法一举击败。论据准备除了证明己方观点的资料外,还包括攻击对方观点的各种现实的和历史的事实与数据。

(2) 战术准备

就是制订具体作战方针,它是建立在双方实力的分析基础上的。应该研究我方有利因素和不利因素、对方的有利条件和不利条件,从而决定先发制人或后发制人,单刀直入还是迂回包围,是诱敌深入还是防守反击等。战术方针的确定还包括各辩手之间的配合。比如,设计几个战场?这些战场的次序如何?由哪位选手开辟哪个战场,谁主攻,谁打援,谁掩护,都要有明确的分工和合作,从而增强整体实力,呈现出一种"整体的流动意识"。

(3) 心理准备

主要指心理的调节、调动、控制。要求辩手能够调节自己的心理,调动自己的激情,控制自我紧张的心理,创造出自己心理的优势,从而控制对方心理,以自己良好的心理状态去影响观众,从而控制观众心理。

3. 撰写辩词

主要指第一阶段观点阐述阶段的辩词和四辩的总结陈词,也包括部分自由论辩的进攻设计。辩词的撰写要在集体讨论、明确总体思想的情况下分头写出来,不能草率地形成,它应是呕心沥血、殚精竭虑的结果。务求立论鲜明,说理透彻,语言形象,境界不俗。它在整个论辩过程中,是己方的思路、立论和底线。

4. 明确辩位

辩论场上的四位辩手,各用一个字可概括为:一辩"启",二辩"承",三辩"转",四辩"合"。辩论赛整体的作战方式讲究起承转合。"起"于辩论,意即阐明己方的基本立场和基本观点,并表明基本的逻辑关系和己方以后三位的基本思路,即开题。"承"于辩论,在一个特定的角度来深化我方的基本立场和理论,展开论述我方的核心观念。"转"于辩论,即在对方的立场的理论发表之后,根据我方的立场予以反驳,并在确凿材料的基础上进一步发挥我方的立场。"合"于辩论,则是总结,把我方的所有观点放在一个新的高度,加以概括,并对对方的理论和观点进行总体的反驳,有一种登高一呼的味道。而四辩,承担的就是"合"的责任。

辩论的基本内容结构:一辩侧重逻辑,二辩侧重理论,三辩侧重事实,四辩则侧重价值分析。

辩论是知识高度密集的,各个队员不可能在事先商量好怎样来应付对方会说的每一种观点,每一个事实,每一种理论,这要看临场的反应。当一个队员在应付对方攻击的同时,别的队员要有敏感的配合意识,形成整体的攻击力量和方位力量。而在整体的配合中,必须注意不同的辩位对辩手的要求也是不同的。

(1) 一辩

在攻辩赛制中,一辩在场上的任务是首先进行三分钟的开篇陈词,在二、三辩攻辩后作一分三十秒的攻辩小结,最后就是参与自由辩论。

一辩在赛前准备过程中要及时归纳大家讨论的意见,记录进程。他是对己方的讨论成果、立论观点最为理解透彻的一个,还要能很好地把握整个讨论的方向和进度。当大家的讨论遇到难题、一时无法破解或是讨论开始偏离方向的时候,一辩要能及时清醒意识到,并把大家重新引上讨论方向,可以把难题暂时压下,先解决其他问题。但是,也不可以在最后还留有解决不了的问题。

当己方观点大致确立,一辩可动手撰写一辩稿。一辩稿是团队集体努力的结晶,一辩稿应该是在充分了解立论精髓、明晰己方观点的基础上写的。同时,因为一辩是开篇陈词,首要任务是把己方观点清楚明白地告之观众评委,因此一辩稿要写得通俗易懂,尽量不要出现太多自己也说不清楚的术语。也不要因为专业的影响,运用太多只有自己人才懂的专业语言。

比赛开始,一辩的任务是开篇立论,辅助防守,并要牢牢把握辩论的大方向,防止本方偏题或是掉进对方的陷阱,还要能把握本队攻击或是防守的节奏,不能表现得急躁。开篇陈词时,要注意读稿的语速、神态和手势。语速不能太快,至少要保证观众听得清楚。手势不需要太多,应该配合适中的语速,给予大家稳重的印象。反方一辩还要反击正方一辩稿中出现的漏洞。

在攻辩环节中,一辩要对二、三辩的攻辩进行攻辩小结,所以一辩在准备时必须了解攻辩的问题和提问的目的,攻辩时也要找出对方在回答问题和提问问题时的漏洞。

在自由辩论中,一辩辅助防守,当对方质疑己方观点时,一辩应能说清楚,不要和对方纠缠不休。当本方的辩论开始偏离辩题或是掉进对方的陷阱时,一辩要能清醒意识到,及时把辩论拉回轨道。当己方在场上表现开始急躁或是气势被对方压住,通常扭转场上局面的重任落在一辩的身上。

总之,一辩对辩手的要求是总结、表达能力强,头脑冷静、场上不会被对手影响自己的思维,风格最好是稳健型的。

(2)二辩

二辩在整个团队中起到杠杆的作用,既对一辩起补充说明、加强和巩固作用,同时要负责场上的防守及协助三辩攻击。

在攻辩赛制中,二辩的工作其实和三辩差不多,要求也差别不大。读者可以通过阅读下面的关于三辩的内容来了解二辩的工作。但二辩与三辩还是有分别的,一般而言,二辩在场上的责任主要是防守、协助三辩进攻。在攻辩中,最好是二辩与三辩问一套问题,环环相扣。

(3)三辩

在攻辩赛制中,三辩的任务是在攻辩环节中向对方提问三个问题,并回答对方的提问;在自由辩论中主要负责攻击。三辩可以说是团队中的狙击手,既要时时注意找出对方漏洞进行攻击,又要协助防守,回击对手的攻击。

在赛前准备的立论阶段,三辩在己方观点确立后,应该找出其中有利的攻击点和己方的薄弱点,着重准备场上怎样攻击、发问、防守,还应找一些相关的简短论据支持观点。攻辩的三个问题尤为重要,因为提问中一方问,对方只能回答,提问的一方处于主动的位置,所以设问要有技巧,问的问题不应让对手有太大的发挥空间,不应该问"为什么,怎样,原因是什么"等属于特殊疑问句的问题,这样事实上是为对方提供机会反复解释,摆脱自己对提问的控制。提问环节的问题绝大部分的答案应该是"是"或"不是",并且三辩自己要清楚问题的"正确答案"。最好三个问题环环相扣,最后把对方逼到要么自相矛盾要么否认他方观点的绝路。在设计攻辩的问题时,要把设问的思想清楚告之一辩。一般设计问题的方法是先想出大量自由辩论的问题,然后从中挑出三条有相互关联的问题或是选择一个较好的方向发展成三条相呼应的问题。

在比赛中,一般是三辩主要负责攻击,留意对方说的每一句话,寻找攻击方向。在攻辩环节中,提问的问题一般是事先准备的,不提倡临时变动。在回答问题时,要留意不要掉进对方的陷阱。一般可以发挥的话尽量引到己方观点进行阐述。但是有时在不明了对方意图时,可以先简短回答,对方一般是在第三个问题时再亮出意图,可以到时再进行阐述己方观点或是反驳。

自由辩论是三辩的发挥时间,这时三辩要结合前面所找到的对方漏洞,留意对方说的每一句话进行攻击。这时首先要注意的是对方的逻辑推论是否有问题,所举事例是否切合辩题,有大的漏洞的话可以连续追问。(一般三次左右已足以引起大家注意,再追问就有辩风不好之嫌)倘若一时之间找不到重大漏洞,也可以注意对方的口误,从气势上去压倒对方,但是不宜多用。当己方在气势上处于劣势,一方面主要靠一辩的稳健气势带动全队士气,三辩也要尽快找到对方的致命薄弱点进行攻击,挽回气势。还要留意不要掉进对方陷阱,不要偏离辩题。

从上面的阐述可以看出,三辩对辩手的要求是反应快,逻辑能力强,不仅知识面广,联想、想象丰富,而且思想活跃,善发新奇之论,能够在场上表现得挥洒自如,活泼生动。并且有一定的气势,不会被对方压倒。

(4) 四辩

四辩在一场比赛中的主要任务是在自由辩论中协助进攻及防守,在整场比赛最后的四分钟作总结陈词。

在自由辩论中,四辩是唯一一个还没有发言过的辩手。此时四辩应该是对场上情况有一个理智的认识,对双方优劣势所在有明确清晰的把握。所以,自由辩论往往是由四辩发起攻击。而且,当自由辩论双方一旦出现偏题的时候,往往又是由四辩把队友引回正确的攻击方向。在自由辩论中,四辩要控制发言的次数,时刻保持清醒的头脑,并为后面的总结陈词做好准备。

至于总结陈词,则是一场比赛的压轴戏,一场比赛的胜负很大程度上取决于它。一篇完整的总结陈词,应该包括在把握整场比赛的基础上对对方的逻辑缺陷、论证漏洞等的揭露,对己方观点的维护和本方立场的升华。

四辩和一辩一样,都要有相当强的逻辑概括能力,能对己方观点和对方逻辑漏洞明晰地概括出来。四辩在全队辩手中,要具备最强的大局观,在抓对方漏洞时不能拘泥于个别词句,而应该站在全场辩论赛的高度上,宏观地把握对方立论中的致命漏洞。作为一名四辩,要有较强的驾驭语言的能力,也要有强有力的理论作为整篇辩稿的灵魂,辩稿要做到升华煽情,调动整场比赛的气氛,语言又不能太华丽太空洞。语言要逻辑概括,使人感到理性和智慧。

## 五、拓展训练

(一) 案例分析

1. 我国古代没有照相技术,所以科举考试时,为了避免冒名顶替,考生必须填写清楚自己的外貌特征，考官才能在考堂上查对。相传在明朝，有个考生填写自己的面貌特征时，其中有一项写了"微须"。

考官巡堂时看到这个考生脸部有一点胡须，便怒道："你冒名顶替，考单上明明写着没有胡须嘛！"

考生十分诧异，申辩道："我明明写着有一点点胡须，怎么就没有呢？"

考官说："'微'即没有。范仲淹《岳阳楼记》有'微斯人吾谁与归'，说的就是没有先天下之忧而忧、后天下之乐而乐的人，我跟谁一道呢？"

考生反驳说："古书上说'孔子微服而过宋'，这里微服就是不暴露官员身份的装束，如果'微'只作'没有'讲，难道说孔子脱得赤条条地到宋国去吗？"

在论辩中，当论敌以偏概全、轻率概括，推出了某种虚假的全称命题时，只要列举出与之相反的具体事例，即可将对方驳倒。事实胜于雄辩，因为同素材的 b 判断同 a 判断是不能同真的。用一个反例，就等于 b 真。b 真那么 a（即以偏概全的结论）当然也就不能成立了。考官仅仅根据《岳阳楼记》中的一处现象就轻率地得出所有的"微"都是"没有"的结论，被考生列举反例驳得哑口无言。要用好列举反例法，就必须善于从千姿百态的事物中找出这么一个和对方论点针锋相对的反例，只此一点对方的观点就站不住脚了。

2. 在一场辩题为"对外开放是否带来了走私贩私"的辩论赛中，一方坚定地认为：

"走私贩私，是对外开放带来的必然结果！"

另一方对此进行了严厉批驳：

"如果你的说法能够成立的话，那么我的感冒就是开了窗的缘故。那么为什么开了窗之后，有些人感冒，更多人却身体健康地领略着大好春光呢？这答案只能从自身去找了。同样，改革开放了，其目的就是在于利用当前国际上的有利条件，借西方发达国家的财力、物力之水灌溉我国现代化之花。我们一是主权在握，二是开放有度。问题是国内有些不坚定分子，看见金灿灿的洋钱、洋货眼花缭乱，犹如蝇之趋腥，营营追逐，这又能怪谁呢？……"

这就是利用"小中见大"，抓住了感冒和开窗这一小事，阐发了走私与对外开放的关系，颇具说服力。所谓"小中见大"，是说辩论者要善于从高层次上，以其敏感性和洞幽烛微的观察力，从要说的事理中，选取最典型、最有代表性、最能反映事物本质的那一点，触类旁通，引申扩张，上升到理论的高度，使其小而实、短而精、细而宏、博而深，令人回味无穷，收到片言以居要，四两拨千斤，小中见大的论辩效果。

论辩中运用"小中见大"要注意选准突破口。从军事的角度来看，"突破口"是集中兵力于敌人最要害、最敏感而又是最易于击破的一点。论辩上的"突破口"也具有类似的属性。它应是关联着全局、最容易着力突破的"一点"，也是最敏感、最准确，牵一发而动"全身"的"一点"。

3. 请看下面这段关于"艾滋病是医学问题，不是社会问题"的自由辩论：

**朱天飙**（正方）：艾滋病的病毒是在医院里被发现的，现在全世界有成千上万的医务工作者正在研究解决艾滋病的方法。

**蒋昌健**(反方):我们从来没有否认过医学参与,请问,医学参与就一定等于医学问题吗?

**朱天飙**(正方):请问,成千上万的医务工作者在研究,这只是简单的医学参与吗?

**季翔**(反方):在医院里发现的就是医学问题吗?在医院里捡到别人丢的一把钥匙,这把钥匙就成了医学问题吗?(掌声、笑声)

**朱天飙**(正方):对方辩友认为,成千上万的医务工作者在研究艾滋病,只是在寻找钥匙啊。(掌声)

……

**蒋昌健**(反方):一个老太婆被车撞到了,请问,这是救人的问题呢还是撞人的问题?

**陈惠**(正方):那不是病啊!(笑声)

**季翔**(反方):但是她不也要去医院吗?那就是医学问题了吗?不,它是个交通事故!(笑声)

**朱天飙**(正方):可是成千上万的医务工作人员在帮助这个老太太吗?艾滋病的研究是需要成千上万的工作人员、医务人员呀。

**严嘉**(反方):一个人得了病是社会问题,千百万人得了艾滋病,难道还不成为社会问题吗?

**朱天飙**(正方):千百万人还曾得过感冒,千百万人还曾得过心脏病,难道心脏病是社会问题吗?

**姜丰**(反方):一个人打喷嚏不是社会问题,但如果我们全场的人同时打喷嚏,还不是社会问题吗?(掌声)

这段辩论虽然很精彩,博得了场内听众阵阵掌声和笑声。但仔细琢磨双方的理由并不是很充分,甚至很难成立的。比较而言,正方(朱天飙等)的辩论还略显诚实些,至少提出了两方面的依据,一是"艾滋病是在医院里被发现的";二是"有成千上万的医务工作者正在研究解决艾滋病的方法"。反方(蒋昌健等)一条根据都提不出来,却反而得到听众特别的赞赏。因为他们辩得机智,辩得巧妙。在这段辩论中,场内爆发掌声和笑声的是两处,即季翔和姜丰的发言,恰恰都是诡辩。艾滋病毒是在医院里被发现的,这是事实,正方以此来证明艾滋病是医学问题,虽然理由不很充分,但也不能说不是理。可季翔的发言,先把发现病毒这件事隐去,只留下"在医院里被发现",然后以在医院里捡到钥匙的假设进行归谬,得出结论:在医院里被发现的,不是医学问题。这样的反驳,只是一种逻辑构成,并没有反驳事实本身,而这种逻辑构成正是诡辩。姜丰以"全场的人同时打喷嚏"就断定"是社会问题"的说法,同样是诡辩。别说是全场的人,就是有更多的人打喷嚏,也得不出"是社会问题"的结论。明明是诡辩,反而获得赞赏,因为诡辩也包含了机智。

4. 分析下面案例各用了什么辩论技巧。

(1)苏联外长莫洛托夫是个出身贵族家庭的外交官,在一次会议上,英国工党一外交官发难说:"您是贵族出身,而我家祖祖辈辈是矿工,我们俩究竟谁更能代表工人阶级呢?"莫冷静地回答:"你说得不错,但我们俩都背叛了自己的阶级。"

(2) 甲提醒乙："平时要注意群众关系,团结群众,争取群众的支持,这样才能做出更大的成绩。"乙自以为清高,目中无人地说："只有羊啊、猪啊才是成群结队的,狮子、老虎都是独来独往的。"甲反驳道："狮子老虎固然是独来独往的,但是,蛤蟆、蜘蛛又何尝不是独来独往的呢?!"

(3) 一位牧师向一位美国黑人领袖提出诘难："先生有志于黑人解放,非洲黑人多,何不去非洲?"黑人领袖反驳道："阁下既有志于灵魂解放,地狱灵魂多,何不下地狱?"

(4) 一个小男孩在面包店里买了一个面包,发现面包比平时小得多,于是对老板说："这个面包怎么这么小啊?""哦,这样你拿起来就方便了。"显然老板在诡辩了。小男孩没再争辩,留下一点钱就要离开,老板赶紧大声喝住他："嗨!你面包没给足钱啊!""哦!不要紧,"小孩说,"这样,你收起钱来就方便了。"

(二) 情境演练

1. 某同学洗手之后,没关水龙头,受到管理员的批评,他不仅不转身关水龙头,反而说:"'流水不腐'嘛,难道连这个问题都不懂吗?"(出自《吕氏春秋·尽数》:"流水不腐,户枢不蠹,动也。"比喻经常运动的东西不易受侵蚀。)请学生就此情境展开模拟和反驳。

2. 某小姐和热恋中的男朋友在商场购物,专挑高档商品,站在旁边的另一朋友对她悄声说："这样做,你不觉得太过分了吗?"不料她反而大声说:"'生命诚可贵,爱情价更高',当然要用高价才能换来爱情嘛。"请学生就此情景展开模拟和反驳。

3. 课堂上,某同学突然离座朝教室外面走去,老师见状问："干什么去?"这个同学边走边说："上厕所!"老师无奈地摇头叹息:"唉,现在的大学生啊!"不料台下冒出一句:"你怎么啦,大学生就不上厕所啊!"请学生就此情景展开模拟和反驳。

4. 教师可以运用下列资料训练学生运用逆向思维、发散思维以及其他综合思维方式进行思辨,可选题如下:

(1) "东施效颦"何错之有?

(2) "狐假虎威"何错之有?

(3) "黔驴技穷"错在谁?

(4) 另一只眼看高考

(5) "8"的深思

(6) "滥竽充数"断想

(7) 怎样看待"女性美"

(8) 男人能不能哭?

本训练事先应把有关材料交代清楚,适当加以点拨,提高学生的信心,以使训练收到好的效果。分别点拨如下:

(1) 要点:东施尚知什么是美;她有勇气追求美;自尊自强自信的女子才是美;人人有追求美的权利;先天可以不美,但后天的努力无可厚非。

(2) 狐狸是无意中落入虎掌,并非有意攀附老虎;狐假虎威是不得已而为之;狐狸表面坦然,心怀恐惧,无欺压百兽之实;狐狸急中生智应得到褒奖;狐狸比老虎智高一等,不能全盘否定。

(3) 好事者有错;驴无能与老虎决斗,是因为它的长处不在于此;值得同情的是驴;此事当为当权者戒,用人当用其所长。

(4) 日本专家称赞中国高考是"中国竞争意识最强的地方";不用总说中学生负担太重,也不必总是围着高考棒转,不然的话,怎么出人才?中国人假如人人都有孩子高考前的生计和竞争意识,中国的现代化就指日可待了。

(5) "8"的受宠,是因为人们不再认为越穷越革命;对 8 的狂热迷恋,反映出某些人精神空虚,让人想到一个问题:发财后怎么办?如今有些人发财发得莫名其妙,所以让人觉得财运难以把握,让人幻想。

(6) 不学无术的南郭先生当责;齐宣王好大喜功;齐缗王改革意识可嘉;南郭先生急流勇退,有可佩之处;乐队长未尽监督之职。

(7) 心灵美更重要;女人因可爱才美丽;后天美人人可得;不能金玉其外,败絮其中,心灵美与外表美的和谐才是真正的美。

(8) 男人不能遇事就哭;能不能哭还要看,超过承受力与否是个限度;男人不能轻易哭;有时哭泣从生理上讲有益健康;真情流露时哭泣更显可贵。

# 参考文献

[1] 陈丛耘. 口语交际与人际沟通[M]. 重庆:重庆大学出版社,2010.
[2] 梁玉美,徐法惠. 实用口语交际[M]. 北京:北京师范大学出版社,2012.
[3] 王小红. 普通话口语交际与测试指南[M]. 重庆:重庆大学出版社,2008.
[4] 赵丽玲. 浅析口语交际能力的培养[J]. 学周刊,2014(2):49.
[5] 王建华. 浙江省高等教育重点建设教材·新编大学生口语交际教程[M]. 杭州:浙江大学出版社,2005.
[6] 谭国灿. 阅读与口语交际教学做一体化教程[M]. 武汉:华中科技大学出版社,2013.
[7] 王景华,尹建国. 普通话口语交际[M]. 北京:北京师范大学出版社,2010.
[8] 金幼华. 实用口语技能训练[M]. 杭州:浙江大学出版社,2006.
[9] 刘桂华,王琳. 大学生实用口才训练教程[M]. 北京:人民邮电出版社,2018.
[10] 刘金同,李兴军,裴明珍. 大学生实用口才与演讲[M]. 北京:清华大学出版社,2009.
[11] 舒丹. 演讲口才必备手册[M]. 北京:中国电影出版社,2005.
[12] 张静,周久云. 实用口才训练[M]. 2版. 上海:东华大学出版社,2016.
[13] 彭丽萍. 口语交际训练[M]. 北京:中国劳动社会保障出版社,2012.
[14] 陈慧娟. 口语交际能力训练[M]. 上海:华东师范大学出版社,2015.
[15] 孙汝建. 口语交际理论与技巧[M]. 北京:中国轻工业出版社,2007.
[16] 田芳. 商务礼仪基础与实训教程[M]. 北京:中国传媒大学出版社,2009.
[17] 李元授,李鹏. 辩论学[M]. 2版. 武汉:华中科技大学出版社,2004.
[18] 海平. 会听不如会说[M]. 北京:新世界出版社,2010.
[19] 程在伦. 讲演与口才[M]. 北京:高等教育出版社,2003.